Theodor Fontane

Irrungen, Wirrungen

Schroedel

Theodor Fontane (1819–1898), Porträtfotografie, um 1890

Theodor Fontane

Irrungen, Wirrungen

Roman

Erstes Kapitel

An dem Schnittpunkte von Kurfürstendamm und Kurfürstenstraße, schräg gegenüber dem »Zoologischen«, befand sich in der Mitte der siebziger Jahre noch eine große, feldeinwärts sich erstreckende Gärtnerei, deren kleines, dreifenstriges, in einem Vorgärtchen um etwa hundert Schritte zurückgelegenes Wohnhaus, trotz aller Kleinheit und Zurückgezogenheit, von der vorübergehenden Straße her sehr wohl erkannt werden konnte. Was aber sonst noch zu dem Gesamtgewese der Gärtnerei gehörte, ja die recht eigentliche Hauptsache derselben ausmachte, war durch eben dies kleine Wohnhaus wie durch eine Kulisse versteckt, und nur ein rot und grün gestrichenes Holztürmchen mit einem halb weggebrochenen Zifferblatt unter der Turmspitze (von Uhr selbst keine Rede) ließ vermuten, dass hinter dieser Kulisse noch etwas anderes verborgen sein müsse, welche Vermutung denn auch in einer von Zeit zu Zeit aufsteigenden, das Türmchen umschwärmenden Taubenschar und mehr noch in einem gelegentlichen Hundegeblaff ihre Bestätigung fand. Wo dieser Hund eigentlich steckte, das entzog sich freilich der Wahrnehmung, trotzdem die hart an der linken Ecke gelegene, von früh bis spät aufstehende Haustür einen Blick auf ein Stückchen Hofraum gestattete. Überhaupt schien sich nichts mit Absicht verbergen zu wollen, und doch musste jeder, der zu Beginn unserer Erzählung des Weges kam, sich an dem Anblick des dreifenstrigen Häuschens und einiger im Vorgarten stehenden Obstbäume genügen lassen.

Es war die Woche nach Pfingsten, die Zeit der langen Tage, deren blendendes Licht mitunter kein Ende nehmen wollte. Heut aber stand die Sonne schon hinter dem Wilmersdorfer Kirchturm, und statt der Strahlen, die sie den ganzen Tag

An dem Schnittpunkte von Kurfürstendamm und Kurfürstenstraße → Seite 193

schräg gegenüber dem »Zoologischen« → Seite 193

Taubenschar sprechendes, auf das Kommende vorausweisendes Detail: Dem Volksglauben nach versinnbildlicht die Taube Sanftmut und Liebe, aber auch Ängstlichkeit und Geschwätzigkeit.

die Woche nach Pfingsten Die Handlung des Romans spielt zwischen 1875 und Sommer 1878 (vgl. S. 101, Z. 6, und S. 131, Z. 15).

dem Wilmersdorfer Kirchturm Der spätere Stadtteil Wilmersdorf war um 1880 noch ein südwestlich von Berlin gelegenes Dorf mit etwa 4000 Einwohnern.

über herabgeschickt hatte, lagen bereits abendliche Schatten in dem Vorgarten, dessen halb märchenhafte Stille nur noch von der Stille des von der alten Frau Nimptsch und ihrer Pflegetochter Lene mietweise bewohnten Häuschens übertroffen wurde. Frau Nimptsch selbst aber saß wie gewöhnlich an dem großen, kaum fußhohen Herd ihres die ganze Hausfront einnehmenden Vorderzimmers und sah, hockend und vorgebeugt, auf einen rußigen alten Teekessel, dessen Deckel, trotzdem der Wrasen auch vorn aus der Tülle quoll, beständig hin und her klapperte. Dabei hielt die Alte beide Hände gegen die Glut und war so versunken in ihre Betrachtungen und Träumereien, dass sie nicht hörte, wie die nach dem Flur hinausführende Tür aufging und eine robuste Frauensperson ziemlich geräuschvoll eintrat. Erst als diese Letztre sich geräuspert und ihre Freundin und Nachbarin, eben unsre Frau Nimptsch, mit einer gewissen Herzlichkeit bei Namen genannt hatte, wandte sich diese nach rückwärts und sagte nun auch ihrerseits freundlich und mit einem Anfluge von Schelmerei: »Na, das is recht, liebe Frau Dörr, dass Sie mal wieder rüberkommen. Und noch dazu vons ›Schloss‹. Denn ein Schloss is es und bleibt es. Hat ja 'nen Turm. Un nu setzen Sie sich ... Ihren lieben Mann hab' ich eben weggehen sehen. Und muss auch. Is ja heute sein Kegelabend.«

Die so freundlich als Frau Dörr Begrüßte war nicht bloß eine robuste, sondern vor allem auch eine sehr stattlich aussehende Frau, die, neben dem Eindruck des Gütigen und Zuverlässigen, zugleich den einer besonderen Beschränktheit machte. Die Nimptsch indessen nahm sichtlich keinen Anstoß daran und wiederholte nur: »Ja, sein Kegelabend. Aber, was ich sagen wollte, liebe Frau Dörr, mit Dörren seinen Hut, das geht nicht mehr. Der is ja schon fuchsblank und eigentlich schimpfierlich. Sie müssen ihn ihm wegnehmen und einen andern hinstellen. Vielleicht merkt er es nich ...

Frau Nimptsch → Seite 193

Lene → Seite 193

Wrasen Wasserdampf

Tülle Ausgussröhre

Frauensperson Frau von niedriger sozialer Stellung

fuchsblank wohl eine Wortneuschöpfung Fontanes: rötlich blank vor Abgenutztheit

schimpfierlich peinlich, rufschädigend (vgl. ›schimpfieren‹: verunstalten, verderben)

Und nu rücken Sie ran hier, liebe Frau Dörr, oder lieber da drüben auf die Hutsche ... Lene, na Sie wissen ja, is ausgeflogen un hat mich mal wieder in Stich gelassen.«

»Er war woll hier?«

»Freilich war er. Und beide sind nu ein bisschen auf Wilmersdorf zu; den Fußweg lang, da kommt keiner. Aber jeden Augenblick können sie wieder hier sein.«

»Na, da will ich doch lieber gehn.«

»O nich doch, liebe Frau Dörr. Er bleibt ja nich. Und wenn er auch bliebe, Sie wissen ja, der is nicht so.«

»Weiß, weiß. Und wie steht es denn?«

»Ja, wie soll es stehn? Ich glaube, sie denkt so was, wenn sie's auch nich wahrhaben will, und bildet sich was ein.«

»O du meine Güte«, sagte Frau Dörr, während sie, statt der ihr angebotenen Fußbank, einen etwas höheren Schemel heranschob. »O du meine Güte, denn is es schlimm. Immer wenn das Einbilden anfängt, fängt auch das Schlimme an. Das is wie Amen in der Kirche. Sehen Sie, liebe Frau Nimptsch, mit mir war es ja eigentlich ebenso, man bloß nichts von Einbildung. Und bloß darum war es auch wieder ganz anders.«

Frau Nimptsch verstand augenscheinlich nicht recht, was die Dörr meinte, weshalb diese fortfuhr: »Und weil ich mir nie was in'n Kopp setzte, darum ging es immer ganz glatt und gut, und ich habe nu Dörren. Na, viel is es nich, aber es is doch was Anständiges, und man kann sich überall sehen lassen. Und drum bin ich auch in die Kirche mit ihm gefahren und nich bloß Standesamt. Bei Standesamt reden sie immer noch.« Die Nimptsch nickte.

Frau Dörr aber wiederholte: »Ja, in die Kirche, in die Matthäikirche un bei Büchseln. Aber was ich eigentlich sagen wollte, sehen Sie, liebe Frau Nimptsch, ich war ja woll eigentlich größer und anziehlicher als die Lene, un wenn ich

Hutsche (ostmitteldeutsch) Fußbank

denn dann

man mal

nich bloß Standesamt In Preußen war im März 1874 die Zivilehe eingeführt worden; das Deutsche Reich zog im Februar 1875 nach.

Matthäikirche → Seite 194

bei Büchseln → Seite 194

anziehlicher anziehender, attraktiver

auch nicht hübscher war (denn so was kann man nie recht wissen, un die Geschmäcker sind so verschieden), so war ich doch so mehr im Vollen, un das mögen manche. Ja, so viel is richtig. Aber wenn ich auch sozusagen fester war un mehr im Gewicht fiel un so was hatte, nu ja, ich hatte so was, so war ich doch immer man ganz einfach un beinah simpel, un was nu *er* war, mein Graf, mit seine fuffzig aufm Puckel, na, der war auch man ganz simpel und bloß immer kreuzfidel un unanständig. Und da reichen ja keine hundert Mal, dass ich ihm gesagt habe: ›Ne ne, Graf, *das* geht nicht, *so* was verbitt' ich mir . . .‹ Und immer die Alten sind so. Und ich sage bloß, liebe Frau Nimptsch, Sie können sich so was gar nich denken. Grässlich war es. Und wenn ich mir nu der Lene ihren Baron ansehe, denn schämt es mir immer noch, wenn ich denke, wie meiner war. Und nu gar erst die Lene selber. Jott, ein Engel is sie woll grade auch nich, aber propper und fleißig un kann alles und is für Ordnung un fürs Reelle. Und sehen Sie, liebe Frau Nimptsch, das is grade das Traurige. Was da so rumfliegt, heute hier un morgen da, na, das kommt nicht um, das fällt wie die Katz immer wieder auf die vier Beine, aber so'n gutes Kind, das alles ernsthaft nimmt und alles aus Liebe tut, ja, *das* ist schlimm . . . Oder vielleicht is es auch nich so schlimm; Sie haben sie ja bloß angenommen un is nich Ihr eigen Fleisch und Blut, un vielleicht is es eine Prinzessin oder so was.«

Frau Nimptsch schüttelte bei dieser Vermutung den Kopf und schien antworten zu wollen. Aber die Dörr war schon aufgestanden und sagte, während sie den Gartensteig hinuntersah: »Gott, da kommen sie. Und bloß in Zivil, un Rock un Hose ganz egal. Aber man sieht es doch! Und nu sagt er ihr was ins Ohr, und sie lacht so vor sich hin. Aber ganz rot is sie geworden . . . Und nu geht er. Und nu . . . wahrhaftig, ich glaube, er dreht noch mal um. Nei, nei, er grüßt bloß

mehr im Gewicht fiel nicht so mager war

Puckel Buckel

Jott Gott (Mein Gott)

propper (umgangssprachlich) sauber, tüchtig (von frz. ›propre‹: rein, sauber, anständig)

bloß in Zivil Offiziere legten damals normalerweise auch außerhalb des Dienstes die Uniform nicht ab.

Aber man sieht es doch! Gemeint ist: das Militärische, das ›Schneidige‹, das Offiziere in den Augen aller ›Zivilpersonen‹ so unwiderstehlich machte.

noch mal, und sie wirft ihm Kussfinger zu ... Ja, das glaub' ich; so was lass ich mir gefallen ... Nei, so war meiner nich.«

Frau Dörr sprach noch weiter, bis Lene kam und die beiden Frauen begrüßte.

Zweites Kapitel

Andern Vormittags schien die schon ziemlich hoch stehende Sonne auf den Hof der Dörrschen Gärtnerei und beleuchtete hier eine Welt von Baulichkeiten, unter denen auch das »Schloss« war, von dem Frau Nimptsch am Abend vorher mit einem Anfluge von Spott und Schelmerei gesprochen hatte. Ja, dies »Schloss«! In der Dämmerung hätt' es bei seinen großen Umrissen wirklich für etwas Derartiges gelten können, heut' aber, in unerbittlich heller Beleuchtung daliegend, sah man nur zu deutlich, dass der ganze bis hoch hinauf mit gotischen Fenstern bemalte Bau nichts als ein jämmerlicher Holzkasten war, in dessen beide Giebelwände man ein Stück Fachwerk mit Stroh- und Lehmfüllung eingesetzt hatte, welchem vergleichsweise soliden Einsatze zwei Giebelstuben entsprachen. Alles andere war bloße Steindiele, von der aus ein Gewirr von Leitern zunächst auf einen Boden und von diesem höher hinauf in das als Taubenhaus dienende Türmchen führte. Früher, in Vor-Dörrscher Zeit, hatte der ganze riesige Holzkasten als bloße Remise zur Aufbewahrung von Bohnenstangen und Gießkannen, vielleicht auch als Kartoffelkeller gedient, seit aber, vor soundso viel Jahren, die Gärtnerei von ihrem gegenwärtigen Besitzer gekauft worden war, war das eigentliche Wohnhaus an Frau Nimptsch vermietet und der gotisch bemalte Kasten, unter Einfügung der schon erwähnten zwei Giebelstuben, zum

Andern Vormittags Am nächsten Vormittag

Steindiele Vorraum, geräumiger Flur mit Steinboden

Boden (norddt.) Kurzform für Dachboden

Remise (frz.) Wagen- oder Geräteschuppen

Aufenthalt für den damals verwitweten Dörr hergerichtet worden, eine höchst primitive Herrichtung, an der seine bald danach erfolgende Wiederverheiratung nichts geändert hatte. Sommers war diese beinah fensterlose Remise mit ihren Steinfliesen und ihrer Kühle kein übler Aufenthalt, um die Winterzeit aber hätten Dörr und Frau, samt einem aus erster Ehe stammenden zwanzigjährigen, etwas geistesschwachen Sohn, einfach erfrieren müssen, wenn nicht die beiden großen, an der andern Seite des Hofes gelegenen Treibhäuser gewesen wären. In diesen verbrachten alle drei Dörrs die Zeit von November bis März ausschließlich, aber auch in der besseren und sogar in der heißen Jahreszeit spielte sich das Leben der Familie, wenn man nicht gerade vor der Sonne Zuflucht suchte, zu großem Teile vor und in diesen Treibhäusern ab, weil hier alles am bequemsten lag: hier standen die Treppchen und Estraden, auf denen die jeden Morgen aus den Treibhäusern hervorgeholten Blumen ihre frische Luft schöpfen durften, hier war der Stall mit Kuh und Ziege, hier die Hütte mit dem Ziehhund, und von hier aus erstreckte sich auch das wohl fünfzig Schritte lange Doppelmistbeet, mit einem schmalen Gange dazwischen, bis an den großen, weiter zurückgelegenen Gemüsegarten. In diesem sah es nicht sonderlich ordentlich aus, einmal weil Dörr keinen Sinn für Ordnung, außerdem aber eine so große Hühnerpassion hatte, dass er diesen seinen Lieblingen, ohne Rücksicht auf den Schaden, den sie stifteten, überall umherzupicken gestattete. Groß freilich war dieser Schaden nie, da seiner Gärtnerei, die Spargelanlagen abgerechnet, alles Feinere fehlte. Dörr hielt das Gewöhnlichste zugleich für das Vorteilhafteste, zog deshalb Majoran und andere Wurstkräuter, besonders aber Borré, hinsichtlich dessen er der Ansicht lebte, dass der richtige Berliner überhaupt nur drei Dinge brauche: eine Weiße, einen Gilka und Borré. »Bei Borré«, schloss er dann regelmä-

Estrade erhöhter Teil des Fußbodens, etwa vor einem Fenster

Ziehhund Hund, dessen Aufgabe es ist, einen kleinen Wagen (für geringere Lasten) zu ziehen

Hühnerpassion Leidenschaft, Vorliebe für Hühner

Majoran → Seite 194

Wurstkräuter → Seite 194

Borré Porré, Lauch

der Ansicht lebte die Überzeugung vertrat

der richtige Berliner Redewendung, die nach dem Erscheinen von Hans Meyers »Der richtige Berliner in Wörtern und Redensarten« (1878) aufgekommen war

eine Weiße alkoholarmes und stark kohlensäurehaltiges Berliner Weißbier

Gilka beliebter Berliner Kümmelschnaps der Firma Gilka

ßig, »ist noch keiner zu kurz gekommen.« Er war überhaupt ein Original, von ganz selbstständigen Anschauungen und einer entschiedenen Gleichgiltigkeit gegen das, was über ihn gesagt wurde. Dem entsprach denn auch seine zweite Heirat, eine Neigungsheirat, bei der die Vorstellung von einer besondren Schönheit seiner Frau mitgewirkt und ihr früheres Verhältnis zu dem Grafen, statt ihr schädlich zu sein, gerad umgekehrt den Ausschlag zum Guten hin gegeben und einfach den Vollbeweis ihrer Unwiderstehlichkeit erbracht hatte. Wenn sich dabei mit gutem Grunde von Überschätzung sprechen ließ, so doch freilich nicht von Seiten Dörrs in Person, für den die Natur, soweit Äußerlichkeiten in Betracht kamen, ganz ungewöhnlich wenig getan hatte. Mager, mittelgroß und mit fünf grauen Haarsträhnen über Kopf und Stirn, wär' er eine vollkommene Trivialerscheinung gewesen, wenn ihm nicht eine zwischen Augenwinkel und linker Schläfe sitzende braune Pocke was Apartes gegeben hätte. Weshalb denn auch seine Frau nicht mit Unrecht und in der ihr eigenen ungenierten Weise zu sagen pflegte: »Schrumplich is er man, aber von links her hat er so was Borsdorfriges.«

Damit war er gut getroffen und hätte nach diesem Signalement überall erkannt werden müssen, wenn er nicht tagaus, tagein eine mit einem großen Schirm ausgestattete Leinwandmütze getragen hätte, die, tief ins Gesicht gezogen, sowohl das Alltägliche wie das Besondere seiner Physiognomie verbarg.

Und so, die Mütze samt Schirm ins Gesicht gezogen, stand er auch heute wieder, am Tage nach dem zwischen Frau Dörr und Frau Nimptsch geführten Zwiegespräche, vor einer an das vordere Treibhaus sich anlehnenden Blumenestrade, verschiedene Goldlack- und Geraniumtöpfe beiseite schiebend, die morgen mit auf den Wochenmarkt sollten. Es waren sämtlich solche, die nicht im Topf gezogen, sondern

Pocke Warze, Narbe

Apartes eigentümlich Reizvolles

was Borsdorfriges Die Borsdorfer Renette – die ursprünglich in Borsdorf bei Leipzig gezüchtet worden war – war der älteste deutsche Edelapfel. Sie war Ende des 19. Jahrhunderts, vielleicht auch wegen ihrer kleinen braunen ›Warzen‹, weitgehend aus der Mode gekommen.

Signalement (vorwiegend schweizerisch) knappe Personenbeschreibung, auch: Steckbrief

Physiognomie Gesichtsbildung, Gesichtszüge

nur eingesetzt waren, und mit einer besonderen Genugtuung und Freude ließ er sie vor sich aufmarschieren, schon im Voraus über die »Madams« lachend, die morgen kommen, ihre herkömmlichen fünf Pfennig abhandeln und schließlich doch die Betrogenen sein würden. Es zählte das zu seinen größten Vergnügungen und war eigentlich das Hauptgeistesleben, das er führte. »Das bisschen Geschimpfe ... Wenn ich's nur mal mit anhören könnte.«

So sprach er noch vor sich hin, als er, vom Garten her, das Gebell eines kleinen Köters und dazwischen das verzweifelte Krähen eines Hahns hörte, ja, wenn nicht alles täuschte, seines Hahns, seines Lieblings mit dem Silbergefieder. Und sein Auge nach dem Garten hin richtend, sah er in der Tat, dass ein Haufen Hühner auseinandergestoben, der Hahn aber auf einen Birnbaum geflogen war, von dem aus er gegen den unten kläffenden Hund unausgesetzt um Hilfe rief.

»Himmeldonnerwetter«, schrie Dörr in Wut, »das is wieder Bollmann seiner ... Wieder durch den Zaun ... I, da soll doch ...« Und den Geraniumtopf, den er eben musterte, rasch aus der Hand setzend, lief er auf die Hundehütte zu, griff nach dem Kettenzwickel und machte den großen Ziehhund los, der nun sofort auch wie ein Rasender auf den Garten zuschoss. Eh dieser jedoch den Birnbaum erreichen konnte, gab »Bollmann seiner« bereits Fersengeld und verschwand unter dem Zaun weg ins Freie, – der fuchsgelbe Ziehhund zunächst noch in großen Sätzen nach. Aber das Zaunloch, das für den Affenpinscher grad ausgereicht hatte, verweigerte ihm den Durchgang und zwang ihn, von seiner Verfolgung Abstand zu nehmen.

Kettenzwickel wohl die Schließe der Kette

gab ... Fersengeld floh, machte sich aus dem Staub

Affenpinscher Zwerghund mit rundlichem Kopf und struppigem Fell

Nicht besser erging es Dörr selber, der inzwischen mit einer Harke herangekommen war und mit seinem Hunde Blicke wechselte. »Ja, Sultan, diesmal war es nichts.« Und dabei trottete Sultan wieder auf seine Hütte zu, langsam und verlegen, wie wenn er einen kleinen Vorwurf herausgehört hätte. Dörr selbst aber sah dem draußen in einer Ackerfurche hinjagenden Affenpinscher nach und sagte nach einer Weile: »Hol mich der Deubel, wenn ich mir nich 'ne Windbüchse anschaffe, bei Mehles oder sonst wo. Un denn pust' ich das Biest so stille weg, und kräht nich Huhn, nich Hahn danach. Nich mal meiner.«

Von dieser ihm von Seiten Dörrs zugemuteten Ruhe schien der Letztere jedoch vorläufig nichts wissen zu wollen, machte vielmehr von seiner Stimme nach wie vor den ausgiebigsten Gebrauch. Und dabei warf er den Silberhals so stolz, als ob er den Hühnern zeigen wolle, dass seine Flucht in den Birnbaum hinein ein wohl überlegter Coup oder eine bloße Laune gewesen sei.

Dörr aber sagte: »Jott, so'n Hahn. Denkt nu auch wunder, was er is. Un seine Courage is doch auch man soso.«

Und damit ging er wieder auf seine Blumenestrade zu.

Deubel Teufel

Windbüchse Luftgewehr

bei Mehles die damals weltbekannte Berliner »Waffenfabrik und Lager Mehles« (Friedrichstraße 159 / Ecke Unter den Linden)

Coup (frz.) kühne und erfolgreiche Unternehmung

Courage (frz.) Mut, Tapferkeit

Drittes Kapitel

Der ganze Hergang war auch von Frau Dörr, die gerade beim Spargelstechen war, beobachtet, aber nur wenig beachtet worden, weil sich Ähnliches jeden dritten Tag wiederholte. Sie fuhr denn auch in ihrer Arbeit fort und gab das Suchen erst auf, als auch die schärfste Musterung der Beete keine »weißen Köppe« mehr ergeben wollte. Nun erst hing sie den Korb an ihren Arm, legte das Stechmesser hinein und ging langsam und ein paar verirrte Küken vor sich hertreibend erst auf den Mittelweg des Gartens und dann auf den Hof und die Blumenestrade zu, wo Dörr seine Marktarbeit wieder aufgenommen hatte.

»Na, Suselchen«, empfing er seine bessre Hälfte, »da bist du ja. Hast du woll gesehn? Bollmann seiner war wieder da. Höre, der muss dran glauben, un denn brat' ich ihn aus; ein bisschen Fett wird er ja woll haben, un Sultan kann denn die Grieben kriegen ... Und Hundefett, höre Susel ...«, und er wollte sich augenscheinlich in eine seit einiger Zeit von ihm bevorzugte Gichtbehandlungsmethode vertiefen. In diesem Augenblick aber des Spargelkorbes am Arme seiner Frau gewahr werdend, unterbrach er sich und sagte: »Na, nu zeige mal her. Hat's denn gefleckt?«

Grieben Speckstückchen

Hundefett wurde als Mittel gegen Gicht und Rheuma eingesetzt

Hat's denn gefleckt? umgangssprachlich für: Hat sich's denn gelohnt?

»I nu«, sagte Frau Dörr und hielt ihm den kaum halb gefüllten Korb hin, dessen Inhalt er kopfschüttelnd durch die Finger gleiten ließ. Denn es waren meist dünne Stangen und viel Bruch dazwischen.

Bruch zerbrochene, minderwertige Ware (Kaufmannssprache)

»Höre, Susel, es bleibt dabei, du hast keine Spargelaugen.«

»Oh, ich habe schon. Man bloß hexen kann ich nich.«

»Na, wir wollen nich streiten, Susel; mehr wird es doch nich. Aber zum Verhungern is es.«

»I, es denkt nich dran. Lass doch das ewige Gerede, Dörr; sie stecken ja drin, un ob sie nu heute rauskommen oder morgen, is ja ganz egal. Eine düchtige Husche, so wie die vor Pfingsten, und du sollst mal sehn. Und Regen gibt es. Die Wassertonne riecht schon wieder, un die große Kreuzspinn is in die Ecke gekrochen. Aber du willst jeden Dag alles haben; das kannst du nich verlangen.«

Husche Regenguss

Dörr lachte. »Na, binde man alles gut zusammen. Und den kleinen Murks auch. Und du kannst ja denn auch was ablassen.«

Murks Misswuchs, Bruch

was ablassen was vom Preis ablassen, billiger machen

»Ach, rede doch nicht so«, unterbrach ihn die sich über seinen Geiz beständig ärgernde Frau, zog ihn aber, was er immer als Zärtlichkeit nahm, auch heute wieder am Ohrzipfel und ging auf das »Schloss« zu, wo sie sich's auf dem Steinfliesenflur bequem machen und die Spargelbündel binden wollte. Kaum aber, dass sie den hier immer bereitstehenden Schemel bis an die Schwelle vorgerückt hatte, so hörte sie, wie schräg gegenüber in dem von der Frau Nimptsch bewohnten dreifenstrigen Häuschen ein Hinterfenster mit einem kräftigen Ruck aufgestoßen und gleich darauf eingehakt wurde. Zugleich sah sie Lene, die, mit einer weiten, lila gemusterten Jacke über dem Friesrock und einem Häubchen auf dem aschblonden Haar, freundlich zu ihr hinübergrüßte.

Friesrock Rock aus grobem, rauem Gewebe

Frau Dörr erwiderte den Gruß mit gleicher Freundlichkeit und sagte dann: »Immer Fenster auf; das ist recht, Lenechen. Und fängt auch schon an, heiß zu werden. Es gibt heute noch was.«

»Ja. Und Mutter hat von der Hitze schon ihr Kopfweh, und da will ich doch lieber in der Hinterstube plätten. Is auch hübscher hier; vorne sieht man ja keinen Menschen.«

plätten Wäsche bügeln

»Hast recht«, antwortete die Dörr. »Na, da werd' ich man ein bisschen ans Fenster rücken. Wenn man so spricht, geht einen alles besser von der Hand.«

»Ach, das is lieb und gut von Ihnen, Frau Dörr. Aber hier am Fenster is ja grade die pralle Sonne.«

»Schad't nichts, Lene. Da bring' ich meinen Marchtschirm mit, altes Ding und lauter Flicken. Aber tut immer noch seine Schuldigkeit.« Und ehe fünf Minuten um waren, hatte die gute Frau Dörr ihren Schemel bis an das Fenster geschleppt und saß nun unter ihrer Schirmstellage so behaglich und selbstbewusst, als ob es auf dem Gensdarmenmarkt gewesen wäre. Drinnen aber hatte Lene das Plättbrett auf zwei dicht ans Fenster gerückte Stühle gelegt und stand nun so nah, dass man sich mit Leichtigkeit die Hand reichen konnte. Dabei ging das Plätteisen emsig hin und her. Und auch Frau Dörr war fleißig beim Aussuchen und Zusammenbinden, und wenn sie dann und wann von ihrer Arbeit aus ins Fens-

Marchtschirm Marktschirm

Schirmstellage Schirmgestell

Gensdarmenmarkt → Seite 194

heiße Bolzen vgl. S. 17, Z. 9–16

rapschen umgangssprachlich für: raffen

Verbringerei Verschwendung

Schlag Schlaganfall

ter hineinsah, sah sie, wie nach hinten zu der kleine Plättofen glühte, der für neue heiße Bolzen zu sorgen hatte.

»Du könntest mir mal 'nen Teller geben, Lene, Teller oder Schüssel.« Und als Lene gleich danach brachte, was Frau Dörr gewünscht hatte, tat diese den Bruchspargel hinein, den sie während des Sortierens in ihrer Schürze behalten hatte. »Da, Lene, das gibt 'ne Spargelsuppe. Un is so gut wie das andre. Denn dass es immer die Köppe sein müssen, is ja dummes Zeug. Ebenso wie mit'n Blumenkohl; immer Blume, Blume, die reine Einbildung. Der Strunk is eigentlich das Beste, da sitzt die Kraft drin. Und die Kraft is immer die Hauptsache.«

»Gott, Sie sind immer so gut, Frau Dörr. Aber was wird nur Ihr Alter sagen?«

»Der? Ach, Leneken, was *der* sagt, is ganz egal. Der red't doch. Er will immer, dass ich den Murks mit einbinde, wie wenn's richtige Stangen wären; aber solche Bedrügerei mag ich nich, auch wenn Bruch- und Stückenzeug gradeso gut schmeckt wie's Ganze. Was einer bezahlt, das muss er haben, un ich ärgre mir bloß, dass so'n Mensch, dem es so zuwächst, so'n alter Geizkragen is. Aber so sind die Gärtners alle, rapschen und rapschen un können nie genug kriegen.«

»Ja«, lachte Lene, »geizig is er und ein bisschen wunderlich. – Aber eigentlich doch ein guter Mann.«

»Ja, Leneken, er wäre so weit ganz gut, un auch die Geizerei wäre nich so schlimm un is immer noch besser als die Verbringerei, wenn er man nich so zärtlich wäre. Du glaubst es nich, immer is er da. Un nu sieh ihn dir an. Es is doch eigentlich man ein Jammer mit ihm, un dabei richtige Sechsundfünfzig, un vielleicht is es noch ein Jahr mehr. Denn lügen tut er auch, wenn's ihm gerade passt. Un da hilft auch nichts, gar nichts. Ich erzähl' ihm immer von Schlag und Schlag und zeig' ihm welche, die so humpeln und einen schiefen Mund haben, aber er lacht bloß immer und glaubt es nich. Es kommt aber doch so. Ja, Leneken, ich glaub' es ganz gewiss, dass es so kommt. Und vielleicht balde. Na, verschrieben hat er mir alles, un so sag' ich weiter nichts. Wie einer sich legt, so liegt er. Aber was reden wir von Schlag und Dörr, un dass er bloß O-Beine hat. Jott, mein Lenechen, da gibt es ganz andere Leute, die sind so grade gewachsen wie 'ne Tanne. Nich wahr, Lene?«

verschrieben testamentarisch überschrieben

Lene wurde hierbei noch röter, als sie schon war, und sagte: »Der Bolzen ist kalt geworden.« Und vom Plättbrett zurücktretend, ging sie bis an den eisernen Ofen und schüttete den Bolzen in die Kohlen zurück, um einen neuen herauszunehmen. Alles war das Werk eines Augenblicks. Und nun ließ sie mit einem geschickten Ruck den neuen glühenden Bolzen vom Feuerhaken in das Plätteisen niedergleiten, klappte das Türchen wieder ein und sah nun erst, dass Frau Dörr noch immer auf Antwort wartete. Sicherheitshalber aber stellte die gute Frau die Frage noch mal und setzte gleich hinzu: »Kommt er denn heute?«

»Ja. Wenigstens hat er es versprochen.«

»Nu sage mal, Lene«, fuhr Frau Dörr fort, »wie kam es denn eigentlich? Mutter Nimptsch sagt nie was, un wenn sie was sagt, denn is es auch man immer soso, nich hü un nich hott. Und immer bloß halb un so konfuse. Nu, sage du mal. Is es denn wahr, dass es in Stralau war?«

»Ja, Frau Dörr, in Stralau war es, den zweiten Ostertag, aber schon so warm, als ob Pfingsten wär', und weil Lina Gansauge gern Kahn fahren wollte, nahmen wir einen Kahn, und Rudolf, den Sie ja wohl auch kennen und der ein Bruder von Lina ist, setzte sich ans Steuer.«

»Jott, Rudolf. Rudolf is ja noch ein Junge.«

»Freilich. Aber er meinte, dass er's verstünde, und sagte bloß immer: ›Mächens, ihr müsst still sitzen; ihr schunkelt

Stralau seinerzeit ein eigenständiges Pfarrdorf auf einer Landzunge zwischen Spree und Rummelsburger See im heutigen Berliner Bezirk Friedrichshain; der sogenannte Stralauer Fischzug zog sehr viele Schaulustige an und entwickelte sich in der zweiten Hälfte des 19. Jahrhunderts immer mehr zu einem Volksfest mit Rummelplatzatmosphäre.

so‹, denn er spricht so furchtbar berlinsch. Aber wir dachten gar nicht dran, weil wir gleich sahen, dass es mit seiner ganzen Steuerei nicht weit her sei. Zuletzt aber vergaßen wir's wieder und ließen uns treiben und neckten uns mit denen, die vorbeikamen und uns mit Wasser bespritzten. Und in dem einen Boote, das mit unsrem dieselbe Richtung hatte, saßen ein paar sehr feine Herren, die beständig grüßten, und in unsrem Übermute grüßten wir wieder, und Lina wehte sogar mit dem Taschentuch und tat, als ob sie die Herren kenne, was aber gar nicht der Fall war, und wollte sich bloß zeigen, weil sie noch so sehr jung ist. Und während wir noch so lachten und scherzten und mit dem Ruder bloß so spielten, sahen wir mit einem Male, dass von Treptow her das Dampfschiff auf uns zukam, und wie Sie sich denken können, liebe Frau Dörr, waren wir auf den Tod erschrocken und riefen in unserer Angst Rudolfen zu, dass er uns heraussteuern solle. Der Junge war aber aus Rand und Band und steuerte bloß so, dass wir uns beständig im Kreise drehten. Und nun schrien wir und wären sicherlich überfahren worden, wenn nicht in eben diesem Augenblicke das andre Boot mit den zwei Herren sich unsrer Not erbarmt hätte. Mit ein paar Schlägen war es neben uns, und während der eine mit einem Bootshaken uns fest und scharf heranzog und an das eigne Boot ankoppelte, ruderte der andre sich und uns aus dem Strudel heraus, und nur einmal war es noch, als ob die große, vom Dampfschiff her auf uns zukommende Welle uns umwerfen wolle. Der Kapitän drohte denn auch wirklich mit dem Finger (ich sah es inmitten all meiner Angst), aber auch das ging vorüber, und eine Minute später waren wir bis an Stralau heran, und die beiden Herren, denen wir unsre Rettung verdankten, sprangen ans Ufer und reichten uns die Hand und waren uns als richtige Kavaliere beim Aussteigen behülflich. Und da standen wir denn nun auf der Landungs-

Treptow seinerzeit ebenfalls noch eine eigenständige Gemeinde (an der Oberspree) und ein populäres Ausflugsziel mit Vergnügungslokalen und Bootsverleih

aus außer

brücke bei Tübbeckes und waren sehr verlegen, und Lina weinte jämmerlich vor sich hin, und bloß Rudolf, der überhaupt ein störrischer und großmäuliger Bengel is und immer gegen's Militär, bloß Rudolf sah ganz bockig vor sich hin, als ob er sagen wollte: ›Dummes Zeug, ich hätt' euch auch rausgesteuert.‹«

bei Tübbeckes Wirtshaus in Alt-Stralau

»Ja, so is er, ein großmäuliger Bengel; ich kenn' ihn. Aber nu die beiden Herren. Das ist doch die Hauptsache . . .«

»Nun die bemühten sich erst noch um uns und blieben dann an dem andren Tisch und sahen immer zu uns rüber. Und als wir so gegen sieben, und es schummerte schon, nach Hause wollten, kam der eine und fragte, ›ob er und sein Kamerad uns ihre Begleitung anbieten dürften?‹ Und da lacht' ich übermütig und sagte, ›sie hätten uns ja gerettet, und einem Retter dürfe man nichts abschlagen. Übrigens sollten sie sich's noch mal überlegen, denn wir wohnten so gut wie am andern Ende der Welt. Und sei eigentlich eine Reise‹. Worauf er verbindlich antwortete: ›desto besser‹. Und mittlerweile war auch der andre herangekommen . . . Ach, liebe Frau Dörr, es mag wohl nicht recht gewesen sein, gleich so freiweg zu sprechen, aber der eine gefiel mir, und sich zieren und zimperlich tun, das hab' ich nie gekonnt. Und so gingen wir denn den weiten Weg, erst an der Spree und dann an dem Kanal hin.«

schummerte dämmerte

»Und Rudolf!«

»Der ging hinterher, als ob er gar nicht zugehöre, sah aber alles und passte gut auf. Was auch recht war; denn die Lina is ja erst achtzehn und noch ein gutes, unschuldiges Kind!«

Kanal der 1845 bis 1850 angelegte und zwischen 1883 und 1889 erweiterte Landwehrkanal, der den Oberlauf der Spree mit der Unterspree in Charlottenburg verbindet

»Meinst du?«

»Gewiss, Frau Dörr. Sie brauchen sie ja bloß anzusehn. So was sieht man gleich.«

»Ja, mehrstens. Aber mitunter auch nich. Und da haben sie euch denn nach Hause gebracht?«

mehrstens in den meisten Fällen

»Ja, Frau Dörr.«

»Und nachher?«

»Ja, nachher. Nun Sie wissen ja, wie's nachher kam. Er kam dann den andern Tag und fragte nach. Und seitdem ist er oft gekommen, und ich freue mich immer, wenn er kommt. Gott, man freut sich doch, wenn man mal was erlebt. Es ist oft so einsam hier draußen. Und Sie wissen ja, Frau Dörr, Mutter hat nichts dagegen und sagt immer: ›Kind, es schad't nichts. Eh man sich's versieht, is man alt.‹«

»Ja, ja«, sagte die Dörr, »so was hab' ich die Nimptschen auch schon sagen hören. Und hat auch ganz recht. Das heißt, wie man's nehmen will, und nach'm Katechismus is doch eigentlich immer noch besser und sozusagen überhaupt das Beste. Das kannst du mir schon glauben. Aber ich weiß woll, es geht nich immer, und mancher will auch nich. Und wenn einer nich will, na, denn will er nich, un denn muss es auch so gehn und geht auch mehrstens, man bloß, dass man ehrlich is un anständig und Wort hält. Un natürlich, was denn kommt, das muss man aushalten un darf sich nicht wundern. Un wenn man all so was weiß und sich immer wieder zu Gemüte führt, na, denn is es nich so schlimm. Un schlimm is eigentlich man bloß das Einbilden.«

Katechismus Lehrbuch für den Unterricht im christlichen Glauben, angelegt in Frage-und-Antwort-Form

das Einbilden das Hegen falscher Hoffnungen

»Ach, liebe Frau Dörr«, lachte Lene, »was Sie nur denken. Einbilden! Ich bilde mir gar nichts ein. Wenn ich einen liebe, dann lieb' ich ihn. Und das ist mir genug. Und will weiter gar nichts von ihm, nichts, gar nichts, und dass mir mein Herze so schlägt und ich die Stunden zähle, bis er kommt, und nicht abwarten kann, bis er wieder da ist, das macht mich glücklich, das ist mir genug.«

»Ja«, schmunzelte die Dörr vor sich hin, »das is das Richtige, so muss es sein. Aber is es denn wahr, Lene, dass er Botho heißt? So kann doch einer eigentlich nich heißen; das is ja gar kein christlicher Name.«

Botho … kein christlicher Name Botho ist ein alter deutscher Vorname (vgl. althochdt. ›boto‹: ›Gebieter‹).

»Doch, Frau Dörr.« Und Lene machte Miene, die Tatsache, dass es solchen Namen gäbe, des Weiteren zu bestätigen. Aber ehe sie dazu kommen konnte, schlug Sultan an, und im selben Augenblicke hörte man deutlich vom Hausflur her, dass wer eingetreten sei. Wirklich erschien auch der Briefträger und brachte zwei Bestellkarten für Dörr und einen Brief für Lene.

Bestellkarten Kundenaufträge (für die Gärtnerei)

»Gott, Hahnke«, rief die Dörr dem in großen Schweißperlen vor ihr Stehenden zu, »Sie drippen ja man so. Is es denn so 'ne schwebende Hitze? Un erst halb zehn. Na, so viel seh' ich woll, Briefträger is auch kein Vergnügen.«

drippen tropfen

Und die gute Frau wollte gehn, um ein Glas frische Milch zu holen. Aber Hahnke dankte. »Habe keine Zeit, Frau Dörr. Ein andermal.« Und damit ging er.

Lene hatte mittlerweile den Brief erbrochen.

erbrochen geöffnet (der Ausdruck stammt aus der Zeit, als Briefe noch mit Siegellack verschlossen worden waren)

»Na, was schreibt er?«

»Er kommt heute nicht, aber morgen. Ach, es ist so lange bis morgen. Ein Glück, dass ich Arbeit habe; je mehr Arbeit, desto besser. Und ich werde heut Nachmittag in Ihren Garten kommen und graben helfen. – Aber Dörr darf nicht dabei sein.« –

»I Gott bewahre.«

I Gott Ach Gott

Und danach trennte man sich, und Lene ging in das Vorderzimmer, um der Alten das von der Frau Dörr erhaltene Spargelgericht zu bringen.

Viertes Kapitel

Und nun war der andre Abend da, zu dem Baron Botho sich angemeldet hatte. Lene ging im Vorgarten auf und ab, drinnen aber, in der großen Vorderstube, saß wie gewöhnlich

Frau Nimptsch am Herd, um den herum sich auch heute wieder die vollzählig erschienene Familie Dörr gruppiert hatte. Frau Dörr strickte mit großen Holznadeln an einer blauen, für ihren Mann bestimmten Wolljacke, die, vorläufig noch ohne rechte Form, nach Art eines großen Vlieses auf ihrem Schoße lag. Neben ihr, die Beine bequem übereinandergeschlagen, rauchte Dörr aus einer Tonpfeife, während der Sohn in einem dicht am Fenster stehenden Großvaterstuhle saß und seinen Rotkopf an die Stuhlwange lehnte. Jeden Morgen bei Hahnenschrei aus dem Bett, war er auch heute wieder vor Müdigkeit eingeschlafen. Gesprochen wurde wenig, und so hörte man denn nichts als das Klappern der Holznadeln und das Knabbern des Eichhörnchens, das mitunter aus seinem Schilderhäuschen herauskam und sich neugierig umsah. Nur das Herdfeuer und der Widerschein des Abendrots gaben etwas Licht.

Frau Dörr saß so, dass sie den Gartensteg hinaufsehen und trotz der Dämmerung erkennen konnte, wer draußen, am Heckenzaun entlang, des Weges kam.

»Ah, da kommt er«, sagte sie. »Nu, Dörr, lass mal deine Pfeife ausgehen. Du bist heute wieder wie'n Schornstein un rauchst un schmookst den ganzen Tag. Un so'n Knallerballer wie deiner, der is nich für jeden.«

Dörr ließ sich solche Rede wenig anfechten, und ehe seine Frau mehr sagen oder ihre Wahrsprüche wiederholen konnte, trat der Baron ein. Er war sichtlich angeheitert, kam er doch von einer Maibowle, die Gegenstand einer Klubwette gewesen war, und sagte, während er Frau Nimptsch die Hand reichte: »Guten Tag, Mutterchen. Hoffentlich gut bei Weg. Ah, und Frau Dörr; und Herr Dörr, mein alter Freund und Gönner. Hören Sie, Dörr, was sagen Sie zu dem Wetter? Eigens für Sie bestellt und für mich mit. Meine Wiesen zu Hause, die vier Jahre von fünf immer unter Wasser stehen

Vlieses Schaffells

Tonpfeife Pfeife aus Ton

Schilderhäuschen Häuschen der Schildwache

schmookst schmauchst, rauchst genüsslich

Knallerballer umgangssprachlich für: minderwertiger Tabak

anfechten durch … bekümmern

Wahrsprüche richterliche Urteile (veraltet)

Klubwette Wette im Offiziersklub

gut bei Weg ohne Schmerzen beim Laufen

und nichts bringen als Ranunkeln, die können solch Wetter brauchen. Und Lene kann's auch brauchen, dass sie mehr draußen ist; sie wird mir sonst zu blass.«

Ranunkeln Wiesenunkraut mit gelben Blüten

Lene hatte derweilen einen Holzstuhl neben die Alte gerückt, weil sie wusste, dass Baron Botho hier am liebsten saß; Frau Dörr aber, in der eine starke Vorstellung davon lebte, dass ein Baron auf einem Ehrenplatz sitzen müsse, war inzwischen aufgestanden und rief, immer das blaue Vlies nachschleppend, ihrem Pflegesohn zu: »Will er woll auf! Ne, ich sage. Wo's nich drinsteckt, da kommt es auch nich.« Der arme Junge fuhr blöd und verschlafen in die Höh' und wollte den Platz räumen, der Baron litt es aber nicht. »Ums Himmels willen, liebe Frau Dörr, lassen Sie doch den Jungen. Ich sitz' am liebsten auf einem Schemel wie mein Freund Dörr hier.«

blöd mit stumpfem Sinn

litt duldete, erlaubte

Und damit schob er den Holzstuhl, den Lene noch immer in Bereitschaft hatte, neben die Alte und sagte, während er sich setzte: »Hier neben Frau Nimptsch; das ist der beste Platz. Ich kenne keinen Herd, auf den ich so gern sähe; immer Feuer, immer Wärme. Ja, Mutterchen, es ist so; hier ist es am besten.«

»Ach, du mein Gott«, sagte die Alte. »Hier am besten! Hier bei 'ner alten Wasch- und Plättefrau.«

»Freilich. Und warum nicht? Jeder Stand hat seine Ehre. Waschfrau auch. Wissen Sie denn, Mutterchen, dass es hier in Berlin einen berühmten Dichter gegeben hat, der ein Gedicht auf seine alte Waschfrau gemacht hat?«

berühmten Dichter … Gedicht auf seine alte Waschfrau → Seite 194

»Is es möglich?«

»Freilich ist es möglich. Es ist sogar gewiss. Und wissen Sie, was er zum Schluss gesagt hat? Da hat er gesagt, er möchte so leben und sterben wie die alte Waschfrau. Ja, das hat er gesagt.«

»Is es möglich?«, simperte die Alte noch einmal vor sich hin.

simperte brabbelte, redete weinerlich

»Und wissen Sie, Mutterchen, um auch das nicht zu vergessen, dass er ganz recht gehabt hat und dass ich ganz dasselbe sage? Ja, Sie lachen so vor sich hin. Aber sehen Sie sich mal um hier, wie leben Sie? Wie Gott in Frankreich. Erst haben Sie das Haus und diesen Herd und dann den Garten und dann Frau Dörr. Und dann haben Sie die Lene. Nicht wahr? Aber wo steckt sie nur?«

leben ... [w]ie Gott in Frankreich im Überfluss leben, das Leben genießen

Erst Erstens

Er wollte noch weitersprechen, aber im selben Augenblicke kam Lene mit einem Kaffeebrett zurück, auf dem eine Karaffe mit Wasser samt Apfelwein stand, Apfelwein, für den der Baron, weil er ihm wunderbare Heilkraft zuschrieb, eine sonst schwer begreifliche Vorliebe hatte.

Karaffe bauchige Flasche aus geschliffenem Glas mit Verschluss

»Ach Lene, wie du mich verwöhnst. Aber du darfst es mir nicht so feierlich präsentieren, das ist ja, wie wenn ich im Klub wäre. Du musst es mir aus der Hand bringen, da schmeckt es am besten. Und nun gib mir deine Patsche, dass ich sie streicheln kann. Nein, nein, die Linke, die kommt von Herzen. Und nun setze dich da hin, zwischen Herr und Frau Dörr, dann hab' ich dich gegenüber und kann dich immer ansehn. Ich habe mich den ganzen Tag auf diese Stunde gefreut.«

Lene lachte.

»Du glaubst es wohl nicht? Ich kann es dir aber beweisen, Lene, denn ich habe dir von der großen Herren- und Damenfête, die wir gestern hatten, was mitgebracht. Und wenn man was zum Mitbringen hat, dann freut man sich auch auf die, die's kriegen sollen. Nicht wahr, lieber Dörr?«

Dörr schmunzelte, Frau Dörr aber sagte: »Jott, *der*. Der un mitbringen. Dörr is bloß für rapschen und sparen. So sind die Gärtners. Aber neugierig bin ich doch, was der Herr Baron mitgebracht haben.«

»Nun, da will ich nicht lange warten lassen, sonst denkt meine liebe Frau Dörr am Ende, dass es ein goldener Pantoffel ist oder sonst was aus dem Märchen. Es ist aber bloß *das.*«

goldener Pantoffel ist oder sonst was aus dem Märchen Anspielung auf die Brautwahl in »Aschenputtel«

Und dabei gab er Lenen eine Tüte, daraus, wenn nicht alles täuschte, das gefranzte Papier einiger Knallbonbons hervorguckte.

daraus aus der

gefranzte gefranste

Wirklich, es waren Knallbonbons, und die Tüte ging reihum.

»Aber nun müssen wir auch ziehen, Lene; halt fest und Augen zu.«

Frau Dörr war entzückt, als es einen Knall gab, und noch mehr, als Lenes Zeigefinger blutete. »Das tut nich weh, Lene, das kenn' ich; das is, wie wenn sich 'ne Braut in'n Finger sticht. Ich kannte mal eine, die war so versessen drauf, die stach sich immerzu un lutschte und lutschte, wie wenn es wunder was wäre.«

Lene wurde rot. Aber Frau Dörr sah es nicht und fuhr fort: »Und nu den Vers lesen, Herr Baron.«

Und dieser las denn auch:

»In Liebe selbstvergessen sein
Freut Gott und die lieben Engelein.«

»In Liebe … Engelein.« zeitgenössischer Jahrmarktsvers bzw. Poesiealbumspruch, hier als Vorausdeutung gebraucht

»Jott«, sagte Frau Dörr und faltete die Hände. »Das is ja wie aus'n Gesangbuch. Is es denn immer so fromm?«

»I bewahre«, sagte Botho. »Nicht immer. Kommen Sie, liebe Frau Dörr, wir wollen auch mal ziehn und sehn, was dabei herauskommt.«

Und nun zog er wieder und las:

»Wo Amors Pfeil recht tief getroffen,
Da stehen Himmel und Hölle offen.«

»Wo Amors … Hölle offen.« vgl. die Erläuterung oben

»Nun, Frau Dörr, was sagen Sie dazu? das klingt schon anders; nicht wahr?«

»Ja«, sagte Frau Dörr, »anders klingt es. Aber es gefällt mir nicht recht . . . Wenn ich einen Knallbonbon ziehe . . .«

»Nun?«

»Da darf nichts von Hölle vorkommen, da will ich nich hören, dass es so was gibt.«

»Ich auch nicht«, lachte Lene. »Frau Dörr hat ganz recht; sie hat überhaupt immer recht. Aber das ist wahr, wenn man solchen Vers liest, da hat man immer gleich was zum Anfangen, ich meine zum Anfangen mit der Unterhaltung, denn anfangen is immer das Schwerste, gerade wie beim Briefschreiben, und ich kann mir eigentlich keine Vorstellung machen, wie man mit so viel fremden Damen (und ihr kennt euch doch nicht alle) sogleich mir nichts, dir nichts ein Gespräch anfangen kann.«

»Ach, meine liebe Lene«, sagte Botho, »das ist nicht so schwer, wie du denkst. Es ist sogar ganz leicht. Und wenn du willst, will ich dir gleich eine Tischunterhaltung vormachen.«

Frau Dörr und Frau Nimptsch drückten ihre Freude darüber aus, und auch Lene nickte zustimmend.

»Nun«, fuhr Baron Botho fort, »denke dir also, du wärst eine kleine Gräfin. Und eben hab' ich dich zu Tische geführt und Platz genommen, und nun sind wir beim ersten Löffel Suppe.«

»Gut. Gut. Aber nun?«

Komtesse unverheiratete Tochter eines Grafen

Flora → Seite 195

Sächsische Schweiz → Seite 195

Königstein → Seite 195

Bastei → Seite 195

»Und nun sag' ich: Irr' ich nicht, meine gnädigste Komtesse, so sah ich Sie gestern in der Flora, Sie und Ihre Frau Mama. Nicht zu verwundern. Das Wetter lockt ja jetzt täglich heraus, und man könnte schon von Reisewetter sprechen. Haben Sie Pläne, Sommerpläne, meine gnädigste Gräfin? Und nun antwortest du, dass leider noch nichts feststünde, weil der Papa durchaus nach dem Bayrischen wolle, dass aber die Sächsische Schweiz mit dem Königstein und der Bastei dein Herzenswunsch wäre.«

»Das ist es auch wirklich«, lachte Lene.

»Nun sieh, das trifft sich gut. Und so fahr' ich denn fort: Ja, gnädigste Komtesse, da begegnen sich unsere Geschmacksrichtungen. Ich ziehe die Sächsische Schweiz ebenfalls jedem anderen Teile der Welt vor, namentlich auch der eigentlichen Schweiz. Man kann nicht immer große Natur schwelgen, nicht immer klettern und außer Atem sein. Aber Sächsische Schweiz! Himmlisch, ideal! Da hab' ich Dresden; in einer Viertel- oder halben Stunde bin ich da, da seh' ich Bilder, Theater, Großen Garten, Zwinger, Grünes Gewölbe. Versäumen Sie nicht, sich die Kanne mit den Törichten Jungfrauen zeigen zu lassen, und vor allem den Kirschkern, auf dem das ganze Vaterunser steht. Alles bloß durch die Lupe zu sehen.«

»Und so sprecht ihr!«

»Ganz so, mein Schatz. Und wenn ich mit meiner Nachbarin zur Linken, also mit Komtesse Lene, fertig bin, so wend' ich mich zu meiner Nachbarin zur Rechten, also zu Frau Baronin Dörr . . .«

Die Dörr schlug vor Entzücken mit der Hand aufs Knie, dass es einen lauten Puff gab . . .

»Zu Frau Baronin Dörr also. Und spreche nun worüber? Nun, sagen wir über Morcheln.«

»Aber mein Gott, Morcheln. Über Morcheln, Herr Baron, das geht doch nicht.«

»Oh, warum nicht, warum soll es nicht gehen, liebe Frau Dörr? Das ist ein sehr ernstes und lehrreiches Gespräch und hat für manche mehr Bedeutung, als Sie glauben. Ich besuchte mal einen Freund in Polen, Regiments- und Kriegskameraden, der ein großes Schloss bewohnte, rot und mit zwei dicken Türmen, und so furchtbar alt, wie's eigentlich gar nicht mehr vorkommt. Und das letzte Zimmer war sein Wohnzimmer; denn er war unverheiratet, weil er ein Weiberfeind war . . .«

»Ist es möglich?«

Großen Garten → Seite 195

Zwinger → Seite 195

Grünes Gewölbe → Seite 195

die Kanne mit den Törichten Jungfrauen → Seite 195

Kirschkern, auf dem das ganze Vaterunser steht → Seite 196

Morcheln beliebte Speisepilze

Regiment großer militärischer Verband aus Soldaten der gleichen Truppengattung

»Und überall waren morsche, durchgetretene Dielen, und immer, wo ein paar Dielen fehlten, da war ein Morchelbeet, und an all den Morchelbeeten ging ich vorbei, bis ich zuletzt in sein Zimmer kam.«

»Ist es möglich?«, wiederholte die Dörr und setzte hinzu: »Morcheln. Aber man kann doch nicht immer von Morcheln sprechen.«

»Nein, nicht immer. Aber oft oder wenigstens manchmal, und eigentlich ist es ganz gleich, wovon man spricht. Wenn es nicht Morcheln sind, sind es Champignons, und wenn es nicht das rote polnische Schloss ist, dann ist es Schlösschen Tegel oder Saatwinkel, oder Valentinswerder. Oder Italien oder Paris, oder die Stadtbahn, oder ob die Panke zugeschüttet werden soll. Es ist alles ganz gleich. Über jedes kann man ja was sagen, und ob's einem gefällt oder nicht. Und ›ja‹ ist geradeso viel wie ›nein‹.«

»Aber«, sagte Lene, »wenn es alles so redensartlich ist, da wundert es mich, dass ihr solche Gesellschaften mitmacht.«

»Oh, man sieht doch schöne Damen und Toiletten und mitunter auch Blicke, die, wenn man gut aufpasst, einem eine ganze Geschichte verraten. Und jedenfalls dauert es nicht lange, sodass man immer noch Zeit hat, im Klub alles nachzuholen. Und im Klub ist es wirklich reizend, da hören die Redensarten auf, und die Wirklichkeiten fangen an. Ich habe gestern Pitt seine Graditzer Rappstute abgenommen.«

»Wer ist Pitt?«

»Ach, das sind so Namen, die wir nebenher führen, und wir nennen uns so, wenn wir unter uns sind. Der Kronprinz sagt auch Vicky, wenn er Viktoria meint. Es ist ein wahres Glück, dass es solche Liebes- und Zärtlichkeitsnamen gibt. Aber horch, eben fängt drüben das Konzert an. Können wir nicht die Fenster aufmachen, dass wir's besser hören? Du wippst ja schon mit der Fußspitze hin und her. Wie wär' es,

Schlösschen Tegel → Seite 196

Saatwinkel → Seite 196

Valentinswerder → Seite 196

die Panke → Seite 196

Toiletten festliche Kleider

Graditzer Rappstute → Seite 196

abgenommen ... beim Spiel

Pitt → Seite 196

Kronprinz → Seite 196

Vicky ... Viktoria → Seite 196

fängt drüben das Konzert an ... im Konzertgarten des Zoologischen Gartens

wenn wir anträten und einen Contre versuchten oder eine Française? Wir sind drei Paare: Vater Dörr und meine gute Frau Nimptsch und dann Frau Dörr und ich (ich bitte um die Ehre), und dann kommt Lene mit Hans.«

Contre (frz.) Contredanse, ›Gegentanz‹, beliebter Gesellschaftstanz des 18. Jahrhunderts

Française Kolonnentanz für mehrere Paare, der oft zum festlichen Abschluss eines Balls getanzt wurde

Frau Dörr war sofort einverstanden, Dörr und Frau Nimptsch aber lehnten ab, diese, weil sie zu alt sei, jener, weil er so was Feines nicht kenne.

»Gut, Vater Dörr. Aber dann müssen Sie den Takt schlagen; Lene, gib ihm das Kaffeebrett und einen Löffel. Und nun antreten, meine Damen. Frau Dörr, Ihren Arm. Und nun, Hans, aufwachen, flink, flink.«

Und wirklich, beide Paare stellten sich auf, und Frau Dörr wuchs ordentlich noch an Stattlichkeit, als ihr Partner in einem feierlichen Tanzmeister-Französisch anhob: »en avant deux, Pas de basque.« Der sommersprossige, leider noch immer verschlafene Gärtnerjunge sah sich maschinenmäßig und ganz nach Art einer Puppe hin- und hergeschoben, die drei andern aber tanzten wie Leute, die's verstehen, und entzückten den alten Dörr derart, dass er sich von seinem Schemel erhob und statt mit dem Löffel mit seinem Knöchel an das Kaffeebrett schlug. Auch der alten Frau Nimptsch kam die Lust früherer Tage wieder, und weil sie nichts Besseres tun konnte, wühlte sie mit dem Feuerhaken so lang in der Kohlenglut umher, bis die Flamme hoch aufschlug.

»en avant deux, Pas de basque« (frz.) »zwei Schritte vor, baskischer Schritt«

So ging es, bis die Musik drüben schwieg; Botho führte Frau Dörr wieder an ihren Platz, und nur Lene stand noch da, weil der ungeschickte Gärtnerjunge nicht wusste, was er mit ihr machen sollte. Das aber passte Botho gerade, der, als die Musik drüben wieder anhob, mit Lene zu walzen und ihr zuzuflüstern begann, wie reizend sie sei, reizender denn je.

anhob einsetzte

zu walzen einen Walzer zu tanzen

Sie waren alle warm geworden, am meisten die gerade jetzt am offenen Fenster stehende Frau Dörr. »Jott, mir schuddert so«, sagte sie mit einem Male, weshalb Botho ver-

mir schuddert mich fröstelt

verbindlich eilfertig, seine guten Umgangsformen unter Beweis stellend

bindlich aufsprang, um die Fenster zu schließen. Aber Frau Dörr wollte davon nichts wissen und behauptete: »Was die feinen Leute wären, die wären alle für frische Luft, und manche wären so fürs Frische, dass ihnen im Winter das Deckbett an den Mund fröre. Denn Atem wäre dasselbe wie Wrasen, grade wie der, der aus der Tülle käm'. Also die Fenster müssten aufbleiben, davon ließe sie nicht. Aber wenn Lenechen so fürs Innerliche was hätte, so was für Herz und Seele ...«

»Gewiss, liebe Frau Dörr; alles, was Sie wollen. Ich kann einen Tee machen oder einen Punsch, oder noch besser, ich habe ja noch das Kirschwasser, das Sie Mutter Nimptschen und mir letzten Weihnachten zu der großen Mandelstolle geschenkt haben ...«

nach Gutdünken wie es ihm angemessen erschien

Und ehe sich Frau Dörr zwischen Punsch und Tee entscheiden konnte, war auch die Kirschwasserflasche schon da, mit Gläsern, großen und kleinen, in die sich nun jeder nach Gutdünken hineintat. Und nun ging Lene, den rußigen Herdkessel in der Hand, reihum und goss das kochsprudelnde Wasser ein. »Nicht zu viel, Leneken, nicht zu viel. Immer aufs Ganze. Wasser nimmt die Kraft.« Und im Nu füllte sich der Raum mit dem aufsteigenden Kirschmandelarom.

»Ah, das hast du gut gemacht«, sagte Botho, während er aus dem Glase nippte. »Weiß es Gott, ich habe gestern nichts gehabt und heute im Klub erst recht nicht, was mir so geschmeckt hätte. Hoch Lene! Das eigentliche Verdienst in der Sache hat aber doch unsere Freundin, Frau Dörr, ›weil's ihr so geschuddert hat‹, und so bring' ich denn gleich noch eine zweite Gesundheit aus: Frau Dörr, sie lebe hoch.«

»Sie lebe hoch«, riefen alle durcheinander, und der alte Dörr schlug wieder mit seinem Knöchel ans Brett.

Alle fanden, dass es ein feines Getränk sei, viel feiner als Punschextrakt, der im Sommer immer nach bittrer Zitrone schmecke, weil es meistens alte Flaschen seien, die schon, von Fastnacht an, im Ladenfenster in der grellen Sonne gestanden hätten. Kirschwasser aber, das sei was Gesundes und nie verdorben, und ehe man sich mit dem Bittermandelgift vergifte, da müsste man doch schon was Ordentliches einnehmen, wenigstens eine Flasche.

Diese Bemerkung machte Frau Dörr, und der Alte, der es nicht darauf ankommen lassen wollte, vielleicht weil er diese hervorragendste Passion seiner Frau kannte, drang auf Aufbruch: »Morgen sei auch noch ein Tag.«

hervorragendste Passion ganz besondere Neigung (zu stärkeren alkoholischen Getränken)

Botho und Lene redeten zu, doch noch zu bleiben. Aber die gute Frau Dörr, die wohl wusste, »dass man zuzeiten nachgeben müsse, wenn man die Herrschaft behalten wolle«, sagte nur: »Lass, Leneken, ich kenn' ihn; er geht nu mal mit die Hühner zu Bett.«

»Nun«, sagte Botho, »wenn es beschlossen ist, ist es beschlossen. Aber dann begleiten wir die Familie Dörr bis an ihr Haus.«

Und damit brachen alle auf und ließen nur die alte Frau Nimptsch zurück, die den Abgehenden freundlich und kopfnickend nachsah und dann aufstand und sich in den Großvaterstuhl setzte.

Fünftes Kapitel

Vor dem »Schloss« mit dem grün und rot gestrichenen Turme machten Botho und Lene halt und baten Dörr in aller Förmlichkeit um Erlaubnis, noch in den Garten gehn und eine halbe Stunde darin promenieren zu dürfen. Der Abend sei so schön. Vater Dörr brummelte, dass er sein Eigentum in keinem bessren Schutz lassen könne, worauf das junge

Paar unter artigen Verbeugungen Abschied nahm und auf den Garten zuschritt. Alles war schon zur Ruh, und nur Sultan, an dem sie vorbeimussten, richtete sich hoch auf und winselte so lange, bis ihn Lene gestreichelt hatte. Dann erst kroch er wieder in seine Hütte zurück.

Drinnen im Garten war alles Duft und Frische, denn den ganzen Hauptweg hinauf, zwischen den Johannis- und Stachelbeersträuchern, standen Levkoien und Reseda, deren feiner Duft sich mit dem kräftigeren der Thymianbeete mischte. Nichts regte sich in den Bäumen, und nur Leuchtkäfer schwirrten durch die Luft.

Levkoien und Reseda gut duftende Zierpflanzen

Thymian würzig duftende Strauchpflanze, die als Gewürz oder zu Heilzwecken verwendet wird

Leuchtkäfer Glühwürmchen

Lene hatte sich in Bothos Arm gehängt und schritt mit ihm auf das Ende des Gartens zu, wo, zwischen zwei Silberpappeln, eine Bank stand.

»Wollen wir uns setzen?«

»Nein«, sagte Lene, »nicht jetzt«, und bog in einen Seitenweg ein, dessen hochstehende Himbeerbüsche fast über den Gartenzaun hinauswuchsen. »Ich gehe so gern an deinem Arm. Erzähle mir etwas. Aber etwas recht Hübsches. Oder frage.«

»Gut. Ist es dir recht, wenn ich mit den Dörrs anfange?«

»Meinetwegen.«

»Ein sonderbares Paar. Und dabei, glaub' ich, glücklich. Er muss tun, was sie will, und ist doch um vieles klüger.«

»Ja«, sagte Lene, »klüger ist er, aber auch geizig und hartherzig, und das macht ihn gefügig, weil er beständig ein schlechtes Gewissen hat. Sie sieht ihm scharf auf die Finger und leidet es nicht, wenn er jemand übervorteilen will. Und das ist es, wovor er Furcht hat und was ihn nachgiebig macht.«

jemand übervorteilen jemandem schaden, indem man seine Unwissenheit oder Unaufmerksamkeit ausnutzt

»Und weiter nichts?«

»Vielleicht auch noch Liebe, so sonderbar es klingt. Das heißt Liebe von seiner Seite. Denn trotz seiner Sechsundfünfzig oder mehr ist er noch wie vernarrt in seine Frau, und bloß weil sie groß ist. Beide haben mir die wunderlichsten Geständnisse darüber gemacht. Ich bekenne dir offen, mein Geschmack wäre sie nicht.«

»Da hast du aber Unrecht, Lene; sie macht eine Figur.«

»Ja«, lachte Lene, »sie macht eine Figur, aber sie hat keine. Siehst du denn gar nicht, dass ihr die Hüften eine Handbreit zu hoch sitzen? Aber so was seht ihr nicht, und ›Figur‹ und ›stattlich‹ ist immer euer drittes Wort, ohne dass sich wer drum kümmert, wo denn die Stattlichkeit eigentlich herkommt.«

›Figur‹ und ›stattlich‹ ist immer euer drittes Wort ihr redet ständig von ›Figur‹ und ›stattlich‹

So plaudernd und neckend blieb sie stehn und bückte sich, um auf einem langen und schmalen Erdbeerbeete, das sich in Front von Zaun und Hecke hinzog, nach einer Früherdbeere zu suchen. Endlich hatte sie, was sie wollte, nahm das Stängelchen eines wahren Prachtexemplares zwischen die Lippen und trat vor ihn hin und sah ihn an.

Er war auch nicht säumig, pflückte die Beere von ihrem Munde fort und umarmte sie und küsste sie.

säumig faul, langsam, verspätet

»Meine süße Lene, das hast du recht gemacht. Aber höre nur, wie Sultan blafft; er will bei dir sein; soll ich ihn losmachen?«

»Nein, wenn er hier ist, hab' ich dich nur noch halb. Und sprichst du dann gar noch von der stattlichen Frau Dörr, so hab' ich dich so gut wie gar nicht mehr.«

»Gut«, lachte Botho, »Sultan mag bleiben, wo er ist. Ich bin es zufrieden. Aber von Frau Dörr muss ich noch weiter sprechen. Ist sie wirklich so gut?«

»Ja, das ist sie, trotzdem sie sonderbare Dinge sagt, Dinge, die wie Zweideutigkeiten klingen und es auch sein mögen. Aber sie weiß nichts davon, und in ihrem Tun und Wandel ist nicht das Geringste, was an ihre Vergangenheit erinnern könnte.«

Zweideutigkeiten Anzüglichkeiten

»Hat sie denn eine?«

»Ja. Wenigstens stand sie jahrelang in einem Verhältnis und ›ging mit ihm‹, wie sie sich auszudrücken pflegt. Und darüber ist wohl kein Zweifel, dass über dies Verhältnis und natürlich auch über die gute Frau Dörr selbst viel, sehr viel geredet worden ist. Und sie wird auch Anstoß über Anstoß gegeben haben. Nur sie selber hat sich in ihrer Einfalt nie Gedanken darüber gemacht und noch weniger Vorwürfe. Sie spricht davon wie von einem unbequemen Dienst, den sie getreulich und ehrlich erfüllt hat, bloß aus Pflichtgefühl. Du lachst, und es klingt auch sonderbar genug. Aber es lässt sich nicht anders sagen. Und nun lassen wir die Frau Dörr und setzen uns lieber und sehen in die Mondsichel.«

Elefantenhause … des Zoos

Wirklich, der Mond stand drüben über dem Elefantenhause, das in dem niederströmenden Silberlichte noch fantastischer aussah als gewöhnlich. Lene wies darauf hin, zog die Mantelkapuze fester zusammen und barg sich an seine Brust.

So vergingen ihre Minuten, schweigend und glücklich, und erst als sie sich wie von einem Traume, der sich doch nicht festhalten ließ, wieder aufrichtete, sagte sie: »Woran hast du gedacht? Aber du musst mir die Wahrheit sagen.«

Schloss Zehden nach dem Ort Zehden an der Oder in der nordwestlichen Neumark

hatte eine rasche Hand schlug schnell zu

»Woran ich dachte, Lene? Ja, fast schäm' ich mich, es zu sagen. Ich hatte sentimentale Gedanken und dachte nach Haus hin an unsren Küchengarten in Schloss Zehden, der genau so daliegt wie dieser Dörrsche, dieselben Salatbeete mit Kirschbäumen dazwischen, und ich möchte wetten, auch ebenso viele Meisenkästen. Und auch die Spargelbeete liefen so hin. Und dazwischen ging ich mit meiner Mutter, und wenn sie guter Laune war, gab sie mir das Messer und erlaubte, dass ich ihr half. Aber weh mir, wenn ich ungeschickt war und die Spargelstange zu lang oder zu kurz abstach. Meine Mutter hatte eine rasche Hand.«

»Glaub's. Und mir ist immer, als ob ich Furcht vor ihr haben müsste.«

»Furcht? Wie das? Warum, Lene?«

Lene lachte herzlich, und doch war eine Spur von Gezwungenheit darin. »Du musst nicht gleich denken, dass ich vorhabe, mich bei der Gnädigen melden zu lassen, und darfst es nicht anders nehmen, als ob ich gesagt hätte, ich fürchte mich vor der Kaiserin. Würdest du deshalb denken, dass ich zu Hofe wollte? Nein, ängstige dich nicht; ich verklage dich nicht.«

»Nein, das tust du nicht. Dazu bist du viel zu stolz und eigentlich eine kleine Demokratin und ringst dir jedes freundliche Wort nur so von der Seele. Hab' ich recht? Aber wie's auch sei, mache dir auf gut Glück hin ein Bild von meiner Mutter. Wie sieht sie aus?«

»Genauso wie du: groß und schlank und blauäugig und blond.«

»Arme Lene« (und das Lachen war diesmal auf seiner Seite), »da hast du fehlgeschossen. Meine Mutter ist eine kleine Frau mit lebhaften schwarzen Augen und einer großen Nase.«

»Glaub' es nicht. Das ist nicht möglich.«

»Und ist doch so. Du musst nämlich bedenken, dass ich auch einen Vater habe. Aber das fällt euch nie ein. Ihr denkt immer, ihr seid die Hauptsache. Und nun sage mir noch etwas über den Charakter meiner Mutter. Aber rate besser.«

»Ich denke mir sie sehr besorgt um das Glück ihrer Kinder.«

»Getroffen ...«

»... Und dass all ihre Kinder reiche, das heißt sehr reiche Partien machen. Und ich weiß auch, wen sie für dich in Bereitschaft hält.«

»Eine Unglückliche, die du ...«

»Wie du mich verkennst. Glaube mir, dass ich dich habe, diese Stunde habe, das ist mein Glück. Was daraus wird, das kümmert mich nicht. Eines Tages bist du weggeflogen ...«

Er schüttelte den Kopf.

»Schüttle nicht den Kopf; es ist so, wie ich sage. Du liebst mich und bist mir treu, wenigstens bin ich in meiner Liebe kindisch und eitel genug, es mir einzubilden. Aber wegfliegen wirst du, das seh' ich klar und gewiss. Du wirst es müssen. Es heißt immer, die Liebe mache blind, aber sie macht auch hell und fernsichtig.«

»Ach, Lene, du weißt gar nicht, wie lieb ich dich habe.«

»Doch, ich weiß es. Und weiß auch, dass du deine Lene für was Besondres hältst und jeden Tag denkst, ›wenn sie doch eine Gräfin wäre‹. Damit ist es nun aber zu spät, das bring' ich nicht mehr zuwege. Du liebst mich und bist schwach. Daran ist nichts zu ändern. Alle schönen Männer sind schwach, und der Stärkre beherrscht sie ... Und der Stärkre ... ja, wer ist dieser Stärkre? Nun, entweder ist's deine Mutter oder das Gerede der Menschen oder die Verhältnisse. Oder vielleicht alles drei ... Aber sieh nur.«

Und sie wies nach dem Zoologischen hinüber, aus dessen Baum- und Blätterdunkel eben eine Rakete zischend in die Luft fuhr und mit einem Puff in zahllose Schwärmer zerstob. Eine zweite folgte der ersten, und so ging es weiter, als ob sie sich jagen und überholen wollten, bis es mit einem Male vorbei war und die Gebüsche drüben in einem grünen und roten Lichte zu glühen anfingen. Ein paar Vögel in ihren Käfigen kreischten dazwischen, und dann fiel nach einer langen Pause die Musik wieder ein.

»Weißt du, Botho, wenn ich dich nun so nehmen und mit dir die Lästerallee drüben auf und ab schreiten könnte, so sicher wie hier zwischen den Buchsbaumrabatten, und könnte jedem sagen: ›Ja, wundert euch nur, er ist er, und ich

Schwärmer Feuerwerkskörper, der beim Abbrennen unter Funkenentwicklung umherfliegt

die Lästerallee drüben die »Poussierpromenade«, der große Promenadenweg im Zoologischen Garten, an dessen Seiten die Lästerer saßen und ihre Kommentare über die Spaziergänger machten

Buchsbaum immergrüner Zierstrauch, häufig zur Einfassung von Beeten verwendet

Rabatten lange schmale Beete mit Zierpflanzen, oft neben Wegen

bin ich, und er liebt mich und ich liebe ihn‹ – ja, Botho, was glaubst du wohl, was ich dafür gäbe? Aber rate nicht, du rätst es doch nicht. Ihr kennt ja nur euch und euren Klub und euer Leben. Ach, das arme bisschen Leben.«

»Sprich nicht so, Lene.«

»Warum nicht? Man muss allem ehrlich ins Gesicht sehn und sich nichts weismachen lassen und vor allem sich selber nichts weismachen. Aber es wird kalt, und drüben ist es auch vorbei. Das ist das Schlussstück, das sie jetzt spielen. Komm, wir wollen uns drin an den Herd setzen, das Feuer wird noch nicht aus sein, und die Alte ist längst zu Bett.«

So gingen sie, während sie sich leicht an seine Schulter lehnte, den Gartensteig wieder hinauf. Im »Schloss« brannte kein Licht mehr, und nur Sultan, den Kopf aus seiner Hütte vorstreckend, sah ihnen nach. Aber er rührte sich nicht und hatte bloß mürrische Gedanken.

Sechstes Kapitel

Es war die Woche darnach, und die Kastanien hatten bereits abgeblüht; auch in der Bellevuestraße. Hier hatte Baron Botho von Rienäcker eine zwischen einem Front- und einem Gartenbalkon gelegene Parterrewohnung inne: Arbeitszimmer, Esszimmer, Schlafzimmer, die sich sämtlich durch eine geschmackvolle, seine Mittel ziemlich erheblich übersteigende Einrichtung auszeichneten. In dem Esszimmer befanden sich zwei Hertelsche Stillleben und dazwischen eine Bärenhatz, wertvolle Kopie nach Rubens, während in dem Arbeitszimmer ein Andreas Achenbachscher Seesturm, umgeben von einigen kleineren Bildern desselben Meisters, paradierte. Der Seesturm war ihm bei Gelegenheit einer Ver-

Bellevuestraße
→ Seite 196

Parterrewohnung Erdgeschosswohnung

Hertelsche Stillleben
→ Seite 196

Bärenhatz, wertvolle Kopie nach Rubens
→ Seite 197

Andreas Achenbachscher Seesturm
→ Seite 197

paradierte eigentlich: vorbeimarschierte (bei einer Parade); hier: an seinem Platz glänzte

losung zugefallen, und an diesem schönen und wertvollen Besitze hatte er sich zum Kunstkenner und speziell zum Achenbach-Enthusiasten herangebildet. Er scherzte gern darüber und pflegte zu versichern, »dass ihm sein Lotterieglück, weil es ihn zu beständig neuen Ankäufen verführt habe, teuer zu stehn gekommen sei«, hinzusetzend, »dass es vielleicht mit jedem Glücke dasselbe sei«.

Vor dem Sofa, dessen Plüsch mit einem persischen Teppich überdeckt war, stand auf einem Malachittischchen das Kaffeegeschirr, während auf dem Sofa selbst allerlei politische Zeitungen umherlagen, unter ihnen auch solche, deren Vorkommen an dieser Stelle ziemlich verwunderlich war und nur aus dem Baron Bothoschen Lieblingssatze, »Schnack gehe vor Politik«, erklärt werden konnte. Geschichten, die den Stempel der Erfindung an der Stirn trugen, sogenannte »Perlen«, amüsierten ihn am meisten. Ein Kanarienvogel, dessen Bauer während der Frühstückszeit allemal offen stand, flog auch heute wieder auf Hand und Schulter seines ihn nur zu sehr verwöhnenden Herrn, der, anstatt ungeduldig zu werden, das Blatt jedes Mal beiseitetat, um den kleinen Liebling zu streicheln. Unterließ er es aber, so drängte sich das Tierchen an Hals und Bart des Lesenden und piepte so lang und eigensinnig, bis ihm der Wille getan war. »Alle Lieblinge sind gleich«, sagte Baron Rienäcker, »und fordern Gehorsam und Unterwerfung.«

Malachittischchen Tischchen mit Einlegearbeiten auf der Tischplatte aus Malachit, einem grünen Mineral

politische Zeitungen Zeitungen, die sich im Gegensatz zu Unterhaltungsblättern vorwiegend politischen Themen widmeten und meist als Sprachrohr einer bestimmten politischen Richtung dienten

Bauer Vogelbauer, Vogelkäfig

In diesem Augenblicke ging die Korridorklingel, und der Diener trat ein, um die draußen abgegebenen Briefe zu bringen. Der eine, graues Kuvert in Quadrat, war offen und mit einer Dreipfennigmarke frankiert. »Hamburger Lotterielos oder neue Zigarren«, sagte Rienäcker und warf Kuvert und Inhalt, ohne weiter nachzusehen, beiseite. »Aber das hier ... Ah, von Lene. Nun, *den* verspare ich mir bis zuletzt, wenn ihm dieser dritte, gesiegelte, nicht den Rang streitig macht.

Kuvert in Quadrat quadratischer Briefumschlag

verspare spare ich mir ... auf

Ostensches Wappen. Also von Onkel Kurt Anton; Poststempel Berlin, will sagen: schon da. Was wird er nur wollen? Zehn gegen eins, ich soll mit ihm frühstücken oder einen Sattel kaufen oder ihn zu Renz begleiten, vielleicht auch zu Kroll; am wahrscheinlichsten das eine tun und das andere nicht lassen.«

Renz → Seite 198

Kroll → Seite 198

das eine tun … nicht lassen → Seite 198

Und er schnitt das Kuvert, auf dem er auch Onkel Ostens Handschrift erkannt hatte, mit einem auf dem Fensterbrett liegenden Messerchen auf und nahm den Brief heraus. Der aber lautete:

»*Hotel Brandenburg,* Nummer 15. Mein lieber Botho. Vor einer Stunde bin ich hier unter eurer alten Berliner Devise ›vor Taschendieben wird gewarnt‹, auf dem Ostbahnhofe glücklich eingetroffen und habe mich im Hotel Brandenburg einquartiert, will sagen an alter Stelle; was ein richtiger Konservativer ist, ist es auch in kleinen Dingen. Ich bleibe nur zwei Tage, denn eure Luft drückt mich. Es ist ein stickiges Nest. Alles andre mündlich. Ich erwarte Dich ein Uhr bei Hiller. Dann wollen wir einen Sattel kaufen. Und dann abends zu Renz. Sei pünktlich. Dein alter Onkel Kurt Anton.«

Hotel Brandenburg → Seite 198

Hiller → Seite 198

Rienäcker lachte. »Dacht' ich's doch! Und doch eine Neuerung. Früher war es Borchardt, jetzt Hiller. Ei, ei, Onkelchen, was ein richtiger Konservativer ist, ist es auch in kleinen Dingen . . . Und nun meine liebe Lene . . . Was Onkel Kurt Anton wohl sagen würde, wenn er wüsste, in welcher Begleitung sein Brief und seine Befehle hier eingetroffen sind.«

Borchardt → Seite 198

Und während er so sprach, erbrach er Lenes Billett und las:

Billett Briefchen

»Es sind nun schon volle fünf Tage, dass ich Dich nicht gesehen habe. Soll es eine volle Woche werden? Und ich dachte, Du müsstest den andern Tag wiederkommen, so glücklich war ich den Abend. Und Du warst so lieb und gut.

Mutter neckt mich schon und sagt: ›Er kommt nicht wieder‹. Ach, wie mir das immer einen Stich ins Herz gibt, weil es ja mal so kommen muss, und weil ich fühle, dass es jeden Tag kommen kann. Daran wurd' ich gestern wieder erinnert. Denn wenn ich Dir eben schrieb, ich hätte Dich fünf Tage lang nicht gesehen, so hab' ich nicht die Wahrheit gesagt, ich habe Dich gesehn, gestern, aber heimlich, verstohlen, auf dem Korso. Denke Dir, ich war auch da, natürlich weit zurück in einer Seiten-Alleh, und habe Dich eine Stunde lang auf und ab reiten sehn. Ach, ich freute mich über die Maßen, denn Du warst der stattlichste (beinah so stattlich wie Frau Dörr, die sich Dir emphelen lässt), und ich hatte solchen Stolz Dich zu sehn, dass ich nicht einmal eifersüchtig wurde. Nur einmal kam es. Wer war denn die schöne Blondine mit den zwei Schimmeln, die ganz in einer Blumengirrlande gingen? Und die Blumen so dicht, ganz ohne Blatt und Stiehl. So was Schönes hab ich all mein Lebtag nicht gesehn. Als Kind hätt' ich gedacht, es müss' eine Prinzessin sein, aber jetzt weiß ich, dass Prinzessinnen nicht immer die schönsten sind. Ja, sie war schön und gefiehl Dir, ich sah es wohl, und Du gefiehlst ihr auch. Aber die Mutter, die neben der schönen Blondine saß, *der* gefiehlst Du noch besser. Und das ärgerte mich. Einer ganz Jungen gönne ich Dich, wenn's durchaus sein muss. Aber einer Alten! Und nun gar einer Mama? Nein, nein, *die* hat ihr Teil. Jedenfalls, mein einziger Botho, siehst Du, dass Du mich wieder gutmachen und beruhigen musst. Ich erwarte Dich morgen oder übermorgen. Und wenn Du nicht Abend kannst, so komme bei Tag, und wenn es nur eine Minute wäre. Ich habe solche Angst um Dich, das heißt eigentlich um mich. Du verstheest mich schon. Deine Lene.«

Korso Prachtstraße, Boulevard für Spazierfahrten, auf denen die Damen der Oberschicht sich in ihren eleganten Gespannen zeigten, während die Männer eher hoch zu Pferde erschienen

Abend am Abend

»Deine Lene«, sprach er, die Briefunterschrift wiederholend, noch einmal vor sich hin, und eine Unruhe bemächtigte sich seiner, weil ihm allerwiderstreitendste Gefühle durchs Herz gingen: Liebe, Sorge, Furcht. Dann durchlas er den Brief noch einmal. An zwei, drei Stellen konnt' er sich nicht versagen, ein Strichelchen mit dem silbernen Crayon zu machen, aber nicht aus Schulmeisterei, sondern aus eitel Freude. »Wie gut sie schreibt! Kalligrafisch gewiss und orthografisch beinah ... Stiehl statt Stiel ... Ja, warum nicht? Stiehl war eigentlich ein gefürchteter Schulrat, aber, Gott sei Dank, ich bin keiner. Und ›emphelen‹. Soll ich wegen f und h mit ihr zürnen. Großer Gott, wer kann ›empfehlen‹ richtig schreiben? Die ganz jungen Komtessen nicht immer und die ganz alten nie. Also was schadt's! Wahrhaftig, der Brief ist wie Lene selber, gut, treu, zuverlässig, und die Fehler machen ihn nur noch reizender.«

Crayon (frz.) Bleistift

Kalligrafisch In Schönschrift abgefasst

Stiehl ... Schulrat → Seite 198

Er lehnte sich in den Stuhl zurück und legte die Hand über Stirn und Augen: »Arme Lene, was soll werden! Es wär' uns beiden besser gewesen, der Ostermontag wäre diesmal ausgefallen. Wozu gibt es auch zwei Feiertage? Wozu Treptow und Stralau und Wasserfahrten? Und nun der Onkel! Entweder kommt er wieder als Abgesandter von meiner Mutter, oder er hat Pläne für mich aus sich selbst, aus eigner Initiative. Nun, ich werde ja sehen. Eine diplomatische Verstellungsschule hat er nicht durchgemacht, und wenn er zehn Eide geschworen hat, zu schweigen, es kommt doch heraus. Ich will's schon erfahren, trotzdem ich in der Kunst der Intrigue gleich nach ihm selber komme.«

Treptow vgl. Seite 18

Stralau vgl. Seite 17

Intrigue frz. Form von: Intrige

Dabei zog er ein Fach seines Schreibtisches auf, darin, von einem roten Bändchen umwunden, schon andere Briefe Lenens lagen. Und nun klingelte er nach dem Diener, der ihm beim Ankleiden behilflich sein sollte. »So, Johann, das wäre getan ... Und nun vergiss nicht, die Jalousien herunterzulassen. Und wenn wer kommt und nach mir fragt, bis zwölf bin ich in der Kaserne, nach eins bei Hiller und am Abend bei Renz. Und zieh auch die Jalousien zu rechter Zeit wieder auf, dass ich nicht wieder einen Brütofen vorfinde. Und lass die Lampe vorn brennen. Aber nicht in meinem Schlafzimmer; die Mücken sind wie toll in diesem Jahr. Verstanden?«

»Zu Befehl, Herr Baron.«

Und unter diesem Gespräche, das schon halb im Korridor geführt worden war, trat Rienäcker in den Hausflur, ziepte draußen im Vorgarten die dreizehnjährige, sich gerad über den Wagen ihres kleinen Bruders beugende Portiertochter von hinten her am Zopf und empfing einen wütenden, aber im Erkennungsmoment ebenso rasch in Zärtlichkeit übergehenden Blick als Antwort darauf.

Und nun erst trat er durch die Gittertür auf die Straße. Hier sah er, unter der grünen Kastanienlaube hin, abwechselnd auf das Tor und dann wieder nach dem Tiergarten zu, wo sich, wie auf einem Camera obscura-Glase, die Menschen und Fuhrwerke geräuschlos hin und her bewegten. »Wie schön. Es ist doch wohl eine der besten Welten.«

ziepte zog, zerrte

Portier Hausmeister in einem großen Wohnhaus, der von seiner Portiersloge aus das Kommen und Gehen im Blick zu behalten hat

das Tor wohl das Brandenburger Tor

zu hin

Camera obscura-Glase → Seite 198

eine der besten Welten → Seite 198

Siebentes Kapitel

Um zwölf war der Dienst in der Kaserne getan, und Botho von Rienäcker ging die Linden hinunter aufs Tor zu, lediglich in der Absicht, die Stunde bis zum Rendezvous bei Hiller, so gut sich's tun ließ, auszufüllen. Zwei, drei Bilderläden waren ihm dabei sehr willkommen. Bei Lepke standen ein paar Oswald Achenbachs im Schaufenster, darunter eine palermitanische Straße, schmutzig und sonnig, und von einer geradezu frappierenden Wahrheit des Lebens und Kolorits. »Es gibt doch Dinge, worüber man nie ins Reine kommt. So mit den Achenbachs. Bis vor Kurzem hab' ich auf Andreas geschworen; aber wenn ich so was sehe, wie das hier, so weiß

die Linden die Prachtstraße Unter den Linden

Bei Lepke → Seite 198

ein paar Oswald Achenbachs → Seite 198

palermitanische Straße → Seite 199

Kolorit Farbgebung

ich nicht, ob ihm der Oswald nicht gleichkommt oder ihn überholt. Jedenfalls ist er bunter und mannigfacher. All dergleichen aber ist mir bloß zu denken erlaubt; vor den Leuten es aussprechen, hieße meinen ›Seesturm‹ ohne Not auf den halben Preis herabsetzen.«

Unter solchen Betrachtungen stand er eine Zeit lang vor dem Lepkeschen Schaufenster und ging dann, über den Pariser Platz hin, auf das Tor und die schräg links führende Tiergartenallee zu, bis er vor der Wolfschen Löwengruppe haltmachte. Hier sah er nach der Uhr. »Halb eins. Also Zeit.« Und so wandt' er sich wieder, um auf demselben Wege nach den »Linden« hin zurückzukehren. Vor dem Redernschen Palais sah er Leutnant von Wedell von den Gardedragonern auf sich zukommen.

»Wohin, Wedell?«

»In den Klub. Und Sie?«

»Zu Hiller.«

»Etwas früh.«

»Ja. Aber was hilft's? Ich soll mit einem alten Onkel von mir frühstücken, neumärkisch Blut und just in dem Winkel zu Hause, wo Bentsch, Rentsch, Stentsch liegen, – lauter Reimwörter auf Mensch, selbstverständlich ohne weitre Konsequenz oder Verpflichtung. Übrigens hat er, ich meine den Onkel, mal in Ihrem Regiment gestanden. Freilich lange her, erste vierziger Jahre. Baron Osten.«

»Der Wietzendorfer?«

»Eben der.«

»Oh, den kenn' ich, das heißt dem Namen nach. Etwas Verwandtschaft. Meine Großmutter war eine Osten. Ist doch derselbe, der mit Bismarck auf dem Kriegsfuß steht?«

»Derselbe. Wissen Sie was, Wedell, kommen Sie mit. Der Klub läuft Ihnen nicht weg und Pitt und Serge auch nicht; Sie finden sie um drei geradso gut wie um eins. Der Alte

Pariser Platz → Seite 199

Tiergartenallee → Seite 199

Wolfschen Löwengruppe → Seite 199

Redernschen Palais → Seite 199

Gardedragonern berittener Truppenteil im Garderegiment

neumärkisch vgl. Seite 225

Bentsch, Rentsch, Stentsch → Seite 199

schwärmt noch immer für Dragonerblau mit Gold und ist Neumärker genug, um sich über jeden Wedell zu freuen.«

»Gut, Rienäcker. Aber auf Ihre Verantwortung.«

»Mit Vergnügen.«

Unter solchem Gespräche waren sie bei Hiller angelangt, wo der alte Baron bereits an der Glastür stand und ausschaute, denn es war eine Minute nach eins. Er unterließ aber jede Bemerkung und war augenscheinlich erfreut, als Botho vorstellte: »Leutnant von Wedell.«

»Ihr Herr Neffe . . .«

Rock Waffenrock, Uniform

Defilee parademäßiger Vorbeimarsch, Aufmarsch

»Nichts von Entschuldigungen, Herr von Wedell, alles, was Wedell heißt, ist mir willkommen, und wenn es diesen Rock trägt, doppelt und dreifach. Kommen Sie, meine Herren, wir wollen uns aus diesem Stuhl- und Tischdefilee herausziehen und so gut es geht nach rückwärts hin konzentrieren. Sonst nicht Preußensache; hier aber ratsam.«

vorauf voraus

Cabinets Nebenzimmer

Kuvert (Tafel-) Gedeck für eine Person

Pallasch → Seite 199

Und damit ging er, um gute Plätze zu finden, vorauf und wählte nach Einblick in verschiedene kleine Cabinets schließlich ein mäßig großes, mit einem lederfarbnen Stoff austapeziertes Zimmer, das trotz eines breiten und dreigeteilten Fensters wenig Licht hatte, weil es auf einen engen und dunklen Hof sah. Von einem hier zu vier gedeckten Tisch wurde im Nu das vierte Kuvert entfernt, und während die beiden Offiziere Pallasch und Säbel in die Fensterecke stellten, wandte sich der alte Baron an den Oberkellner, der in einiger Entfernung gefolgt war, und befahl einen Hummer und einen weißen Burgunder. »Aber welchen, Botho?«

Chablis trockener Weißwein aus Niederburgund, benannt nach dem Ort Chablis

Hundstagshitze → Seite 199

»Sagen wir Chablis.«

»Gut, Chablis. Und frisches Wasser. Aber nicht aus der Leitung; lieber so, dass die Karaffe beschlägt. Und nun, meine Herren, bitte Platz zu nehmen: lieber Wedell hier, Botho du da. Wenn nur diese Glut, diese verfrühte Hundstagshitze nicht wäre. Luft, meine Herren, Luft. Ihr schönes Berlin, das immer schöner wird (so versichern einem wenigstens alle, die nichts Besseres kennen), Ihr schönes Berlin hat alles, aber keine Luft.« Und dabei riss er die großen Fensterflügel auf und setzte sich so, dass er die breite Mittelöffnung gerade vor sich hatte.

Der Hummer war noch nicht gekommen, aber der Chablis stand schon da. Voll Unruhe nahm der alte Osten eins der Brötchen aus dem Korb und schnitt es mit ebenso viel Hast wie Virtuosität in Schrägstücke, bloß um etwas zu tun zu haben. Dann ließ er das Messer wieder fallen und reichte Wedell die Hand. »Ihnen unendlich verbunden, Herr von Wedell, und brillanter Einfall von Botho, Sie dem Klub auf ein paar Stunden abspenstig gemacht zu haben. Ich nehm' es als eine gute Vorbedeutung, gleich bei meinem ersten Ausgang in Berlin einen Wedell begrüßen zu dürfen.«

Und nun begann er einzuschenken, weil er seiner Unruhe nicht länger Herr bleiben konnte, befahl, eine Cliquot kalt zu stellen, und fuhr dann fort: »Eigentlich, lieber Wedell, sind wir verwandt; es gibt keine Wedells, mit denen wir nicht verwandt wären, und wenn's auch bloß durch einen Scheffel Erbsen wäre; neumärkisch Blut ist in allen. Und wenn ich nun gar mein altes Dragonerblau wiedersehe, da schlägt mir das Herz bis in den Hals hinein. Ja, Herr von Wedell, alte Liebe rostet nicht. Aber da kommt der Hummer . . . Bitte, hier die große Schere. Die Scheren sind immer das Beste . . . Aber, was ich sagen wollte, alte Liebe rostet nicht, und der Schneid auch nicht. Und ich setze hinzu: Gott sei Dank. Damals hatten wir noch den alten Dobeneck. Himmelwetter, war *das* ein Mann! Ein Mann wie ein Kind. Aber wenn es mal schlecht ging und nicht klappen wollte, wenn er einen dann ansah, *den* hätt' ich sehen wollen, der den Blick ausgehalten hätte. Richtiger alter Ostpreuße noch von Anno 13 und 14 her. Wir fürchteten ihn, aber wir liebten ihn auch.

Cliquot ›Veuve Cliquot‹ (›Witwe Cliquot‹), berühmte französische Champagnermarke

Scheffel früher gebrauchliches Hohlmaß, besonders für Getreide

Dobeneck → Seite 199

Anno 13 und 14 Anspielung auf die Befreiungskriege gegen Napoleon

Denn er war wie ein Vater. Und, wissen Sie, Herr von Wedell, wer mein Rittmeister war . . .?«

In diesem Augenblicke kam auch der Champagner.

»Mein Rittmeister war Manteuffel, derselbe, dem wir alles verdanken, der uns die Armee gemacht hat und mit der Armee den Sieg.«

Herr von Wedell verbeugte sich, während Botho leichthin sagte: »Gewiss, man kann es sagen.«

Aber das war nicht klug und weise von Botho, wie sich gleich herausstellen sollte, denn der ohnehin an Kongestionen leidende alte Baron wurde rot über den ganzen kahlen Kopf weg, und das bisschen krause Haar an seinen Schläfen schien noch krauser werden zu wollen. »Ich verstehe dich nicht, Botho; was soll dies ›Man kann es sagen‹, das heißt so viel wie ›Man kann es auch *nicht* sagen‹. Und ich weiß auch, worauf das alles hinauswill. Es will andeuten, dass ein gewisser Kürassieroffizier aus der Reserve, der im Übrigen mit nichts in Reserve gehalten hat, am wenigsten mit revolutionären Maßnahmen, es will andeuten, sag' ich, dass ein gewisser Halberstädter mit schwefelgelbem Kragen eigentlich auch St. Privat allerpersönlichst gestürmt und um Sedan herum den großen Zirkel gezogen habe. Botho, damit darfst du mir nicht kommen. Er war ein Referendar und hat auf der Potsdamer Regierung gearbeitet, sogar unter dem alten Meding, der nie gut auf ihn zu sprechen war, ich weiß das, und hat eigentlich nichts gelernt, als Depeschen schreiben. So viel will ich ihm lassen, *das* versteht er, oder mit andern Worten, er ist ein Federfuchser. Aber nicht die Federfuchser haben Preußen groß gemacht. War der bei Fehrbellin ein Federfuchser? War der bei Leuthen ein Federfuchser? War Blücher ein Federfuchser oder York? *Hier* sitzt die preußische Feder. Ich kann diesen Kultus nicht leiden.«

»Aber lieber Onkel . . .«

Rittmeister → Seite 199

Manteuffel → Seite 199

Kongestionen (lat. ›Aufhäufung‹) lokaler Blutandrang, etwa bei Entzündungen

Kürassier → Seite 200

Reserve ausgebildete, aber nicht aktive Soldaten

ein gewisser Kürassieroffizier … mit schwefelgelbem Kragen → Seite 200

St. Privat … Sedan → Seite 200

den großen Zirkel gezogen → Seite 200

Referendar → Seite 200

unter dem alten Meding → Seite 200

nichts gelernt, als Depeschen schreiben → Seite 200

Federfuchser bürokratischer Pedant

»Aber, aber, ich dulde kein Aber. Glaube mir, Botho, zu solcher Frage, dazu gehören Jahre; derlei Dinge versteh' ich besser. Wie steht es denn? Er stößt die Leiter um, drauf er emporgestiegen, und verbietet sogar die Kreuzzeitung, und rund heraus, er ruiniert uns; er denkt klein von uns, er sagt uns Sottisen, und wenn ihm der Sinn danach steht, verklagt er uns auf Diebstahl oder Unterschlagung und schickt uns auf die Festung. Ach, was sag' ich, auf die Festung, Festung ist für anständige Leute, nein, ins Landarmenhaus schickt er uns, um Wolle zu zupfen . . . Aber Luft, meine Herren, Luft. Sie haben keine Luft hier. Verdammtes Nest.«

Und er erhob sich und riss zu dem bereits offen stehenden Mittelflügel auch noch die beiden Nebenflügel auf, sodass von dem Zuge, der ging, die Gardinen und das Tischtuch ins Wehen kamen. Dann sich wieder setzend, nahm er ein Stück Eis aus dem Champagnerkühler und fuhr sich damit über die Stirn.

»Ah«, fuhr er fort, »das Stück Eis hier, das ist das Beste vom ganzen Frühstück . . . Und nun sagen Sie, Herr von Wedell, hab' ich recht oder nicht? Botho, Hand aufs Herz, hab' ich recht? Ist es nicht so, dass man sich als ein Märkischer von Adel aus reiner Edelmannsemporung einen Hochverratsprozess auf den Leib reden möchte? Solchen Mann . . . aus unsrer besten Familie . . . vornehmer als die Bismarcks, und so viele für Thron und Hohenzollerntum gefallen, dass man eine ganze Leibkompanie daraus formieren könnte, Leibkompanie mit Blechmützen, und der Boitzenburger kommandiert sie. Ja, meine Herren. Und solcher Familie solchen Affront. Und warum? Unterschlagung, Indiskretion, Bruch von Amtsgeheimnis. Ich bitte Sie, fehlt nur noch Kindsmord und Vergehen gegen die Sittlichkeit, und wahrhaftig, es bleibt verwunderlich genug, dass nicht auch *das* noch herausgedrückt worden ist.

Fehrbellin → Seite 201

Leuthen → Seite 201

Blücher → Seite 201

York → Seite 201

diesen Kultus diese Heldenverehrung

Kreuzzeitung → Seite 202

Sottisen (frz.) Grobheiten, Frechheiten

auf die Festung in Festungshaft

Landarmenhaus → Seite 202

möchte könnte, Gefahr liefe

Solchen Mann … aus unsrer besten Familie → Seite 202

Hohenzollerntum → Seite 202

Leibkompanie → Seite 202

der Boitzenburger → Seite 202

Affront gezielte Beleidigung, bewusste Kränkung

Indiskretion Vertrauensbruch

herausgedrückt ›aus dem Hut gezaubert‹

Aber die Herren schweigen. Ich bitte Sie, sprechen Sie. Glauben Sie mir, dass ich andre Meinungen hören und ertragen kann; ich bin nicht wie er; sprechen Sie, Herr von Wedell, sprechen Sie.« Wedell, in immer wachsender Verlegenheit, suchte nach einem Ausgleichs- und Beruhigungsworte: »Gewiss, Herr Baron, es ist, wie Sie sagen. Aber, Pardon, ich habe damals, als die Sache zum Austrag kam, vielfach aussprechen hören, und die Worte sind mir im Gedächtnis geblieben, dass der Schwächere darauf verzichten müsse, dem Stärkeren die Wege kreuzen zu wollen, das verbiete sich in Leben wie Politik, es sei nun mal so: Macht gehe vor Recht.«

zum Austrag kam (Amtssprache) ihren Höhepunkt erreichte, ausgefochten wurde

Macht gehe vor Recht. Dieser Satz wurde Bismarck (zu Unrecht) zugeschrieben.

»Und kein Widerspruch dagegen, kein Appell?«

»Doch, Herr Baron. Unter Umständen auch ein Appell. Und um nichts zu verschweigen, ich kenne solche Fälle gerechtfertigter Opposition. Was die Schwäche nicht darf, das darf die Reinheit, die Reinheit der Überzeugung, die Lauterkeit der Gesinnung. *Die* hat das Recht der Auflehnung, sie hat sogar die Pflicht dazu. Wer aber *hat* diese Lauterkeit? Hatte sie . . . Doch ich schweige, weil ich weder Sie, Herr Baron, noch die Familie, von der wir sprechen, verletzen möchte. Sie wissen aber, auch ohne dass ich es sage, dass *er*, der das Wagnis wagte, diese Lauterkeit der Gesinnung *nicht* hatte. Der bloß Schwächere darf nichts, nur der Reine darf alles.«

»Nur der Reine darf alles«, wiederholte der alte Baron mit einem so schlauen Gesicht, dass es zweifelhaft blieb, ob er mehr von der Wahrheit oder der Anfechtbarkeit dieser These durchdrungen sei. »Der Reine darf alles. Kapitaler Satz, den ich mir mit nach Hause nehme. Der wird meinem Pastor gefallen, der letzten Herbst den Kampf mit mir aufgenommen und ein Stück von meinem Acker zurückgefordert hat. Nicht seinetwegen, i Gott bewahre, bloß um des Prinzips

Kapitaler Satz Großartiger Satz

meinem Pastor → Seite 202

und seines Nachfolgers willen, dem er nichts vergeben dürfe. Schlauer Fuchs. Aber der Reine darf alles.«

»Du wirst schon nachgeben in der Pfarrackerfrage«, sagte Botho. »Kenn' ich doch Schönemann noch von Sellenthins her.«

»Ja, da war er noch Hauslehrer und kannte nichts Besseres als die Schulstunden abkürzen und die Spielstunden in die Länge ziehen. Und konnte Reifen spielen wie ein junger Marquis; wahrhaftig, es war ein Vergnügen, ihm zuzusehen. Aber nun ist er sieben Jahre im Amt, und du würdest den Schönemann, der der gnädigen Frau den Hof machte, nicht wiedererkennen. Eins aber muss ich ihm lassen, er hat beide Frölens gut erzogen und am besten deine Käthe ...«

Botho sah den Onkel verlegen an, fast als ob er ihn um Diskretion bitten wolle. Der alte Baron aber, überfroh, das heikle Thema so glücklich beim Schopfe gefasst zu haben, fuhr in überströmender und immer wachsender guter Laune fort: »Ach, lass doch, Botho. Diskretion. Unsinn. Wedell ist Landsmann und wird von der Geschichte so gut wissen, wie jeder andere. Weshalb schweigen über solche Dinge. Du bist doch so gut wie gebunden. Und weiß es Gott, Junge, wenn ich so die Frölens Revue passieren lasse, 'ne Bessre findest du nicht, Zähne wie Perlen und lacht immer, dass man die ganze Schnur sieht. Eine Flachsblondine zum Küssen, und wenn ich dreißig Jahre jünger wäre, höre ...«

Wedell, der Bothos Verlegenheit bemerkte, wollte ihm zu Hilfe kommen und sagte: »Die Sellenthinschen Damen sind alle sehr anmutig, Mutter wie Töchter; ich war vorigen Sommer mit ihnen in Norderney, charmant, aber ich würde der zweiten den Vorzug geben ...«

»Desto besser, Wedell. Da kommt ihr euch nicht in die Quer, und wir können gleich eine Doppelhochzeit feiern. Und Schönemann kann trauen, wenn Kluckhuhn, der wie

dem er nichts vergeben dürfe dessen Interessen er wahren müsse

Schönemann wohl der Name des Pfarrers

noch Hauslehrer → Seite 203

Reifen spielen → Seite 203

Marquis französischer Adelstitel, der im Rang zwischen Herzog und Graf anzusiedeln ist

Frölens Fräuleins

Diskretion taktvolles Schweigen, Rücksichtnahme, Geheimhaltung

Revue passieren an meinem geistigen Auge vorbeiziehen

die ganze Schnur die ganze Reihe schöner Zähne

Sellenthin → Seite 203

Norderney → Seite 203

Kluckhuhn → Seite 203

alle Alten empfindlich ist, es zugibt, und ich will ihm nicht nur das Fuhrwerk stellen, ich will ihm auch das Stück Pfarracker ohne Weiteres zedieren, wenn ich solche Hochzeit zwischen heut' und einem Jahr erlebe. Sie sind reich, lieber Wedell, und mit Ihnen pressiert es am Ende nicht. Aber sehen Sie sich unsern Freund Botho an. Dass er so wohlgenährt aussieht, das verdankt er nicht seiner Sandbüchse, die, die paar Wiesen abgerechnet, eigentlich nichts als eine Kiefernschonung ist, und noch weniger seinem Muränensee. ›Muränensee‹, das klingt wundervoll, und man könnte beinah sagen poetisch. Aber das ist auch alles. Man kann von Muränen nicht leben. Ich weiß, du hörst nicht gerne davon, aber da wir mal dabei sind, so muss es heraus. Wie liegt es denn? Dein Großvater hat die Heide runterschlagen lassen, und dein Vater selig – ein kapitaler Mann, aber ich habe keinen Menschen je so schlecht L'hombre spielen sehn und so hoch dazu – dein Vater selig, sag' ich, hat die fünfhundert Morgen Bruchacker an die Jeseritzer Bauern parzelliert, und was von gutem Boden übrig geblieben ist, ist nicht viel, und die dreißigtausend Taler sind auch längst wieder fort. Wärst du allein, so möcht' es gehn, aber du musst teilen mit deinem Bruder, und vorläufig hat die Mama, meine Frau Schwester Liebden, das Ganze noch in Händen, eine prächtige Frau, klug und gescheit, aber auch nicht auf die sparsame Seite gefallen. Botho, wozu stehst du bei den Kaiserkürassieren, und wozu hast du eine reiche Cousine, die bloß darauf wartet, dass du kommst und in einem regelrechten Antrage das besiegelst und wahr machst, was die Eltern schon verabredet haben, als ihr noch Kinder wart. Wozu noch überlegen? Höre, wenn ich morgen auf der Rückreise bei deiner Mama mit vorfahren und ihr die Nachricht bringen könnte: ›Liebe Josephine, Botho *will,* alles abgemacht‹, höre Junge, das wäre mal was, das einem alten Onkel, der's gut mit dir

zedieren abtreten (von frz. ›céder‹)

pressiert eilt

seiner Sandbüchse → Seite 203

Kiefernschonung → Seite 203

Muränensee → Seite 203

L'hombre (von span. ›hombre‹: ›Mann‹ bzw. hier: ›Spieler‹) seinerzeit weit verbreitetes und beliebtes Kartenspiel für drei Personen

hoch dazu gemeint ist der Spieleinsatz

Morgen → Seite 203

Bruchacker → Seite 203

Jeseritz → Seite 204

parzelliert aufgeteilt

Taler früher in Deutschland verbreitete Silbermünze

Liebden → Seite 204

bei den Kaiserkürassieren → Seite 204

meint, eine Freude machen könnte. Reden Sie zu, Wedell. Es ist Zeit, dass er aus der Garçonschaft herauskommt. Er vertut sonst sein bisschen Vermögen oder verplempert sich wohl gar mit einer kleinen Bourgeoise. Hab' ich recht? Natürlich. Abgemacht. Und darauf müssen wir noch anstoßen. Aber nicht mit diesem Rest ...« Und er drückte auf die Klingel.

»Ein Heidsieck. Beste Marke.«

Garçonschaft (frz.) Junggesellendasein

Bourgeoise (frz.) Bürgerlichen (Mädchen aus bürgerlichen Kreisen)

Heidsieck → Seite 204

Achtes Kapitel

Im Klub befanden sich um eben diese Zeit zwei junge Kavaliere, der eine, von den Gardes du Corps, schlank, groß und glatt, der andere, von den Pasewalkern abkommandiert, etwas kleiner, mit Vollbart und nur vorschriftsmäßig freiem Kinn. Der weiße Damast des Tisches, dran sie gefrühstückt hatten, war zurückgeschlagen, und an der frei gewordenen Hälfte saßen beide beim Piquet.

»Sechs Blatt mit 'ner Quart.«

»Gut.«

»Und du?«

»Vierzehn Ass, drei Könige, drei Damen ... Und du machst keinen Stich.« Und er legte das Spiel auf den Tisch und schob im nächsten Augenblicke die Karten zusammen, während der andere mischte.

»Weißt du schon, Ella verheiratet sich.«

»Schade.«

»Warum schade?«

»Sie kann dann nicht mehr durch den Reifen springen.«

»Unsinn. Je mehr sie sich verheiraten, desto schlanker werden sie.«

Kavaliere Edelleute

Gardes du Corps → Seite 204

von den Pasewalkern → Seite 204

Damast des Tisches → Seite 204

dran am dem

Piquet (deutsch auch ›Pikett‹) bereits im Mittelalter in Frankreich entstandenes Kartenspiel für zwei Personen

Quart → Seite 204

Sie kann dann nicht mehr durch den Reifen springen. → Seite 204

»Doch mit Ausnahme. Viele Namen aus der Zirkusaristokratie blühen schon in der dritten und vierten Generation, was denn doch einigermaßen auf Wechselzustände von Schlank und Nichtschlank oder, wenn du willst, auf Neumond und erstes Viertel etc. hinweist.«

»Irrrum. Error in calculo. Du vergisst Adoption. Alle diese Zirkusleute sind heimliche Gichtelianer und vererben nach Plan und Abmachung ihr Vermögen, ihr Ansehen und ihren Namen. Es scheinen dieselben und sind doch andere geworden. Immer frisches Blut. Heb ab . . . Übrigens hab' ich noch eine zweite Nachricht. Afzelius kommt in den Generalstab.«

»Welcher?«

»Der von den Ulanen.«

»Unmöglich.«

»Moltke hält große Stücke auf ihn, und er soll eine vorzügliche Arbeit gemacht haben.«

»Imponiert mir nicht. Alles Bibliotheks- und Abschreibesache. Wer nur ein bisschen findig ist, kann Bücher leisten wie Humboldt oder Ranke.«

»Quart. Vierzehn Ass.«

»Quint vom König.«

Und während die Stiche gemacht wurden, hörte man in dem Billardzimmer nebenan das Klappen der Bälle und das Fallen der kleinen Boulekegel.

Nur sechs oder acht Herren waren alles in allem in den zwei hintern Klubzimmern, die mit ihrer Schmalseite nach einem sonnigen und ziemlich langweiligen Garten hinaussahen, versammelt, alle schweigsam, alle mehr oder weniger in ihr Whist oder Domino vertieft, nicht zum wenigsten die zwei Piquet spielenden Herren, die sich eben über Ella und Afzelius unterhalten hatten. Es ging hoch, weshalb beide von ihrem Spiel erst wieder aufsahen, als sie, durch eine offne

Wechselzustände … Neumond und erstes Viertel etc. Anspielung auf die häufigen Schwangerschaften verheirateter Frauen in der damaligen Zeit

Error in calculo (lat.) Fehlerhafte Rechnung

Gichtelianer → Seite 204

Generalstab beratendes Gremium der Armeeleitung

Ulanen → Seite 204

Moltke → Seite 205

Humboldt → Seite 205

Ranke → Seite 205

Quint → Seite 205

Boulekegel Gemeint sind offenbar Poulekegel, die beim Kegelbillard zum Einsatz kommen.

Whist → Seite 205

Domino → Seite 205

Es ging hoch Man spielte um hohe Einsätze

Rundbogennische, von dem nebenherlaufenden Zimmer her eines neuen Ankömmlings gewahr wurden. Es war Wedell.

gewahr wurden bemerkten

»Aber Wedell, wenn Sie nicht eine Welt von Neuigkeiten mitbringen, so belegen wir Sie mit dem großen Bann.«

großen Bann → Seite 205

»Pardon, Serge, es war keine bestimmte Verabredung.«

»Aber doch beinah. Übrigens finden Sie mich persönlich in nachgiebigster Stimmung. Wie Sie sich mit Pitt auseinandersetzen wollen, der eben 150 Points verloren, ist Ihre Sache.«

Points Punkte beim Kartenspiel

Dabei schoben beide die Karten beiseit, und der von dem herzukommenden Wedell als Serge Begrüßte zog seine Remontoiruhr und sagte: »Drei Uhr fünfzehn. Also Kaffee. Irgendein Philosoph, und es muss einer der größten gewesen sein, hat einmal gesagt, das sei das Beste am Kaffee, dass er in jede Situation und Tagesstunde hineinpasse. Wahrhaftig. Wort eines Weisen. Aber wo nehmen wir ihn? Ich denke, wir setzen uns draußen auf die Terrasse, mitten in die Sonne. Je mehr man das Wetter brüskiert, desto besser fährt man. Also, Pehlecke, drei Tassen. Ich kann das Umfallen der Boulekegel nicht mehr mit anhören, es macht mich nervös; draußen haben wir freilich auch Lärm, aber doch anders, und hören statt des spitzen Klappertons das Poltern und Donnern unserer unterirdischen Kegelbahn, wobei wir uns einbilden können, am Vesuv oder Ätna zu sitzen. Und warum auch nicht? Alle Genüsse sind schließlich Einbildung, und wer die beste Fantasie hat, hat den größten Genuss. Nur das Unwirkliche macht den Wert und ist eigentlich das einzig Reale.«

Remontoiruhr → Seite 205

»Serge«, sagte der andere, der beim Piquetspielen als Pitt angeredet worden war, »wenn du mit deinen berühmten großen Sätzen so fortfährst, so bestrafst du Wedell härter, als er verdient. Außerdem hast du Rücksicht auf mich zu nehmen, weil ich verloren habe. So, hier wollen wir bleiben, den lawn im Rücken, diesen Efeu neben uns und eine kahle Wand en vue. Himmlischer Aufenthalt für Seiner Majestät Garde! Was wohl der alte Fürst Pückler zu diesem Klubgarten gesagt haben würde. Pehlecke . . . so, hier den Tisch her, jetzt geht's. Und zum Schluss eine Kuba von Ihrem gelagertsten Lager. Und nun, Wedell, wenn Ihnen verziehen werden soll, schütteln Sie Ihr Gewand, bis ein neuer Krieg herausfällt oder irgendeine andere große Nachricht. Sie sind ja durch Puttkamers mit unserem lieben Herrgott verwandt. Mit welchem, brauch' ich nicht erst hinzuzusetzen. Was kocht er wieder?«

»Pitt«, sagte Wedell, »ich beschwöre Sie, nur keine Bismarckfragen. Denn erstlich wissen Sie, dass ich nichts weiß, weil Vettern im siebzehnten Grad nicht gerade zu den Intimen und Vertrauten des Fürsten gehören, zum Zweiten aber komme ich, statt vom Fürsten, recte von einem Bolzenschießen her, das sich mit einigen Treffern und vielen, vielen Nichttreffern gegen niemand anders als gegen Seine Durchlaucht richtete.«

»Und wer war dieser kühne Schütze?«

»Der alte Baron Osten, Rienäckers Onkel. Charmanter alter Herr und Bon-Garçon. Aber freilich auch Pfiffikus.«

»Wie alle Märker.«

»Bin auch einer.«

»Tant mieux. Da wissen Sie's von sich selbst. Aber heraus mit der Sprache. Was sagte der Alte?«

»Vielerlei. Das Politische kaum der Rede wert, aber ein anderes desto wichtiger: Rienäcker steht vor einer scharfen Ecke.«

»Und vor welcher?«

»Er soll heiraten.«

»Und das nennen Sie eine scharfe Ecke? Ich bitte Sie, Wedell, Rienäcker steht vor einer viel schärferen: Er hat 9000 jährlich und gibt 12 000 aus, und das ist immer die schärfste

lawn (engl.) Rasen

en vue (frz.) vor Augen

Fürst Pückler → Seite 206

eine Kuba wohl eine Havanna-Zigarre

durch Puttkamers mit unserem lieben Herrgott verwandt Bismarcks Frau war eine geborene Puttkamer.

recte (lat.) gerade, geradewegs

Bolzenschießen → Seite 206

Durchlaucht Anrede eines hohen Adligen im Rang eines Fürsten; Bismarck war 1871 zum Fürsten erhoben worden.

Bon-Garçon (frz.) guter Kerl, gutmütiger Mensch

Märker aus der Mark Brandenburg stammenden Menschen

Tant mieux. (frz.) Umso besser.

Er hat 9000 jährlich und gibt 12 000 aus → Seite 206

aller Ecken, jedenfalls schärfer als die Heiratsecke. Heiraten ist für Rienäcker keine Gefahr, sondern die Rettung. Übrigens hab' ich es kommen sehen. Und wer ist es denn?«

»Eine Cousine!«

»Natürlich. Retterin und Cousine sind heutzutage fast identisch. Und ich wette, dass sie Paula heißt. Alle Cousinen heißen jetzt Paula.«

»Diese nicht.«

»Sondern?«

»Käthe.«

»Käthe? Ah, da weiß ich's. Käthe Sellenthin. Hm, nicht übel, glänzende Partie. Der alte Sellenthin, es ist doch der mit dem Pflaster überm Auge, hat sechs Güter, und die Vorwerke mit eingerechnet, sind es sogar dreizehn. Geht zu gleichen Teilen, und das dreizehnte kriegt Käthe noch als Zuschlag. Gratuliere ...«

»Sie kennen sie?«

»Gewiss. Wundervolle Flachsblondine mit Vergissmeinnichtaugen, aber trotzdem nicht sentimental, weniger Mond als Sonne. Sie war hier bei der Zülow in Pension und wurde mit vierzehn schon umcourt und umworben.«

»In der Pension?«

»Nicht direkt und nicht alltags, aber doch sonntags, wenn sie beim alten Osten zu Tische war, demselben, von dem Sie jetzt herkommen. Käthe, Käthe Sellenthin ... sie war damals wie 'ne Bachstelze, und wir nannten sie so, und war der reizendste Backfisch, den Sie sich denken können. Ich seh' noch ihren Haardutt, den wir immer den Wocken nannten. Und den soll Rienäcker nun abspinnen. Nun, warum nicht? Es wird ihm so schwer nicht werden.«

»Am Ende doch schwerer, als mancher denkt«, antwortete Wedell. »Und so gewiss er der Aufbesserung seiner Finanzen bedarf, so bin ich doch nicht sicher, dass er sich für die

glänzende Partie gesellschaftlich und finanziell überaus vorteilhafte eheliche Verbindung

Vorwerke zu einem Gutsbesitz gehörende, kleinere, meist abgelegene Bauernhöfe

Geht zu gleichen Teilen Alle Kinder erhalten einen gleich großen Teil des Erbes.

bei der Zülow in Pension → Seite 206

umcourt umworben

Backfisch junges Mädchen, das das Interesse der heiratswilligen Männer auf sich zu ziehen beginnt

Haardutt Haarknoten

Wocken → Seite 206

blonde Speziallandsmännin ohne Weiteres entscheiden wird. Rienäcker ist nämlich seit einiger Zeit in einen andren Farbenton, und zwar ins Aschfarbene gefallen, und wenn es wahr ist, was mir Balafré neulich sagte, so hat er sich's ganz ernsthaft überlegt, ob er nicht seine Weißzeugdame zur weißen Dame erheben soll. Schloss Avenel oder Schloss Zehden macht ihm keinen Unterschied, Schloss ist Schloss, und Sie wissen, Rienäcker, der überhaupt in manchem seinen eignen Weg geht, war immer fürs Natürliche.«

Balafré → Seite 206

Weißzeugdame Näherin (von Unterwäsche)

zur weißen Dame → Seite 206

Schloss Avenel → Seite 206

»Ja«, lachte Pitt. »Das war er. Aber Balafré schneidet auf und erfindet sich interessante Geschichten. Sie sind nüchtern, Wedell, und werden doch solch erfundenes Zeug nicht glauben wollen.«

»Nein, erfundenes nicht«, sagte Wedell. »Aber ich glaube, was ich weiß. Rienäcker, trotz seiner sechs Fuß, oder vielleicht auch gerade deshalb, ist schwach und bestimmbar und von einer seltenen Weichheit und Herzensgüte.«

Fuß altes Längenmaß (in der Regel zwischen 28 und 32 cm, also der Länge eines durchschnittlichen Fußes entsprechend)

»Das ist er. Aber die Verhältnisse werden ihn zwingen, und er wird sich lösen und freimachen, schlimmstenfalls wie der Fuchs aus dem Eisen. Es tut weh, und ein Stückchen Leben bleibt dran hängen. Aber das Hauptstück ist doch wieder heraus, wieder frei. Vive Käthe. Und Rienäcker! Wie sagt das Sprichwort: ›Mit dem Klugen ist Gott.‹«

dem Eisen der Eisenfalle, in der er sich verfangen hat

Neuntes Kapitel

Botho schrieb denselben Abend noch an Lene, dass er am andern Tage kommen würde, vielleicht schon früher als gewöhnlich. Und er hielt Wort und war eine Stunde vor Sonnenuntergang da. Natürlich fand er auch Frau Dörr. Es war eine prächtige Luft, nicht zu warm, und nachdem man noch eine Weile geplaudert hatte, sagte Botho: »Wir könnten vielleicht in den Garten gehen.«

»Ja, in den Garten. Oder sonst wohin?«

»Wie meinst du?« Lene lachte. »Sei nicht wieder in Sorge, Botho. Niemand ist in den Hinterhalt gelegt, und die Dame mit dem Schimmelgespann und der Blumengirlande wird dir nicht in den Weg treten.«

»Also wohin, Lene?«

»Bloß ins Feld, ins Grüne, wo du nichts haben wirst als Gänseblümchen und mich. Und vielleicht auch Frau Dörr, wenn sie die Güte haben will, uns zu begleiten.«

»Ob sie will«, sagte Frau Dörr. »Gewiss will sie. Große Ehre. Aber man muss sich doch erst ein bisschen zurechtmachen. Ich bin gleich wieder da.«

»Nicht nötig, Frau Dörr, wir holen Sie ab.«

Und so geschah es, und als das junge Paar eine Viertelstunde später auf den Garten zuschritt, stand Frau Dörr schon an der Tür, einen Umhang überm Arm und einen prachtvollen Hut auf dem Kopf, ein Geschenk Dörrs, der, wie alle Geizhälse, mitunter etwas lächerlich Teures kaufte.

Botho sagte der so Herausgeputzten etwas Schmeichelhaftes, und gleich danach gingen alle drei den Gang hinunter und traten durch ein verstecktes Seitenpförtchen auf einen Feldweg hinaus, der hier, wenigstens zunächst noch und eh er weiter abwärts in das freie Wiesengrün einbog, an dem an seiner Außenseite hoch in Nesseln stehenden Gartenzaun hinlief.

Nesseln
→ Seite 207

»Hier bleiben wir«, sagte Lene. »Das ist der hübscheste Weg und der einsamste. Da kommt niemand.«

Und wirklich, es war der einsamste Weg, um vieles stiller und menschenleerer als drei, vier andere, die parallel mit ihm über die Wiese hin auf Wilmersdorf zuführten und zum Teil ein eigentümliches Vorstadtleben zeigten. An dem einen dieser Wege befanden sich allerlei Schuppen, zwischen denen reckartige, wie für Turner bestimmte Gerüste standen und Bothos Neugier weckten, aber eh er noch erkunden konnte, was es denn eigentlich sei, gab ihm das Tun drüben auch schon Antwort auf seine Frage: Decken und Teppiche wurden über die Gerüste hin ausgebreitet, und gleich danach begann ein Klopfen und Schlagen mit großen Rohrstöcken, sodass der Weg drüben alsbald in einer Staubwolke lag.

Botho wies darauf hin und wollte sich eben mit Frau Dörr in ein Gespräch über den Wert oder Unwert der Teppiche vertiefen, die, bei Lichte besehen, doch bloß Staubfänger seien, »und wenn einer nicht fest auf der Brust sei, so hätt' er die Schwindsucht weg, er wisse nicht wie«. Mitten im Satz aber brach er ab, weil der von ihm eingeschlagene Weg in ebendiesem Augenblicke an einer Stelle vorüberführte, wo der Schutt einer Bildhauerwerkstatt abgeladen sein musste, denn allerhand Stuckornamente, namentlich Engelsköpfe, lagen in großer Zahl umher.

»Das ist ein Engelskopf«, sagte Botho. »Sehen Sie, Frau Dörr. Und hier ist sogar ein geflügelter.«

»Ja«, sagte Frau Dörr. »Und ein Pausback dazu. Aber is es denn ein Engel? Ich denke, wenn er so klein is und Flügel hat, heißt er Amor.«

»Amor oder Engel«, sagte Botho, »das ist immer dasselbe. Fragen Sie nur Lene, die wird es bestätigen. Nicht wahr, Lene?«

Lene tat empfindlich, aber er nahm ihre Hand, und alles war wieder gut.

Unmittelbar hinter dem Schutthaufen bog der Pfad nach links hin ab und mündete gleich danach in einen etwas größeren Feldweg ein, dessen Pappelweiden eben blühten und ihre flockenartigen Kätzchen über die Wiese hin ausstreuten, auf der sie nun wie gezupfte Watte dalagen.

nicht fest auf der Brust anfällig für Erkältungskrankheiten

Schwindsucht alte, seinerzeit gängige Bezeichnung für Lungentuberkulose

hätt' … weg, er wisse nicht wie finge sich schneller, als er für möglich gehalten hätte, … ein

Stuckornamente Verzierungen aus Stuck, einem Gemisch aus Gips, Kalk, Sand und Wasser

namentlich besonders, vor allem

Amor → Seite 207

tat empfindlich gab zu verstehen, dass sie sich verletzt fühle

»Sieh, Lene«, sagte Frau Dörr, »weißt du denn, dass sie jetzt Betten damit stopfen, ganz wie mit Federn? Und sie nennen es Waldwolle.«

»Ja, ich weiß, Frau Dörr. Und ich freue mich immer, wenn die Leute so was ausfinden und sich zunutze machen. Aber für Sie wär' es nichts.«

ausfinden herausfinden, entdecken

»Nein, Lene, für mich wär' es nich. Da hast du recht. Ich bin so mehr fürs Feste, für Pferdehaar und Sprungfedern, und wenn es denn so wuppt . . .«

wuppt wippt

»O ja«, sagte Lene, der diese Beschreibung etwas ängstlich zu werden anfing. »Ich fürchte bloß, dass wir Regen kriegen. Hören Sie nur die Frösche, Frau Dörr.«

ängstlich peinlich

»Ja, die Poggen«, bestätigte diese. »Nachts ist es mitunter ein Gequake, dass man nicht schlafen kann. Und woher kommt es? Weil hier alles Sumpf is und bloß so tut, als ob es Wiese wäre. Sieh doch den Tümpel an, wo der Storch steht und kuckt gerade hierher. Na, nach mir sieht er nich. Da könnt' er lange sehn. Und is auch recht gut so.«

Poggen (niederdeutsch) Frösche

»Wir müssen am Ende doch wohl umkehren«, sagte Lene verlegen, und eigentlich nur, um etwas zu sagen.

»I bewahre«, lachte Frau Dörr. »Nun erst recht nich, Lene; du wirst dich doch nich graulen und noch dazu vor so was. Adebar, du Guter, bring mir . . . Oder soll ich lieber singen: Adebar, du Bester?«

Adebar, du Guter, bring mir … → Seite 207

So ging es noch eine Weile weiter, denn Frau Dörr brauchte Zeit, um von einem solchen Lieblingsthema wieder loszukommen.

Endlich aber war doch eine Pause da, während welcher man in langsamem Tempo weiterschritt, bis man zuletzt an einen Höhenrücken kam, der sich hier plateauartig von der Spree nach der Havel hinüberzieht. An ebendieser Stelle hörten auch die Wiesen auf, und Korn- und Rapsfelder fingen an, die sich bis an die vorderste Häuserreihe von Wilmersdorf zogen.

Spree → Seite 207

Havel → Seite 207

Butterblumen gelb blühende Wiesenblumen (beispielsweise Löwenzahn)

»Nun bloß da noch rauf«, sagte Frau Dörr, »und dann setzen wir uns und pflücken Butterblumen und flechten uns einen Stängelkranz. Jott, das macht immer so viel Spaß, wenn man den einen Stängel in den andern piekt, bis der Kranz fertig is oder die Kette.«

»Wohl, wohl«, sagte Lene, der es heute beschieden war, aus kleinen Verlegenheiten gar nicht herauszukommen. »Wohl, wohl. Aber nun kommen Sie, Frau Dörr; hier geht der Weg.«

Peden (ostmitteldeutsch) Quecken oder Läusekraut

Werft (ostniederdeutsch) Salweide, als Baum oder Strauch wachsende Weide mit zottigen silberweißen Kätzchen

Kegelbahntabagie → Seite 207

Und so sprechend, stiegen sie den niedrigen Abhang hinauf und setzten sich, oben angekommen, auf einen hier seit letztem Herbst schon aus Peden und Nesseln zusammengekarrten Unkrauthaufen. Dieser Pedenhaufen war ein prächtiger Ruheplatz, zugleich auch ein Aussichtspunkt, von dem aus man über einen von Werft und Weiden eingefassten Graben hin nicht nur die nördliche Häuserreihe von Wilmersdorf überblicken, sondern auch von einer benachbarten Kegelbahntabagie her das Fallen der Kegel und vor allem das Zurückrollen der Kugel auf zwei klapprigen Latten in aller Deutlichkeit hören konnte. Lene vergnügte sich über die Maßen darüber, nahm Bothos Hand und sagte: »Sieh, Botho, ich weiß so gut Bescheid damit (denn als Kind wohnten wir auch neben einer solchen Tabagie), dass ich, wenn ich die Kugel bloß aufsetzen höre, gleich weiß, wie viel sie machen wird.«

»Nun«, sagte Botho, »da können wir ja wetten.«

»Und um was?«

»Das findet sich.«

»Gut. Aber ich brauch' es nur dreimal zu treffen, und wenn ich schweige, so zählt es nicht.«

»Bin es zufrieden.«

verschwor sich schwor

Und nun horchten alle drei hinüber, und die mit jedem Moment erregter werdende Frau Dörr verschwor sich hoch und teuer, ihr puppre das Herz, und ihr sei geradeso, wie wenn sie vor einem Theatervorhang sitze. »Lene, Lene, du hast dir zu viel zugetraut, Kind, das is ja gar nich möglich.«

So wär' es wohl noch weitergegangen, wenn man nicht in ebendiesem Augenblicke gehört hätte, dass eine Kugel aufgesetzt und nach einmaligem dumpfen Anschlag an die Seitenbande wieder still wurde. »Sandhase«, rief Lene. Und richtig, so war es.

»Das war leicht«, sagte Botho. »Zu leicht. Das hätt' ich auch geraten. Sehen wir also, was kommt.«

Und siehe da, zwei weitere Würfe folgten, ohne dass Lene gesprochen oder sich auch nur gerührt hätte. Nur Frau Dörrs Augen traten immer mehr aus dem Kopf. Jetzt aber, und Lene hob sich sofort von ihrem Platz, kam eine kleine, feste Kugel, und in einem eigentümlichen Mischton von Elastizität und Härte hörte man sie vibrierend über das Brett hintanzen. »Alle neun«, rief Lene. Und im Nu gab es drüben ein Fallen, und der Kegeljunge bestätigte nur, was kaum noch der Bestätigung bedurfte.

»Du sollst gewonnen haben, Lene. Wir essen heute noch ein Vielliebchen, und dann geht alles in einem. Nicht wahr, Frau Dörr?«

»Versteht sich«, zwinkerte diese, »alles in einem.« Und dabei band sie den Hut ab und beschrieb Kreise damit, wie wenn es ihr Markthut gewesen wäre.

Mittlerweile sank die Sonne hinter den Wilmersdorfer Kirchturm, und Lene schlug vor, aufzubrechen und den Rückweg anzutreten, »es werde so fröstlich«; unterwegs aber wollte man spielen und sich greifen: sie sei sicher, Botho werde sie nicht fangen.

»Ei, da wollen wir doch sehn.«

Und nun begann ein Jagen und Haschen, bei dem Lene wirklich nicht gefangen werden konnte, bis sie zuletzt vor

puppre bummere

Sandhase Fehlwurf beim Kegeln

Vielliebchen → Seite 207

band sie den Hut ab Damenhüte waren oft mit Bändern versehen, die unterm Kinn mit einer Schleife zusammengebunden wurden.

beschrieb Kreise damit schwenkte ihn im Kreis umher

Markthut (abgetragener) Hut für den Wochenmarkt

abgeäschert abgearbeitet, erschöpft

Lachen und Aufregung so abgeäschert war, dass sie sich hinter die stattliche Frau Dörr flüchtete.

»Nun hab' ich meinen Baum«, lachte sie, »nun kriegst du mich erst recht nicht.« Und dabei hielt sie sich an Frau Dörrs etwas abstehender Schoßjacke fest und schob die gute Frau so geschickt nach rechts und links, dass sie sich eine Zeit lang mit Hilfe derselben deckte. Plötzlich aber war Botho neben ihr, hielt sie fest und gab ihr einen Kuss.

»Das ist gegen die Regel; wir haben nichts ausgemacht.« Aber trotz solcher Abweisung hing sie sich doch an seinen Arm und kommandierte, während sie die Gardeschnarrstimme nachahmte: »Parademarsch . . . frei weg« und ergötzte sich an den bewundernden und nicht enden wollenden Ausrufen, womit die gute Frau Dörr das Spiel begleitete.

»Is es zu glauben?«, sagte diese. »Nein, es is *nich* zu glauben. Un immer so un nie anders. Un wenn ich denn an meinen denke! Nicht zu glauben, sag' ich. Un war doch auch einer. Un tat auch immer so.«

»Was meint sie nur?«, fragte Botho leise.

»Oh, sie denkt wieder . . . Aber, du weißt ja . . . Ich habe dir ja davon erzählt.«

»Ah, *das* ist es. *Der*. Nun, er wird wohl so schlimm nicht gewesen sein.«

»Wer weiß. Zuletzt ist einer wie der andere.«

»Meinst du?«

»Nein.« Und dabei schüttelte sie den Kopf, und in ihrem Auge lag etwas von Weichheit und Rührung. Aber sie wollte diese Stimmung nicht aufkommen lassen und sagte deshalb rasch: »Singen wir, Frau Dörr. Singen wir. Aber was?«

Morgenrot → Seite 208

»Morgenrot . . .«

›Übers Jahr, übers Jahr‹ → Seite 208

›Denkst du daran‹ → Seite 208

»Nein, das nicht . . . ›Morgen in das kühle Grab‹, das ist mir zu traurig. Nein, singen wir ›Übers Jahr, übers Jahr‹, oder noch lieber ›Denkst du daran‹.«

»Ja, *das* is recht, *das* is schön; das is mein Leib- und Magenlied.«

Und mit gut eingeübter Stimme sangen alle drei das Lieblingslied der Frau Dörr, und man war schon bis in die Nähe der Gärtnerei gekommen, als es noch immer über das Feld hinklang: »Ich denke dran . . . ich danke dir, mein Leben«, und dann von der andren Wegseite her, wo die lange Reihe der Schuppen und Remisen stand, im Echo widerhallte.

Die Dörr war überglücklich. Aber Lene und Botho waren ernst geworden.

Zehntes Kapitel

Es dunkelte schon, als man wieder vor der Wohnung der Frau Nimptsch war, und Botho, der seine Heiterkeit und gute Laune rasch zurückgewonnen hatte, wollte nur einen Augenblick noch mit hineinsehn und sich gleich danach verabschieden. Als ihn Lene jedoch an allerlei Versprechungen und Frau Dörr mit Betonung und Augenspiel an das noch ausstehende Vielliebchen erinnerte, gab er nach und entschloss sich, den Abend über zu bleiben.

»Das is recht«, sagte die Dörr. »Und ich bleibe nun auch. Das heißt, wenn ich bleiben darf und bei dem Vielliebchen nicht störe. Denn man kann doch nie wissen. Und ich will bloß noch den Hut nach Hause bringen und den Umhang. Und denn komm' ich wieder.«

»Gewiss müssen Sie wiederkommen«, sagte Botho, während er ihr die Hand gab. »So jung kommen wir nicht wieder zusammen.«

»Nein, nein«, lachte die Dörr, »so jung kommen wir nich wieder zusammen. Un is auch eigentlich ganz unmöglich, un wenn wir auch morgen schon wieder zusammenkämen. Denn ein Tag is doch immer ein Tag und macht auch schon was aus. Und deshalb is es ganz richtig, dass wir so jung nich wieder zusammenkommen. Und muss sich jeder gefallen lassen.«

In dieser Tonart ging es noch eine Weile weiter, und die von niemandem bestrittene Tatsache des täglichen Älterwerdens gefiel ihr so, dass sie dieselbe noch einige Male wiederholte. Dann erst ging sie. Lene begleitete sie bis auf den Flur, Botho seinerseits aber setzte sich neben Frau Nimptsch und fragte, während er ihr das von der Schulter gefallene Umschlagetuch wieder umhing, »ob sie noch böse sei, dass er ihr die Lene wieder auf ein paar Stunden entführt habe? Aber es sei so hübsch gewesen, und oben auf dem Pedenhaufen, wo sie sich ausgeruht und geplaudert hätten, hätten sie der Zeit ganz vergessen.«

Umschlagetuch großes Tuch, das um Kopf und Schultern geschlagen werden kann

der Zeit ganz vergessen ganz das Zeitgefühl verloren

»Ja, die Glücklichen vergessen die Zeit«, sagte die Alte. »Und die Jugend is glücklich, un is auch gut so un soll so sein. Aber wenn man alt wird, lieber Herr Baron, da werden einem die Stunden lang un man wünscht sich die Tage fort un das Leben auch.«

»Ach, das sagen Sie so, Mutterchen. Alt oder jung, eigentlich lebt doch jeder gern. Nicht wahr, Lene, wir leben gern?«

Lene war eben wieder vom Flur her in die Stube getreten und lief, wie getroffen von dem Wort, auf ihn zu und umhalste und küsste ihn und war überhaupt von einer Leidenschaftlichkeit, die ihr sonst ganz fremd war.

»Lene, was hast du nur?«

Aber sie hatte sich schon wieder gesammelt und wehrte mit rascher Handbewegung seine Teilnahme ab, wie wenn sie sagen wollte: »Frage nicht.« Und nun ging sie, während Botho mit Frau Nimptsch weitersprach, auf das Küchenschapp zu, kramte drin umher und kam gleich danach

Küchenschapp (niederdeutsch) Küchenschrank mit Doppeltür

und völlig heitern Gesichts mit einem kleinen, in blaues Zuckerpapier genähten Buche zurück, das ganz das Aussehen hatte wie die, drin Hausfrauen ihre täglichen Ausgaben aufschreiben. Dazu diente das Büchelchen denn auch wirklich und zugleich zu Fragen, mit denen sich Lene, sei's aus Neugier oder gelegentlich auch aus tieferem Interesse, beschäftigte. Sie schlug es jetzt auf und wies auf die letzte Seite, drauf Bothos Blick sofort der dick unterstrichenen Überschrift begegnete: *»Was zu wissen nottut.«*

»Alle Tausend, Lene, das klingt ja wie Traktätchen oder Lustspieltitel.«

»Ist auch so was. Lies nur weiter.«

Und nun las er: »Wer waren die beiden Damen auf dem Korso? Ist es die ältere oder ist es die junge? Wer ist Pitt? Wer ist Serge? Wer ist Gaston?«

Botho lachte. »Wenn ich dir das alles beantworten soll, Lene, so bleib' ich bis morgen früh.«

Ein Glück, dass Frau Dörr bei dieser Antwort fehlte, sonst hätt' es eine neue Verlegenheit gegeben. Aber die sonst so flinke Freundin, flink wenigstens, wenn es sich um den Baron handelte, war noch nicht wieder zurück, und so sagte denn Lene: »Gut, so will ich mich handeln lassen. Und meinetwegen denn von den zwei Damen ein andermal! Aber was bedeuten die fremden Namen? Ich habe schon neulich danach gefragt, als du die Tüte brachtest. Aber was du da sagtest, war keine rechte Antwort, nur so halb. Ist es ein Geheimnis?«

»Nein.«

»Nun denn sage.«

»Gern, Lene. Diese Namen sind bloß Necknamen.«

»Ich weiß. Das sagtest du schon.«

». . . Also Namen, die wir uns aus Bequemlichkeit beigelegt haben, mit und ohne Beziehung, je nachdem.«

drin in denen

»Was zu wissen nottut.« → Seite 208

Alle Tausend Ausruf (wie ›Alle Wetter!‹ oder ›Potztausend!‹)

Traktätchen etwas abwertend für: religiöse Erbauungsschriften

mich handeln lassen mit mir verhandeln lassen

»Und was heißt Pitt?«

»Pitt war ein englischer Staatsmann.«

»Und ist dein Freund auch einer?«

»Um Gottes willen . . . «

Serge → Seite 208

»Und Serge?«

»Das ist ein russischer Vorname, den ein Heiliger und viele russische Großfürsten führen.«

»Die aber nicht Heilige zu sein brauchen, nicht wahr? . . . Und Gaston?«

»Ist ein französischer Name.«

eingesegnet konfirmiert

›Der Mann mit der eisernen Maske‹ → Seite 208

»Ja, dessen entsinn' ich mich. Ich habe mal als ein ganz junges Ding, und ich war noch nicht eingesegnet, ein Stück gesehn: ›Der Mann mit der eisernen Maske‹. Und der mit der Maske, der hieß Gaston. Und ich weinte jämmerlich.«

»Und lachst jetzt, wenn ich dir sage: Gaston bin ich.«

»Nein, ich lache nicht. Du hast auch eine Maske.«

Botho wollte scherz- und ernsthaft das Gegenteil versichern, aber Frau Dörr, die gerade wieder eintrat, schnitt das Gespräch ab, indem sie sich entschuldigte, dass sie so lange habe warten lassen. Aber eine Bestellung sei gekommen und sie habe rasch noch einen Begräbniskranz flechten müssen.

»Einen großen oder einen kleinen?«, fragte die Nimptsch, die gern von Begräbnissen sprach und eine Passion hatte, sich von allem Dazugehörigen erzählen zu lassen.

Azalie Azalee aus der Familie der Rhododendron-Pflanzen

»Nu«, sagte die Dörr, »es war ein mittelscher; kleine Leute. Efeu mit Azalie.«

»Jott«, fuhr die Nimptsch fort, »alles is jetzt für Efeu mit Azalie, bloß ich nich. Efeu is ganz gut, wenn er aufs Grab kommt und alles so grün und dicht einspinnt, dass das Grab seine Ruhe hat und der drunter liegt auch. Aber Efeu in'n Kranz, das is nich richtig. Zu meiner Zeit, da nahmen wir Immortellen, gelbe oder halb gelbe, und wenn es ganz was Feines sein sollte, denn nahmen wir rote oder weiße und

Immortellen → Seite 209

machten Kränze draus oder auch bloß einen und hingen ihn ans Kreuz, und da hing er denn den ganzen Winter, und wenn der Frühling kam, da hing er noch. Un manche hingen noch länger. Aber so mit Efeu oder Azalie, das is nichts. Un warum nich? Darum nicht, weil es nich lange dauert. Un ich denke mir immer, je länger der Kranz oben hängt, desto länger denkt der Mensch auch an seinen Toten unten. Un mitunter auch 'ne Witwe, wenn sie nich zu jung is. Un das is es, warum ich für Immortelle bin, gelbe oder rote oder auch weiße, un kann ja jeder einen andern Kranz zuhängen, wenn er will. Das is denn so für den Schein. Aber der immortellige, das is der richtige.«

»Mutter«, sagte Lene, »du sprichst wieder so viel von Grab und Kranz.«

»Ja, Kind, jeder spricht, woran er denkt. Un denkt einer an Hochzeit, denn red't er von Hochzeit, un denkt einer an Begräbnis, denn red't er von Grab. Un ich habe nich mal angefangen, von Grab un Kranz zu reden, Frau Dörr hat angefangen, was auch ganz recht war. Un ich spreche bloß immer davon, weil ich immer 'ne Angst habe un immer denke: Ja, wer wird dir mal einen bringen?«

»Ach, Mutter . . .«

»Ja, Lene, du bist gut, du bist ein gutes Kind. Aber der Mensch denkt un Gott lenkt, un heute rot un morgen tot. Un du kannst sterben so gut wie ich, jeden Tag, den Gott werden lässt, wenn ich es auch nich glaube. Un Frau Dörr kann auch sterben oder wohnt denn, wenn ich sterbe, vielleicht woanders, oder ich wohne woanders un bin vielleicht eben erst eingezogen. Ach, meine liebe Lene, man hat nichts sicher, gar nichts, auch nich mal einen Kranz aufs Grab.«

Aber der Mensch denkt un Gott lenkt
→ Seite 209

»Doch, doch, Mutter Nimptsch«, sagte Botho, »den haben Sie sicher.«

»Na, na, Herr Baron, wenn es man wahr is.«

»Und wenn ich in Petersburg bin oder in Paris, und ich höre, dass meine alte Frau Nimptsch gestorben ist, dann schick' ich einen Kranz, und wenn ich in Berlin bin oder in der Nähe, dann bring' ich ihn selber.«

Der Alten Gesicht verklärte sich ordentlich vor Freude. »Na, das is ein Wort, Herr Baron. Un da hab' ich doch nu meinen Kranz aufs Grab und is mir lieb, dass ich ihn habe. Denn ich kann die kahlen Gräber nich leiden, die so aussehn wie'n Waisenhauskirchhof oder für die Gefangenen oder noch schlimmer. Aber nu mach einen Tee, Lene, das Wasser kocht un bullert schon, un Erdbeeren und Milch sind auch da. Un auch saure. Jott, den armen Herrn Baron muss ja schon ganz jämlich sein. Immer ankucken macht hungrig, so viel weiß ich auch noch. Ja, Frau Dörr, man hat ja doch auch mal seine Jugend gehabt, un wenn es auch lange her is. Aber die Menschen waren damals so wie heut'.«

bullert macht kleine Geräusche

jämlich vermutlich: jämmerlich, schwach zumute

Frau Nimptsch, die heut' ihren Redetag hatte, philosophierte noch eine Weile weiter, während Lene das Abendbrot auftrug und Botho seine Neckereien mit der guten Frau Dörr fortsetzte. Das sei gut, dass sie den Staatshut zu rechter Zeit zu Bette gebracht habe, der sei für Kroll oder fürs Theater, aber nicht für den Wilmersdorfer Pedenhaufen. Wo sie den Hut denn eigentlich herhabe? Solchen Hut habe keine Prinzessin. Und er habe so was Kleidsames überhaupt noch gar nicht gesehn; er wolle nicht von sich selber reden, aber ein Prinz hätte sich drin vergaffen können.

Staatshut analog zu Staatskleider, Festtagskleider

Kroll vgl. Seite 198

Die gute Frau hörte wohl heraus, dass er sich einen Spaß mache. Trotzdem sagte sie: »Ja, wenn Dörr mal anfängt, denn is er so forsch und fein, dass ich mitunter gar nicht weiß, wo er's herhat. Alltags is nich viel mit ihm, aber mit eins is er wie vertauscht un gar nich mehr derselbe, un ich sage denn immer: Es is am Ende doch was mit ihm, un er kann es man bloß nich so zeigen.«

mit eins auf einmal

So plauderte man beim Tee, bis zehn Uhr heran war. Dann brach Botho auf, und Lene und Frau Dörr begleiteten ihn durch den Vorgarten bis an die Gartentür. Als sie hier standen, erinnerte die Dörr daran, dass man das Vielliebchen noch immer vergessen habe. Botho schien aber die Mahnung überhören zu wollen und betonte nur nochmals, wie hübsch der Nachmittag gewesen sei. »Wir müssen öfter so gehn, Lene, und wenn ich wiederkomme, dann überlegen wir, wohin. Oh, ich werde schon etwas finden, etwas Hübsches und Stilles, und recht weit und nicht so bloß über Feld.«

»Und dann nehmen wir Frau Dörr wieder mit«, sagte Lene, »oder bitten sie darum. Nicht wahr, Botho?«

»Gewiss, Lene. Frau Dörr muss immer dabei sein. Ohne Frau Dörr geht es nicht.«

»Ach, Herr Baron, das kann ich ja gar nich annehmen, das kann ich ja gar nich verlangen.«

»Doch, liebe Frau Dörr«, lachte Botho. »Sie können alles verlangen. Eine Frau wie Sie.«

Und damit trennte man sich.

Elftes Kapitel

Die Landpartie, die man nach dem Wilmersdorfer Spaziergange verabredet oder wenigstens geplant hatte, war nun auf einige Wochen hin das Lieblingsgespräch, und immer, wenn Botho kam, überlegte man, *wohin*? Alle möglichen Plätze wurden erwogen: Erkner und Kranichberge, Schwilow und Baumgartenbrück, aber alle waren immer noch zu besucht, und so kam es, dass Botho schließlich »Hankels Ablage« nannte, von dessen Schönheit und Einsamkeit er wahre

Landpartie → Seite 209

Erkner und Kranichberge, Schwilow und Baumgartenbrück → Seite 209

»Hankels Ablage« → Seite 210

Wunderdinge gehört habe, Lene war einverstanden. Ihr lag nur daran, mal hinauszukommen und in Gottes freier Natur, möglichst fern von dem großstädtischen Getreibe, mit dem geliebten Manne zusammen zu sein. Wo, war gleichgiltig.

Der nächste Freitag wurde zu der Partie bestimmt. »Abgemacht.« Und nun fuhren sie mit dem Görlitzer Nachmittagszuge nach Hankels Ablage hinaus, wo sie Nachtquartier nehmen und den andern Tag in aller Stille zubringen wollten.

Der Zug hatte nur wenige Wagen, aber auch diese waren schwach besetzt, und so kam es, dass sich Botho und Lene allein befanden. In dem Kupee nebenan wurde lebhaft gesprochen, zugleich deutlich genug, um herauszuhören, dass es Weiterreisende waren, keine Mitpassagiere für Hankels Ablage.

Kupee auch ›Coupé‹; Eisenbahnabteil

Lene war glücklich, reichte Botho die Hand und sah schweigend in die Wald- und Heidelandschaft hinaus. Endlich sagte sie: »Was wird aber Frau Dörr sagen, dass wir sie zu Hause gelassen?«

»Sie darf es gar nicht erfahren.«

»Mutter wird es ihr ausplaudern.«

»Ja, dann steht es schlimm, und doch ließ sich's nicht anders tun. Sieh, auf der Wiese neulich, da ging es, da waren wir mutterwindallein. Aber wenn wir in Hankels Ablage auch noch so viel Einsamkeit finden, so finden wir doch immer einen Wirt und eine Wirtin und vielleicht sogar einen Berliner Kellner. Und solch Kellner, der immer so still vor sich hinlacht oder wenigstens in sich hinein, den kann ich nicht aushalten, der verdirbt mir die Freude. Frau Dörr, wenn sie neben deiner Mutter sitzt oder den alten Dörr erzieht, ist unbezahlbar, aber nicht unter Menschen. Unter Menschen ist sie bloß komische Figur und eine Verlegenheit.«

mutterwindallein offenbar eine Wortneuschöpfung Fontanes (so die Auskunft in »Trübners Wörterbuch« von 1943) mit der Bedeutung ›mutterseelenallein‹

Gegen fünf hielt der Zug an einem Waldrande ... Wirklich, niemand außer Botho und Lene stieg aus, und beide schlenderten jetzt behaglich und unter häufigem Verweilen auf ein Gasthaus zu, das, in etwa zehn Minuten Entfernung von dem kleinen Stationsgebäude, hart an der Spree seinen Platz hatte. Dies »Etablissement«, wie sich's auf einem schief stehenden Wegweiser nannte, war ursprünglich ein bloßes Fischerhaus gewesen, das sich erst sehr allmählich und mehr durch An- als Umbau in ein Gasthaus verwandelt hatte, der Blick über den Strom aber hielt für alles, was sonst vielleicht fehlen mochte, schadlos und ließ das glänzende Renommee, dessen sich diese Stelle bei allen Eingeweihten erfreute, keinen Augenblick als übertrieben erscheinen. Auch Lene fühlte sich sofort angeheimelt und nahm in einer verandaartig vorgebauten Holzhalle Platz, deren eine Hälfte von dem Gezweig einer alten, zwischen Haus und Ufer stehenden Ulme verdeckt wurde.

Etablissement (frz.) hier: gepflegte Gaststätte

ein bloßes Fischerhaus → Seite 211

hielt ... schadlos entschädigte

Renommee guter Ruf, hohes Ansehen

»Hier bleiben wir«, sagte sie. »Sieh doch nur die Kähne, zwei, drei ... und dort weiter hinauf kommt eine ganze Flotte. Ja, das war ein glücklicher Gedanke, der uns hierher führte. Sieh doch nur, wie sie drüben auf dem Kahne hin und her laufen und sich gegen die Ruder stemmen. Und dabei alles so still. Oh, mein einziger Botho, wie schön das ist und wie gut ich dir bin.«

wie gut ich dir bin wie dankbar ich dir bin und wie gern ich dich habe

Botho freute sich, Lene so glücklich zu sehen. Etwas Entschlossenes und beinah Herbes, das sonst in ihrem Charakter lag, war wie von ihr genommen und einer ihr sonst fremden Gefühlsweichheit gewichen, und dieser Wechsel schien ihr selber unendlich wohl zu tun.

Nach einer Weile kam der sein »Etablissement« schon von Vater und Großvater her innehabende Wirt, um nach den Befehlen der Herrschaften zu fragen, vor allem auch, »ob sie zu Nacht bleiben würden«, und bat, als diese Frage bejaht worden war, über ihr Zimmer Beschluss fassen zu wollen. Es ständen ihnen mehrere zur Verfügung, unter denen die Giebelstube wohl die beste sein würde. Sie sei zwar niedrig, aber sonst groß und geräumig und hätte den Blick über die Spree bis an die Müggelberge.

Müggelberge → Seite 211

Der Wirt ging nun, als sein Vorschlag angenommen war, um die nötigen Vorbereitungen zu treffen, und Botho und Lene waren nicht nur wieder allein miteinander, sondern genossen auch das Glück dieses Alleinseins in vollen Zügen. Auf einem der herabhängenden Ulmenzweige wiegte sich ein in einem niedrigen Nachbargebüsche nistender Fink, Schwalben fuhren hin und her und zuletzt kam eine schwarze Henne mit einem langen Gefolge von Entenküken an der Veranda vorüber und stolzierte gravitätisch auf einen weit in den Fluss hineingebauten Wassersteg zu. Mitten auf diesem Steg aber blieb die Henne stehn, während sich die Küken ins Wasser stürzten und fortschwammen.

Schwalben fuhren hin und her → Seite 211

gravitätisch ernst und gemessen, mit steifer Würde

Lene sah eifrig dem allen zu. »Sieh nur, Botho, wie der Strom durch die Pfähle schießt.« Aber eigentlich war es weder der Steg noch die durchschießende Flut, was sie fesselte, sondern die zwei Boote, die vorn angekettet lagen. Sie liebäugelte damit und erging sich in kleinen Fragen und Anspielungen, und erst als Botho taub blieb und durchaus nichts davon verstehen wollte, rückte sie klarer mit der Sprache heraus und sagte rundweg, dass sie gern Wasser fahren möchte.

rundweg rundheraus, offen

Wasser fahren möchte ein Boot nehmen wolle

»Weiber sind doch unverbesserlich. Unverbesserlich in ihrem Leichtsinn. Denk an den zweiten Ostertag. Um ein Haar ...«

» ... wär' ich ertrunken. Gewiss. Aber das war nur das eine. Nebenher lief die Bekanntschaft mit einem stattlichen Herrn, dessen du dich vielleicht entsinnst. Er hieß Botho ... Du wirst doch, denk' ich, den zweiten Ostertag nicht als einen Unglückstag ansehen wollen? Da bin ich artiger und galanter.«

»Nun, nun . . . Aber kannst du denn auch rudern, Lene?«

»Freilich kann ich. Und kann auch sogar steuern und ein Segel stellen. Weil ich beinah ertrunken wäre, denkst du gering von mir und meiner Kunst. Aber der Junge war schuld, und ertrinken kann am Ende jeder.«

Und dabei ging sie von der Veranda her den Steg entlang auf die zwei Boote zu, deren Segel eingerefft waren, während ihre Wimpel, mit eingesticktem Namen, oben an der Mastspitze flatterten.

»Welches nehmen wir«, sagte Botho, »die ›Forelle‹ oder die ›Hoffnung‹?«

»Natürlich die Forelle. Was sollen wir mit der Hoffnung?«

Botho hörte wohl heraus, dass dies von Lene mit Absicht und um zu sticheln gesagt wurde, denn so fein sie fühlte, so verleugnete sie doch nie das an kleinen Spitzen Gefallen findende Berliner Kind. Er verzieh ihr aber dies Spitzige, schwieg und war ihr beim Einsteigen behilflich. Dann sprang er nach. Als er gleich darauf das Boot losketteln wollte, kam der Wirt und brachte Jackett und Plaid, weil es bei Sonnenuntergang kalt würde. Beide dankten, und in Kürze waren sie mitten auf dem Strom, der hier, durch Inseln und Landzungen eingeengt, keine dreihundert Schritte breit sein mochte. Lene tat nur dann und wann einen Schlag mit dem Ruder, aber auch diese wenigen Schläge reichten schon aus, sie nach einer kleinen Weile bis an eine hoch im Gras stehende, zugleich als Schiffswerft dienende Wiese zu führen, auf der, in einiger Entfernung von ihnen, ein Spreekahn gebaut und alte, leck gewordene Kähne kalfatert und geteert wurden.

»Dahin müssen wir«, jubelte Lene, während sie Botho mit sich fortzog. Aber ehe beide bis an die Schiffsbaustelle heran

artiger höflicher, zuvorkommender

eingerefft eingerollt

losketteln von der Kette lösen

Jackett hier: warme Jacke

Plaid (engl.) Umhang, Reisedecke, Mantel

kalfatert mit Teer oder anderem Material abgedichtet

waren, hörte das Hämmern der Zimmermannsaxt auf und das beginnende Läuten der Glocke verkündete, dass Feierabend sei. So bogen sie denn hundert Schritt von der Werft in einen Pfad ein, der, schräg über die Wiese hin, auf einen Kiefernwald zuführte. Die roten Stämme desselben glühten prächtig im Widerschein der schon tief stehenden Sonne, während über den Kronen ein bläulicher Nebel lag.

»Ich möchte dir einen recht schönen Strauß pflücken«, sagte Botho, während er Lene bei der Hand nahm. »Aber sieh nur, die reine Wiese, nichts als Gras und keine Blume. Nicht eine.«

»Doch. Die Hülle und Fülle. Du siehst nur keine, weil du zu anspruchsvoll bist.«

»Und wenn ich es wäre, so wär' ich es bloß für dich.«

»Oh, keine Ausflüchte. Du wirst sehen, ich finde welche.«

Und sich niederbückend, suchte sie nach rechts und links hin und sagte: »Sieh nur, hier . . . und da . . . und hier wieder. Es stehen hier mehr als in Dörrs Garten; man muss nur ein Auge dafür haben.« Und so pflückte sie behänd und emsig, zugleich allerlei Unkraut und Grashalme mit ausreißend, bis sie, nach ganz kurzer Zeit, eine Menge Brauchbares und Unbrauchbares in Händen hatte.

Währenddem waren sie bis an eine seit Jahr und Tag leer stehende Fischerhütte gekommen, vor der, auf einem mit Kienäpfeln überstreuten Sandstreifen (denn der Wald stieg unmittelbar dahinter an) ein umgestülpter Kahn lag.

»Der kommt uns zupass«, sagte Botho, »hier wollen wir uns setzen. Du musst ja müde sein. Und nun lass sehen, was du gepflückt hast. Ich glaube, du weißt es selber nicht, und ich werde mich auf den Botaniker hin ausspielen müssen. Gib her. Das ist Ranunkel, und das ist Mäuseohr, und manche nennen es auch falsches Vergissmeinnicht. Hörst du, falsches. Und hier das mit dem gezackten Blatt, das ist Taraxa-

Kienäpfeln Kiefernzapfen

zupass gelegen, gerade recht

mich auf den Botaniker hin ausspielen müssen so tun müssen, als sei ich ein großer Pflanzenkenner

Ranunkel → Seite 211

Mäuseohr → Seite 211

Vergissmeinnicht → Seite 211

cum, unsere gute alte Butterblume, woraus die Franzosen Salat machen. Nun meinetwegen. Aber Salat und Bouquet ist ein Unterschied.«

Taraxacum Löwenzahn

Bouquet (frz.) Bukett, Blumenstrauß

»Gib nur wieder her«, lachte Lene. »Du hast kein Auge für diese Dinge, weil du keine Liebe dafür hast, und Auge und Liebe gehören immer zusammen. Erst hast du der Wiese die Blumen abgesprochen, und jetzt, wo sie da sind, willst du sie nicht als richtige Blumen gelten lassen. Es sind aber Blumen und noch dazu sehr gute. Was gilt die Wette, dass ich dir etwas Hübsches zusammenstelle.«

Was gilt die Wette Um was wettest du mit mir

»Nun da bin ich doch neugierig, was du wählen wirst.«

»Nur solche, denen du selber zustimmst. Und nun lass uns anfangen. Hier ist Vergissmeinnicht, aber kein Mäuseohr-Vergissmeinnicht, will sagen kein falsches, sondern ein echtes. Zugestanden?«

»Ja.«

»Und das hier ist Ehrenpreis, eine feine kleine Blume. Die wirst du doch auch wohl gelten lassen? Da frag' ich gar nicht erst. Und diese große rotbraune, das ist Teufelsabbiss und eigens für dich gewachsen. Ja, lache nur. Und das hier«, und sie bückte sich nach ein paar gelben Blumenköpfchen, die gerade vor ihr auf der Sandstelle blühten, »das sind Immortellen.«

Ehrenpreis → Seite 212

Teufelsabbiss → Seite 212

»Immortellen«, sagte Botho. »Die sind ja die Passion der alten Frau Nimptsch. Natürlich, *die* nehmen wir, *die* dürfen nicht fehlen. Und nun binde nur das Sträußchen zusammen.«

»Gut. Aber womit? Wir wollen es lassen, bis wir eine Binse finden.«

»Nein, so lange will ich nicht warten. Und ein Binsenhalm ist mir auch nicht gut genug, ist zu dick und zu grob. Ich will was Feines. Weißt du, Lene, du hast so schönes langes Haar; reiß eins aus und flicht den Strauß damit zusammen.«

Binse in feuchtem Grund wachsende Pflanze mit grasartigen oder röhrenförmigen Blättern

flicht flechte

»Nein«, sagte sie bestimmt.

»Nein? warum nicht? warum nein?«

»Weil das Sprüchwort sagt: ›Haar bindet‹. Und wenn ich es um den Strauß binde, so bist du mitgebunden.«

»Ach das ist Aberglauben. Das sagt Frau Dörr.«

»Nein, die alte Frau sagt es. Und was die mir von Jugend auf gesagt hat, auch wenn es wie Aberglauben aussah, das war immer richtig.«

»Nun meinetwegen. Ich streite nicht. Aber ich will kein ander Band um den Strauß als ein Haar von dir. Und du wirst doch nicht so eigensinnig sein und mir's abschlagen.«

Sie sah ihn an, zog ein Haar aus ihrem Scheitel und wand es um den Strauß. Dann sagte sie: »Du hast es gewollt. Hier, nimm es. Nun bist du gebunden.«

Er versuchte zu lachen, aber der Ernst, mit dem sie das Gespräch geführt und die letzten Worte gesprochen hatte, war doch nicht ohne Eindruck auf ihn geblieben.

»Es wird kühl«, sagte er nach einer Weile. »Der Wirt hatte recht, dir Jackett und Plaid nachzubringen. Komm, lass uns aufbrechen.«

Und so gingen sie wieder auf die Stelle zu, wo das Boot lag, und eilten sich, über den Fluss zu kommen.

Jetzt erst, im Rückfahren, sahen sie, wie malerisch das Gasthaus dalag, dem sie mit jedem Ruderschlage näher kamen. Eine hohe groteske Mütze, so saß das Schilfdach auf dem niedrigen Fachwerkbau, dessen vier kleine Frontfenster sich eben zu erhellen begannen. Und im selben Augenblicke wurden auch ein paar Windlichter in die Veranda getragen, und durch das Gezweige der alten Ulme, das im Dunkel einem fantastischen Gitterwerke glich, blitzten allerlei Lichtstreifen über den Strom hin.

Windlichter durch Glasbehälter geschützte Wachslichter

Keiner sprach. Jeder aber hing seinem Glück und der Frage nach, wie lange das Glück noch dauern werde.

Zwölftes Kapitel

Es dunkelte schon, als sie landeten.

»Lass uns diesen Tisch nehmen«, sagte Botho, während sie wieder unter die Veranda traten: »Hier trifft dich kein Wind, und ich bestelle dir einen Grog oder Glühwein, nicht wahr? Ich sehe ja, du hast es kalt.«

Grog alkoholisches Heißgetränk, meist ein Gemisch aus Rum, Zucker und Wasser

Er schlug ihr noch allerlei andres vor, aber Lene bat, auf ihr Zimmer gehn zu dürfen, wenn er dann komme, sei sie wieder munter. Sie sei nur angegriffen und brauche nichts, und wenn sie nur Ruhe habe, so werd' es vorübergehen.

Damit verabschiedete sie sich und stieg in die mittlerweile hergerichtete Giebelstube hinauf, begleitet von der in durchaus irrigen Vermutungen befangenen Wirtin, die sofort neugierig fragte, »was es denn eigentlich sei«, und, einer Antwort unbedürftig, im selben Augenblicke fortfuhr: ja, das sei so bei jungen Frauen, das wisse sie von sich selber, und eh ihr Ältester geboren wurde (jetzt habe sie schon vier und eigentlich fünf, aber der Mittelste sei zu früh gekommen und gleich tot), da hätte sie's auch gehabt. Es flög' einen so an und sei dann wie zum Sterben. Aber eine Tasse Melissentee, das heißt Klostermelisse, da fiele es gleich wieder ab, und man sei mit eins wieder wie'n Fisch im Wasser und ordentlich aufgekratzt und fidel und ganz zärtlich. »Ja, ja, gnädge Frau, wenn erst so vier um einen rumstehn, ohne dass ich den kleinen Engel mitrechne ...«

Lene bezwang nur mit Müh' ihre Verlegenheit und bat, um wenigstens etwas zu sagen, um etwas Melissentee, Klostermelisse, wovon sie auch schon gehört habe.

Melissentee → Seite 212

Während oben in der Giebelstube dies Gespräch geführt wurde, hatte Botho Platz genommen, aber nicht innerhalb der windgeschützten Veranda, sondern an einem urwüchsigen Brettertisch, der, in Front derselben, auf vier Pfählen aufgenagelt war und einen freien Blick hatte. Hier wollt' er sein Abendbrot einnehmen. Er bestellte sich denn auch ein Fischgericht, und als der »Schlei mit Dill«, wofür das Wirtshaus von alter Zeit her ein Renommee hatte, aufgetragen wurde, kam der Wirt, um zu fragen, welchen Wein der Herr Baron, er gab ihm diesen Titel auf gut Glück hin, beföhle.

»Nun ich denke«, sagte Botho, »zu dem delikaten Schlei passt am besten ein Brauneberger oder, sagen wir lieber, ein Rüdesheimer, und zum Zeichen, dass er gut ist, müssen Sie sich zu mir setzen und bei Ihrem eigenen Weine mein Gast sein.«

Der Wirt verbeugte sich unter Lächeln und kam bald danach mit einer angestaubten Flasche zurück, während die Magd, eine hübsche Wendin in Friesrock und schwarzem Kopftuch, auf einem Tablett die Gläser brachte.

Wendin Angehörige der alten westslawischen Völkerschaft der Wenden

»Nun lassen Sie sehn«, sagte Botho. »Die Flasche verspricht alles mögliche Gute. Zu viel Staub und Spinnweb ist allemal verdächtig, aber diese hier . . . Ah, superbe. Das ist 70er, nicht wahr? Und nun lassen Sie uns anstoßen, ja, auf was? Auf das Wohl von Hankels Ablage.« Der Wirt war augenscheinlich entzückt, und Botho, der wohl sah, welchen guten Eindruck er machte, fuhr deshalb in dem ihm eigenen leichten und leutseligen Tone fort: »Ich find' es reizend hier, und nur eins lässt sich gegen Hankels Ablage sagen: der Name.«

superbe (frz.) ausgezeichnet

»Ja«, bestätigte der Wirt, »der Name, der lässt viel zu wünschen übrig und ist eigentlich ein Malheur für uns. Und doch hat es seine Richtigkeit damit, Hankels Ablage war nämlich wirklich eine Ablage, und so heißt es denn auch so.«

Malheur (frz.) Unglück, Missgeschick, peinliche Verlegenheit

»Gut. Aber das bringt uns nicht weiter. Warum hieß es Ablage? Was ist Ablage?«

»Nun, wir könnten auch sagen: Aus- und Einladestelle. Das ganze Stück Land hier herum (und er wies nach rückwärts) war nämlich immer ein großes Dominium und hieß unter dem Alten Fritzen und auch früher schon unter dem Soldatenkönige die Herrschaft Wusterhausen. Und es gehörten wohl an die dreißig Dörfer dazu, samt Forst und Heide. Nun sehen Sie, die dreißig Dörfer, die schafften natürlich was und brauchten was, oder was dasselbe sagen will, sie hatten Ausfuhr und Einfuhr, und für beides brauchten sie von Anfang an einen Hafen- oder Stapelplatz und konnte nur noch zweifelhaft sein, welche Stelle man dafür wählen würde. Da wählten sie *diese* hier, diese Bucht wurde Hafen, Stapelplatz, ›Ablage‹ für alles, was kam und ging, und weil der Fischer, der damals hier wohnte, beiläufig mein Ahnherr, Hankel hieß, so hatten wir eine *›Hankels Ablage‹*.«

»Schade«, sagte Botho, »dass man's nicht jedem so rund und nett erklären kann«, und der Wirt, der sich hierdurch ermutigt fühlen mochte, wollte fortfahren. Eh er aber beginnen konnte, hörte man einen Vogelschrei hoch oben in den Lüften, und als Botho neugierig hinaufsah, sah er, dass zwei mächtige Vögel, kaum noch erkennbar, im Halbdunkel über der Wasserfläche hinschwebten.

»Waren das wilde Gänse?«

»Nein, Reiher. Die ganze Forst hierherum ist Reiher-Forst. Überhaupt ein rechter Jagdgrund, Schwarzwild und Damwild in Massen, und in dem Schilf und Rohr hier Enten, Schnepfen und Bekassinen.«

»Entzückend«, sagte Botho, in dem sich der Jäger regte. »Wissen Sie, dass ich Sie beneide. Was tut schließlich der Name? Enten, Schnepfen, Bekassinen. Es überkommt einen eine Lust, dass man's auch so gut haben möchte. Nur einsam muss es hier sein, zu einsam.«

Der Wirt lächelte vor sich hin, und Botho, dem es nicht entging, wurde neugierig und sagte: »Sie lächeln. Aber ist es nicht so? Seit einer halben Stunde hör' ich nichts als das

Dominium Domäne, Staatsgut

unter dem Alten Fritzen in der Regierungszeit Friedrichs II. (1712–1786), des Großen, der ab 1740 König von Preußen war

Soldatenkönige → Seite 212

Herrschaft Wusterhausen → Seite 212

beiläufig nebenbei bemerkt

Ahnherr Vorfahr

Reiher-Forst … ein rechter Jagdgrund → Seite 213

Schwarzwild Wildschweine

Damwild Hirsche und Rehe

Rohr Schilfrohr

Schnepfen → Seite 213

Bekassinen Sumpfschnepfen

Wasser, das unter dem Steg hingluckst, und in diesem Augenblick oben den Reiherschrei. Das nenn' ich einsam, so hübsch es ist. Und dann und wann ziehn ein paar große Spreekähne vorüber, aber alle sind einander gleich oder sehen sich wenigstens ähnlich. Und eigentlich ist jeder wie ein Gespensterschiff. Eine wahre Totenstille.«

»Gewiss«, sagte der Wirt. »Aber doch alles nur, solang es dauert.«

»Wie das?«

»Ja«, wiederholte der Gefragte, »solang es dauert. Sie sprechen von Einsamkeit, Herr Baron, und tagelang ist es auch wirklich einsam hier. Und es können auch Wochen werden. Aber kaum, dass das Eis bricht und das Frühjahr kommt, so kommt auch schon Besuch, und der Berliner ist da.«

»Wann kommt er?«

»Unglaublich früh. Oculi, da kommen sie. Sehen Sie, Herr Baron, wenn ich, der ich doch ausgewettert bin, immer noch drin in der Stube bleibe, weil der Ostwind pustet und die Märzensonne sticht, setzt sich der Berliner schon ins Freie, legt seinen Sommerüberzieher über den Stuhl und bestellt eine Weiße. Denn sowie nur die Sonne scheint, spricht der Berliner von schönem Wetter. Ob in jedem Windzug eine Lungenentzündung oder Diphtheritis sitzt, ist ihm egal. Er spielt dann am liebsten mit Reifen, einige sind auch für Boccia, und wenn sie dann abfahren, ganz gedunsen von der Prallsonne, dann tut mir mitunter das Herz weh, denn keiner ist darunter, dem nicht wenigstens am andern Tage die Haut abschülbert.«

Botho lachte. »Ja, die Berliner! Wobei mir übrigens einfällt, Ihre Spree hier herum muss ja auch die Gegend sein, wo die Ruderer und Segler zusammenkommen und ihre Regatten haben.«

Oculi, da kommen sie. → Seite 213

ausgewettert wetterfest, abgehärtet

Sommerüberzieher leichten Sommermantel

Diphtheritis → Seite 213

Boccia → Seite 213

abschülbert abblättert (›schülbern‹ ist Berlinerisch und bedeutet: ›sich häuten‹)

Regatten Bootswettkämpfe

»Gewiss«, sagte der Wirt. »Aber das will nicht viel sagen. Wenn's viele sind, dann sind es fünfzig oder vielleicht auch mal hundert. Und dann ruht es wieder und ist auf Wochen und Monate hin mit dem ganzen Wassersport vorbei. Nein, die Klubleute, das ist vergleichsweise bequem, das ist zum Aushalten. Aber wenn dann im Juni die Dampfschiffe kommen, dann ist es schlimm. Und dann bleibt es so den ganzen Sommer über oder doch eine lange, lange Weile.«

»Glaub's«, sagte Botho.

»... Dann trifft jeden Abend ein Telegramm ein. ›Morgen früh neun Uhr Ankunft auf Spreedampfer Alsen. Tagespartie. 240 Personen.‹ Und dann folgen die Namen derer, die's arrangiert haben. Einmal geht das. Aber die Länge hat die Qual. Denn wie verläuft eine solche Partie? Bis Dunkelwerden sind sie draußen in Wald und Wiese, dann aber kommt das Abendbrot, und dann tanzen sie bis um elf. Nun werden Sie sagen, ›das ist nichts Großes‹, und wär' auch nichts Großes, wenn der andre Tag ein Ruhetag wär'. Aber der zweite Tag ist wie der erste, und der dritte ist wie der zweite. Jeden Abend um elf dampft ein Dampfer mit 240 Personen ab, und jeden Morgen um neun ist ein Dampfer mit ebenso viel Personen wieder da. Und inzwischen muss doch aufgeräumt und alles wieder klar gemacht werden. Und so vergeht die Nacht mit Lüften, Putzen und Scheuern, und wenn die letzte Klinke wieder blank ist, ist auch das nächste Schiff schon wieder heran. Natürlich hat alles auch sein Gutes, und wenn man um Mitternacht Kasse zählt, so weiß man, wofür man sich gequält hat. ›Von nichts kommt nichts‹, sagt das Sprüchwort und hat auch ganz recht, und wenn ich all die Maibowlen auffüllen sollte, die hier schon getrunken sind, so müsst' ich mir ein Heidelberger Fass anschaffen. Es bringt was ein, gewiss, und ist alles schön und gut. Aber dafür, dass man vorwärts kommt, kommt man doch auch rück-

Maibowle kaltes Mischgetränk mit Weißwein als Grundlage und Waldmeisteraroma

Heidelberger Fass → Seite 213

wärts und bezahlt mit dem Besten, was man hat, mit Leben und Gesundheit. Denn was ist Leben ohne Schlaf?«

»Wohl, ich sehe schon«, sagte Botho, »kein Glück ist vollkommen. Aber dann kommt der Winter, und dann schlafen Sie wie sieben Dächse.« »Ja, wenn nicht gerade Silvester oder Dreikönigstag oder Fastnacht ist. Und die sind öfter, als der Kalender angibt. Da sollten Sie das Leben hier sehen, wenn sie, von zehn Dörfern her, zu Schlitten oder Schlittschuh, in dem großen Saal, den ich angebaut habe, zusammenkommen. Dann sieht man kein großstädtisch Gesicht mehr, und die Berliner lassen einen in Ruh, aber der Großknecht und die Jungemagd, die haben dann ihren Tag. Da sieht man Otterfellmützen und Manchesterjacken mit silbernen Buckelknöpfen, und allerlei Soldaten, die grad auf Urlaub sind, sind mit dabei: Schwedter Dragoner und Fürstenwalder Ulanen oder wohl gar Potsdamer Husaren. Und alles ist eifersüchtig und streitlustig, und man weiß nicht, was ihnen lieber ist, das Tanzen oder das Krakeelen, und bei dem kleinsten Anlass stehen die Dörfer gegeneinander und liefern sich ihre Bataillen. Und so toben und lärmen sie die ganze Nacht durch, und ganze Pfannkuchenberge verschwinden, und erst bei Morgengrauen geht es über das Stromeis oder den Schnee hin wieder nach Hause.«

»Da seh' ich freilich«, lachte Botho, »dass sich von Einsamkeit und Totenstille nicht gut sprechen lässt. Ein Glück nur, dass ich von dem allen nicht gewusst habe, sonst hätt' ich gar nicht den Mut gehabt und wäre fortgeblieben. Und das wäre mir doch leid gewesen, einen so hübschen Fleck Erde gar nicht gesehen zu haben ... Aber Sie sagten vorhin, ›was ist Leben ohne Schlaf‹, und ich fühle, dass Sie recht haben. Ich bin müde trotz früher Stunde; das macht, glaub' ich, die Luft und das Wasser. Und dann muss ich doch auch sehn ... Ihre liebe Frau hat sich so bemüht ... Gute Nacht,

Großknecht oberster Knecht auf einem Bauernhof

Jungemagd auch Jungmagd; Magd, die noch angelernt wird

Schwedter Dragoner → Seite 213

Fürstenfelder Ulanen → Seite 213

Potsdamer Husaren → Seite 213

Bataillen (frz.) Schlachten; hier eher: Schlägereien

Herr Wirt. Ich habe mich verplaudert.« Und damit stand er auf und ging auf das still gewordene Haus zu.

Lene, die Füße schräg auf dem herangerückten Stuhl, hatte sich aufs Bett gelegt und eine Tasse von dem Tee getrunken, den ihr die Wirtin gebracht hatte. Die Ruhe, die Wärme taten ihr wohl, der Anfall ging vorüber, und sie hätte schon nach kurzer Zeit wieder in die Veranda hinuntergehn und an dem Gespräche, das Botho mit dem Wirte führte, teilnehmen können. Aber ihr war nicht gesprächig zu Sinn, und so stand sie nur auf, um sich in dem Zimmer umzusehen, für das sie bis dahin kein Auge gehabt hatte.

Und wohl verlohnte sich's. Die Balkenlagen und Lehmwände hatte man aus alter Zeit her fortbestehen lassen, und die geweißte Decke hing so tief herab, dass man sie mit dem Finger berühren konnte, was aber zu bessern gewesen war, das war auch wirklich gebessert worden. Anstelle der kleinen Scheiben, die man im Erdgeschoss noch sah, war hier oben ein großes, bis fast auf die Diele reichendes Fenster eingesetzt worden, das ganz so, wie der Wirt es geschildert, einen prächtigen Blick auf die gesamte Wald- und Wasserszenerie gestattete. Das große Spiegelfenster war aber nicht alles, was Neuzeit und Komfort hier getan hatten. Auch ein paar gute Bilder, mutmaßlich auf einer Auktion erstanden, hingen an den alten, überall Buckel und Blasen bildenden Lehmwänden umher, und just da, wo der vorgebaute Fenstergiebel nach hinten oder, was dasselbe sagen will, nach dem eigentlichen Zimmer zu die Dachschrägung traf, standen sich ein paar elegante Toilettentische gegenüber. Alles zeigte, dass man die Fischer- und Schifferherberge mit Geflissentlichkeit beibehalten, aber sie doch zugleich auch in ein gefälliges Gasthaus für die reichen Sportsleute vom Segler- und Ruderklub umgewandelt hatte.

verlohnte lohnte

Diele hier: Fußbodenbrett (Parkett)

just gerade

Toilettentische Frisierkommoden mit Waschmöglichkeit (wobei damals noch nicht an fließendes Wasser zu denken ist)

mit Geflissentlichkeit aus wohlüberlegter Absicht

Lene fühlte sich angeheimelt von allem, was sie sah, und begann zunächst die rechts und links in breiter Umrahmung über den Bettständen hängenden Bilder zu betrachten. Es waren Stiche, die sie, dem Gegenstande nach, lebhaft interessierten, und so wollte sie gerne wissen, was es mit den Unterschriften auf sich habe. »Washington Crossing the Delaware« stand unter dem einen, »The Last Hour at Trafalgar« unter dem andern. Aber sie kam über ein bloßes Silbenentziffern nicht hinaus, und das gab ihr, so klein die Sache war, einen Stich ins Herz, weil sie sich der Kluft dabei bewusst wurde, die sie von Botho trennte. Der spöttelte freilich über Wissen und Bildung, aber sie war klug genug, um zu fühlen, was von diesem Spotte zu halten war.

Dicht neben der Eingangstür, über einem Rokokotisch, auf dem rote Gläser und eine Wasserkaraffe standen, hing noch eine buntfarbige, mit einer dreisprachigen Unterschrift versehene Lithographie: »Si jeunesse savait« – ein Bild, das sie sich entsann in der Dörrschen Wohnung gesehen zu haben. Dörr liebte dergleichen. Als sie's hier wieder sah, fuhr sie verstimmt zusammen. Ihre feine Sinnlichkeit fühlte sich von dem Lüsternen in dem Bilde wie von einer Verzerrung ihres eignen Gefühls beleidigt, und so ging sie denn, den Eindruck wieder loszuwerden, bis an das Giebelfenster und öffnete beide Flügel, um die Nachtluft einzulassen. Ach, wie sie das erquickte! Dabei setzte sie sich auf das Fensterbrett, das nur zwei Handbreit über der Diele war, schlang ihren linken Arm um das Kreuzholz und horchte nach der nicht allzu entfernten Veranda hinüber. Aber sie vernahm nichts. Eine tiefe Stille herrschte, nur in der alten Ulme ging ein Wehen und Rauschen, und alles, was eben noch von Verstimmung in ihrer Seele geruht haben mochte, das schwand jetzt hin, als sie den Blick immer eindringlicher und immer entzückter auf das vor ihr ausgebreitete Bild richtete. Das Was-

Bettständen wohl als Pural zu ›Bettstatt‹: ›Schlafgelegenheit‹, ›Bett‹

Stiche Kupfer- oder Stahlstiche, die von berühmten Gemälden angefertigt wurden und anschließend in großer Zahl verbreitet werden konnten

»Washington Crossing the Delaware« → Seite 213

»The Last Hour at Trafalgar« → Seite 214

Rokokotisch → Seite 215

Karaffe bauchige Glasflasche mit Verschluss (vgl. auch Seite 24)

Lithographie künstlerische Zeichnung, die im Steindruckverfahren vervielfältigt wird

»Si jeunesse savait« → Seite 215

Kreuzholz vier vierkantige Balken, die in einem Stück aus der Mitte eines Stammes geschnitten sind

ser flutete leise, der Wald und die Wiese lagen im abendlichen Dämmer, und der Mond, der eben wieder seinen ersten Sichelstreifen zeigte, warf einen Lichtschein über den Strom und ließ das Zittern seiner kleinen Wellen erkennen.

»Wie schön«, sagte Lene hochaufatmend. »Und ich bin doch glücklich«, setzte sie hinzu.

Sie mochte sich nicht trennen von dem Bilde. Zuletzt aber erhob sie sich, schob einen Stuhl vor den Spiegel und begann, ihr schönes Haar zu lösen und wieder einzuflechten. Als sie noch damit beschäftigt war, kam Botho.

»Lene, noch auf! Ich dachte, dass ich dich mit einem Kusse wecken müsste.«

»Dazu kommst du zu früh, so spät du kommst.«

Und sie stand auf und ging ihm entgegen. »Mein einziger Botho. Wie lange du bleibst . . .«

bleibst ausbleibst

»Und das Fieber? Und der Anfall?«

»Ist vorüber, und ich bin wieder munter, seit einer halben Stunde schon. Und ebenso lange hab' ich dich erwartet.« Und sie zog ihn mit sich fort an das noch offen stehende Fenster: »Sieh nur. Ein armes Menschenherz, soll ihm keine Sehnsucht kommen bei solchem Anblick?«

Und sie schmiegte sich an ihn und blickte, während sie die Augen schloss, mit einem Ausdruck höchsten Glückes zu ihm auf.

Dreizehntes Kapitel

Beide waren früh auf, und die Sonne kämpfte noch mit dem Morgennebel, als sie schon die Stiege herabkamen, um unten ihr Frühstück zu nehmen. Ein leiser Wind ging, eine Frühbrise, die die Schiffer nicht gern ungenutzt lassen, und so glitt denn auch, als unser junges Paar eben ins Freie trat, eine ganze Flottille von Spreekähnen an ihnen vorüber.

Flottille kleinerer Verband von Schiffen

Lene war noch in ihrem Morgenanzuge. Sie nahm Bothos Arm und schlenderte mit ihm am Ufer entlang an einer Stelle hin, die hoch in Schilf und Binsen stand. Er sah sie zärtlich an. »Lene, du siehst ja aus, wie ich dich noch gar nicht gesehen habe. Ja, wie sag' ich nur? Ich finde kein anderes Wort, du siehst so glücklich aus.«

Und so war es. Ja, sie war glücklich, ganz glücklich und sah die Welt in einem rosigen Lichte. Sie hatte den besten, den liebsten Mann am Arm und genoss eine kostbare Stunde. War das nicht genug? Und wenn diese Stunde die letzte war, nun, so war sie die letzte. War es nicht schon ein Vorzug, einen solchen Tag durchleben zu können? Und wenn auch nur einmal, ein einzig Mal.

So schwanden ihr alle Betrachtungen von Leid und Sorge, die sonst wohl, ihr selbst zum Trotz, ihre Seele bedrückten, und alles, was sie fühlte, war Stolz, Freude, Dank. Aber sie sagte nichts, sie war abergläubisch und wollte das Glück nicht bereden, und nur an einem leisen Zittern ihres Armes gewahrte Botho, wie das Wort »ich glaube, du bist glücklich, Lene« ihr das innerste Herz getroffen hatte.

artig höflich

Der Wirt kam und erkundigte sich artig, wenn auch mit einem Anfluge von Verlegenheit, nach ihrer Nachtruhe.

»Vorzüglich«, sagte Botho. »Der Melissentee, den Ihre liebe Frau verordnet, hat wahre Wunder getan, und die Mondsichel, die uns gerade ins Fenster schien, und die Nachtigallen, die leise schlugen, so leise, dass man sie nur eben noch hören konnte, ja wer wollte da nicht schlafen wie im Paradiese? Hoffentlich wird sich kein Spreedampfer mit zweihundertundvierzig Gästen für heute Nachmittag angemeldet haben. Das wäre dann freilich die Vertreibung aus dem Paradiese. Sie lächeln und denken ›wer weiß‹ und vielleicht hab' ich mit meinen Worten den Teufel schon an die Wand gemalt. Aber noch ist er nicht da, noch seh' ich keinen Schlot und keine Rauchfahne, noch ist die Spree rein, und wenn auch ganz Berlin schon unterwegs wäre, das Frühstück wenigstens können wir noch in Ruhe nehmen. Nicht wahr? Aber wo?«

»Die Herrschaften haben zu befehlen.«

»Nun, dann denk' ich unter der Ulme. Die Halle, so schön sie ist, ist doch nur gut, wenn draußen die Sonne brennt. Und sie brennt noch nicht und hat noch drüben am Walde mit dem Nebel zu tun.«

Der Wirt ging, das Frühstück anzuordnen, das junge Paar aber setzte seinen Spaziergang fort, bis nach einer diesseitigen Landzunge hin, von der aus sie die roten Dächer eines Nachbardorfes und rechts daneben den spitzen Kirchturm von Königswusterhausen erkennen konnten. Am Rande der Landzunge lag ein angetriebener Weidenstamm. Auf diesen setzten sie sich und sahen von ihm aus zwei Fischersleuten zu, Mann und Frau, die das umstehende Rohr schnitten und die großen Bündel in ihren Prahm warfen. Es war ein hübsches Bild, an dem sie sich erfreuten, und als sie nach einer Weile wieder zurück waren, wurde das Frühstück eben aufgetragen, mehr ein englisches als ein deutsches: Kaffee und Tee, samt Eiern und Fleisch und in einem silbernen Ständer sogar Schnittchen von geröstetem Weißbrot.

Königswusterhausen vgl. die Erläuterung zu ›Herrschaft Wusterhausen‹ auf Seite 212 f.

Prahm Transportboot mit geringem Tiefgang

»Ah, schau, Lene. Hier müssen wir öfter unser Frühstück nehmen. Was meinst du? Himmlisch. Und sieh nur da drüben auf der Werft, da kalfatern sie schon wieder und geht ordentlich im Takt. Wahrhaftig, solch Arbeitstaktschlag ist doch eigentlich die schönste Musik.«

geht es geht alles

Lene nickte, war aber nur halb dabei, denn ihr Interesse galt auch heute wieder dem Wassersteg, freilich nicht den angekettelten Booten, die gestern ihre Passion geweckt hatten, wohl aber einer hübschen Magd, die mitten auf dem Brettergange neben ihrem Küchen- und Kupfergeschirr kniete. Mit einer herzlichen Arbeitslust, die sich in jeder Bewegung ihrer Arme ausdrückte, scheuerte sie die Kannen, Kessel und Kasserollen, und immer, wenn sie fertig war, ließ sie das plätschernde Wasser das blank gescheuerte Stück umspülen. Dann hob sie's in die Höh', ließ es einen Augenblick in der Sonne blitzen und tat es in einen nebenstehenden Korb.

Kasserolle (frz.) flacher Topf mit Stiel zum Braten und Schmoren

Lene war wie benommen von dem Bild. »Sieh nur«, und sie wies auf die hübsche Person, die sich, so schien es, in ihrer Arbeit gar nicht genugtun konnte.

die sich … in ihrer Arbeit gar nicht genugtun konnte die … mit schier unermüdlichem Eifer bei der Sache war

»Weißt du, Botho, das ist kein Zufall, dass sie da kniet, sie kniet da für mich, und ich fühle deutlich, dass es mir ein Zeichen ist und eine Fügung.«

»Aber was ist dir nur, Lene? Du veränderst dich ja, du bist ja mit einem Male ganz blass geworden.«

»O nichts.«

»Nichts? Und hast doch einen Flimmer im Auge, wie wenn dir das Weinen näher wäre als das Lachen. Du wirst doch schon Kupfergeschirr gesehen haben und auch eine Köchin, die's blank scheuert. Es ist ja fast, als ob du das Mädchen beneidetest, dass sie da kniet und arbeitet wie für drei.«

Das Erscheinen des Wirts unterbrach hier das Gespräch, und Lene gewann ihre ruhige Haltung und bald auch ihren Frohmut wieder. Dann aber ging sie hinauf, um sich umzukleiden.

Als sie wiederkam, fand sie, dass inzwischen ein vom Wirt aufgestelltes Programm von Botho bedingungslos angenommen war: Ein Segelboot sollte das junge Paar nach dem nächsten Dorfe, dem reizend an der wendischen Spree gelegenen Nieder-Löhme bringen, von welchem Dorf aus sie den Weg bis Königswusterhausen zu Fuß machen, daselbst Park und Schloss besuchen und dann auf demselben Wege zu-

Nieder-Löhme Niederlehme, Ort südlich von Zeuthen

rückkommen wollten. Es war eine Halbtagspartie. Über den Nachmittag ließ sich dann weiter verfügen.

Lene war es zufrieden, und schon wurden ein paar Decken in das rasch instand gesetzte Boot getragen, als man vom Garten her Stimmen und herzliches Lachen hörte, was auf Besuch zu deuten und eine Störung ihrer Einsamkeit in Aussicht zu stellen schien.

»Ah, Segler und Ruderklubleute«, sagte Botho. »Gott sei Dank, dass wir ihnen entgehen, Lene. Lass uns eilen.«

Und beide brachen auf, um so rasch wie möglich ins Boot zu kommen. Aber ehe sie noch den Wassersteg erreichen konnten, sahen sie sich bereits umstellt und eingefangen. Es waren Kameraden und noch dazu die intimsten: Pitt, Serge, Balafré. Alle drei mit ihren Damen. »Ah, les beaux esprits se rencontrent«, sagte Balafré voll übermütiger Laune, die jedoch rasch einer gesetzteren Haltung wich, als er wahrnahm, dass er von der Hausschwelle her, auf der Wirt und Wirtin standen, beobachtet wurde. »Welche glückliche Begegnung an dieser Stelle. Gestatten Sie mir, Gaston, Ihnen unsere Damen vorstellen zu dürfen: Königin Isabeau, Fräulein Johanna, Fräulein Margot.«

Botho sah, welche Parole heute galt, und sich rasch hineinfindend, entgegnete er, nunmehr auch seinerseits vorstellend, mit leichter Handbewegung auf Lene: »Mademoiselle Agnes Sorel.«

Alle drei Herren verneigten sich artig, ja dem Anscheine nach sogar respektvoll, während die beiden Töchter Thibaut d'Arcs einen überaus kurzen Knicks machten und der um wenigstens fünfzehn Jahre älteren Königin Isabeau eine freundlichere Begrüßung der ihnen unbekannten und sichtlich unbequemen Agnes Sorel überließen.

Das Ganze war eine Störung, vielleicht sogar eine geplante, je mehr dies aber zutreffen mochte, desto mehr gebot es

intimsten engsten

»Ah, les beaux esprits se recontrent« → Seite 215

Königin Isabeau, Fräulein Johanna, Fräulein Margot → Seite 215

Parole Kennwort, Losung

Mademoiselle Agnes Sorel → Seite 215

Thibaut d'Arcs → Seite 216

sich, gute Miene zum bösen Spiel zu machen. Und dies gelang Botho vollkommen. Er stellte Fragen über Fragen und erfuhr bei der Gelegenheit, dass man, zu früher Stunde schon, mit einem der kleineren Spreedampfer bis Schmöckwitz und von dort aus mit einem Segelboote bis Zeuthen gefahren sei. Von Zeuthen aus habe man den Weg zu Fuß gemacht, keine zwanzig Minuten; es sei reizend gewesen: alte Bäume, Wiesen und rote Dächer.

wohlarrondierte (frz.) rundliche

promenierend spazieren gehend

Während der gesamte neue Zuzug, besonders aber die wohlarrondierte Königin Isabeau, die sich beinah mehr noch durch Sprechfähigkeit als durch Abrundung auszeichnete, diese Mitteilungen machte, hatte man, zwanglos promenierend, die Veranda erreicht, wo man an einem der langen Tische Platz nahm.

»Allerliebst«, sagte Serge. »Weit, frei und offen und doch so verschwiegen. Und die Wiese drüben wie geschaffen für eine Mondscheinpromenade.«

proponiere schlage vor

»Ja«, setzte Balafré hinzu, »Mondscheinpromenade. Hübsch, sehr hübsch. Aber wir haben erst zehn Uhr früh, macht bis zur Mondscheinpromenade runde zwölf Stunden, die doch untergebracht sein wollen. Ich proponiere Wasserkorso.«

Wasserkorso festliche Spazierfahrt in einer kleinen Kolonne von Booten

Pätscheln Rudern

Ykleis Ukelei, ein karpfenartiger Weißfisch

»Nein«, sagte Isabeau, »Wasserkorso geht nicht, davon haben wir heute schon über und über gehabt. Erst Dampfschiff, dann Boot und nun wieder Boot, das ist zu viel. Ich bin dagegen. Überhaupt, ich begreife nicht, was dies ewige Pätscheln soll; dann fehlt bloß noch, dass wir angeln oder die Ykleis mit der Hand greifen und uns über die kleinen Biester freuen. Nein, gepätschelt wird heute nicht mehr. Darum muss ich sehr bitten.«

Dezidiertheit Bestimmtheit

Die Herren, an die sich diese Worte richteten, amüsierten sich ersichtlich über die Dezidiertheit der Königinmutter und machten sofort andre Vorschläge, deren Schicksal aber dasselbe war. Isabeau verwarf alles und bat, als man schließlich ihr Gebaren halb in Scherz und halb in Ernst zu missbilligen anfing, einfach um Ruhe. »Meine Herren«, sagte sie, »Geduld. Ich bitte, mir wenigstens einen Augenblick das Wort zu gönnen.« Ironischer Beifall antwortete, denn nur *sie* hatte bis dahin gesprochen. Aber unbekümmert darum fuhr sie fort: »Meine Herren, ich bitte Sie, lehren Sie mich die Herrens kennen. Was heißt Landpartie? Landpartie heißt frühstücken und ein Jeu machen. Hab' ich recht?«

»Isabeau hat immer recht«, lachte Balafré und gab ihr einen Schlag auf die Schulter. »Wir machen ein Jeu. Der Platz hier ist kapital; ich glaube beinah, jeder muss hier gewinnen. Und die Damen promenieren derweilen oder machen vielleicht ein Vormittagsschläfchen. Das soll das Gesundeste sein, und anderthalb Stunden wird ja wohl ausreichen. Und um zwölf Uhr Reunion. Menu nach dem Ermessen unserer Königin. Ja, Königin, das Leben ist doch schön. Zwar aus Don Carlos. Aber muss denn alles aus der ›Jungfrau‹ sein?«

Das schlug ein, und die zwei Jüngeren kicherten, obwohl sie bloß das Stichwort verstanden hatten. Isabeau dagegen, die bei solcher antippenden und beständig in kleinen Anzüglichkeiten sich ergehenden Sprache groß geworden war, blieb vollkommen würdevoll und sagte, während sie sich zu den drei anderen Damen wandte: »Meine Damen, wenn ich bitten darf: Wir sind jetzt entlassen und haben zwei Stunden für uns. Übrigens nicht das Schlimmste.«

Damit erhoben sie sich und gingen auf das Haus zu, wo die Königin in die Küche trat und unter freundlichem, aber doch überlegenem Gruße nach dem Wirte fragte. Dieser war nicht zugegen, weshalb die junge Frau versprach, ihn aus dem Garten abrufen zu wollen, Isabeau aber litt es nicht, »sie werde selber gehn«, und ging auch wirklich, immer gefolgt von ihrem Drei-Damen-Cortège (Balafré sprach von Klucke

lehren Sie mich die Herrens kennen Sie brauchen mich nicht über die Gewohnheiten der Herren aufzuklären

ein Jeu (frz.) ein Spiel

Reunion (frz.) Wiedervereinigung, neuerliche Zusammenkunft

Ja, Königin, das Leben ist doch schön → Seite 216

sind jetzt entlassen werden nun vorläufig nicht mehr benötigt

litt duldete, erlaubte (vgl. auch Seite 23)

Cortège (frz.) Gefolge

mit Küken), nach dem Garten hinaus, wo sie den Wirt bei der Anlage neuer Spargelbeete traf. Unmittelbar daneben lag ein altmodisches Treibhaus, vorne ganz niedrig, mit großen schräg liegenden Fenstern, auf dessen etwas abgebröckeltes Mauerwerk sich Lene samt den Töchtern Thibaut d'Arcs setzte, während Isabeau die Verhandlungen leitete.

»Wir kommen, Herr Wirt, um wegen des Mittagsbrots mit Ihnen zu sprechen. Was können wir haben?«

»Alles, was die Herrschaften befehlen.«

»Alles? Das ist viel, beinah zu viel. Nun, dann bin ich für Aal. Aber nicht so, sondern so.« Und sie wies, während sie das sagte, von ihrem Fingerring auf das breite, dicht anliegende Armband.

»Tut mir leid, meine Damen«, erwiderte der Wirt. »Aal is nicht. Überhaupt Fisch; damit kann ich nicht dienen, der ist Ausnahme. Gestern hatten wir Schlei mit Dill, aber der war aus Berlin. Wenn ich einen Fisch haben will, muss ich ihn vom Köllnischen Fischmarkt holen.«

Köllnischen Fischmarkt → Seite 216

»Schade. Da hätten wir einen mitbringen können. Aber was dann?«

»Einen Rehrücken.«

»Hm, das lässt sich hören. Und vorher etwas Gemüse. Spargel ist schon eigentlich zu spät, oder doch beinah. Aber Sie haben da, wie ich sehe, noch junge Bohnen. Und hier in dem Mistbeet wird sich ja wohl auch noch etwas finden lassen, ein paar Gurken oder ein paar Rapunzeln. Und dann eine süße Speise. So was mit Schlagsahne. Mir persönlich liegt nicht daran, aber die Herren, die beständig so tun, als machten sie sich nichts daraus, die sind immer fürs Süße. Also drei, vier Gänge, denk' ich. Und dann Butterbrot und Käse.«

ein paar Rapunzeln einige Blätter Feldsalat

»Und bis wann befehlen die Herrschaften?«

»Nun, ich denke bald, oder doch wenigstens sobald wie möglich. Nicht wahr? Wir sind hungrig, und wenn der Rehrücken eine halbe Stunde Feuer hat, hat er genug. Also sagen wir um zwölf. Und wenn ich bitten darf, eine Bowle: ein Rheinwein, drei Mosel, drei Champagner. Aber gute Marke. Glauben Sie nicht, dass sich's vertut. Ich kenne das und schmecke heraus, ob Moët oder Mumm. Aber Sie werden schon machen; ich darf sagen, Sie flößen mir ein Vertrauen ein. Apropos, können wir nicht aus Ihrem Garten gleich in den Wald? Ich hasse jeden unnützen Schritt. Und vielleicht finden wir noch Champignons. Das wäre himmlisch. Die können dann noch an den Rehrücken, Champignons verderben nie was.«

Moët oder Mumm → Seite 216

Apropos (frz.) Übrigens, nebenbei bemerkt

Der Wirt bejahte nicht bloß die hinsichtlich des bequemeren Weges gestellte Frage, sondern begleitete die Damen auch persönlich bis an die Gartenpforte, von der aus man bis zur Waldlisière nur ein paar Schritte hatte. Bloß eine chaussierte Straße lief dazwischen. Als diese passiert war, war man drüben im Waldesschatten, und Isabeau, die stark unter der immer größer werdenden Hitze litt, pries sich glücklich, den verhältnismäßig weiten Umweg über ein baumloses Stück Grasland vermieden zu haben. Sie machte den eleganten, aber mit einem großen Fettfleck ausstaffierten Sonnenschirm zu, hing ihn an ihren Gürtel und nahm Lenens Arm, während die beiden andern Damen folgten. Isabeau war augenscheinlich in bester Stimmung und sagte, sich umwendend, zu Margot und Johanna: »Wir müssen aber doch ein Ziel haben. So bloß Wald und wieder Wald is eigentlich schrecklich. Was meinen Sie, Johanna?«

Waldlisière (frz.) Waldrand

chaussierte mit einer festen Fahrbahndecke versehene

Johanna war die Größere von den beiden d'Arcs, sehr hübsch, etwas blass und mit raffinierter Einfachheit gekleidet. Serge hielt darauf. Ihre Handschuh' saßen wundervoll, und man hätte sie für eine Dame halten können, wenn sie nicht, während Isabeau mit dem Wirte sprach, den einen Handschuhknopf, der aufgesprungen war, mit den Zähnen wieder zugeknöpft hätte.

hielt darauf legte darauf Wert

»Was meinen Sie, Johanna?«, wiederholte die Königin ihre Frage.

»Nun dann schlag' ich vor, dass wir nach dem Dorfe zurückgehn, von dem wir gekommen sind. Es hieß ja wohl Zeuthen und sah so romantisch und so melancholisch aus, und war ein so hübscher Weg hierher. Und zurück muss er eigentlich ebenso hübsch sein oder vielleicht noch hübscher. Und an der rechten, das heißt also von hier aus an der linken Seite, war ein Kirchhof mit lauter Kreuzer drauf. Und ein sehr großes von Marmohr.«

Kreuzer Kreuzen

»Ja, liebe Johanna, das ist alles ganz gut, aber was sollen wir damit? Wir haben ja den Weg gesehen. Oder wollen Sie den Kirchhof . . .«

»Freilich will ich. Ich habe da so meine Gefühle, besonders an solchem Tage wie heute. Und es ist immer gut, sich zu erinnern, dass man sterben muss. Und wenn dann der Flieder so blüht . . .«

»Aber, Johanna, der Flieder blüht ja gar nicht mehr, höchstens noch der Goldregen, und der hat eigentlich auch schon Schoten. Du meine Güte, wenn Sie so partout für Kirchhöfe sind, so können Sie sich ja den in der Oranienstraße jeden Tag ansehen. Aber ich weiß schon, mit Ihnen ist nicht zu reden. Zeuthen und Kirchhof, alles Unsinn. Da bleiben wir doch lieber hier und sehen gar nichts. Kommen Sie, Kleine, geben Sie mir Ihren Arm wieder.«

Goldregen Zierstrauch oder Baum mit langen, hängenden, goldgelben Blütentrauben

Schote längliche Kapselfrucht

partout (frz.) durchaus, unbedingt

den in der Oranienstraße → Seite 216

Die Kleine, die durchaus nicht klein war, war Lene. Sie gehorchte. Die Königin aber fuhr jetzt, indem sie wieder voraufging, in vertraulichem Tone fort: »Ach, diese Johanna, man kann eigentlich nicht mit ihr umgehn; sie hat keinen guten Ruf und is eine Gans. Ach, Kind, Sie glauben gar nicht, was jetzt alles so mitläuft; nu ja, sie hat 'ne hübsche Figur und hält auf ihre Handschuh. Aber sie sollte lieber auf was andres halten. Und sehen Sie, die, die so sind, die reden immer von sterben und Kirchhof. Und nun sollen Sie sie nachher sehn! Solang es so geht, geht es. Aber wenn dann die Bowle kommt und wieder leer is und wieder kommt, dann quietscht und johlt sie. Keine Idee von Anstand. Aber wo soll es auch herkommen? Sie war immer bloß bei kleinen Leuten, draußen auf der Chaussee nach Tegel, wo kein Mensch recht hinkommt und bloß mal Artillerie vorbeifährt. Und Artillerie . . . Nu ja . . . Sie glauben gar nich, wie verschieden das alles ist. Und nun hat sie der Serge da rausgenommen und will was aus ihr machen. Ja, du meine Güte, so geht das nicht, oder wenigstens nicht so flink; gut Ding will Weile haben. Aber da sind ja noch Erdbeeren. Ei, das ist nett. Kommen Sie, Kleine, wir wollen welche pflücken (wenn nur das verdammte Bücken nicht wär'), und wenn wir eine recht große finden, dann wollen wir sie mitnehmen. Die steck' ich ihm dann in den Mund, und dann freut er sich. Denn Sie müssen wissen, er ist ein Mann wie'n Kind und eigentlich der Beste.«

Chaussee nach Tegel ... Artillerie → Seite 216

Lene, die wohl merkte, dass es sich um Balafré handelte, tat ein paar Fragen und frug unter anderm auch wieder, warum die Herren eigentlich die sonderbaren Namen hätten? Sie habe schon früher danach gefragt, aber nie was gehört, was der Rede wert gewesen wäre.

frug fragte

»Jott«, sagte die Königin, »es soll so was sein und soll keiner was merken und is doch alles bloß Ziererei. Denn erstens kümmert sich keiner drum, und wenn sich einer drum kümmert, is es auch noch so. Und warum auch? Wen soll es denn schaden? Sie haben sich alle nichts vorzuwerfen, und einer ist wie der andre.«

Lene sah vor sich hin und schwieg.

»Und eigentlich, Kind, und Sie werden das auch noch sehn, eigentlich is es alles bloß langweilig. Eine Weile geht es, und ich will nichts dagegen sagen und will's auch nicht abschwören. Aber die Länge hat die Last. So von fuffzehn an und noch nich mal eingesegnet. Wahrhaftig, je bälder man wieder raus ist, desto besser. Ich kaufe mir denn (denn das Geld krieg' ich) 'ne Dest'lation und weiß auch schon wo, und denn heirat' ich mir einen Wittmann und weiß auch schon wen. Und er will auch. Denn das muss ich Ihnen sagen, ich bin für Ordnung und Anständigkeit, und die Kinder or'ntlich erziehn, und ob es seine sind oder meine, is janz egal ... Und wie is es denn eigentlich mit Ihnen?«

Dest'lation Destillation; hier: Schnapsschenke

Wittmann Wittwer

Lene sagte kein Wort.

»Jott, Kind, Sie verfärben sich ja; Sie sind woll am Ende mit *hier* dabei« (und sie wies aufs Herz) »und tun alles aus Liebe? Ja, Kind, *denn* is es schlimm, denn gibt es 'nen Kladderadatsch.«

Kladderadatsch → Seite 216

Johanna folgte mit Margot. Sie blieben absichtlich etwas zurück und brachen sich Birkenreiser ab, wie wenn sie vorhätten, einen Kranz daraus zu flechten. »Wie gefällt sie dir denn?«, sagte Margot. »Ich meine die von Gaston.«

Birkenreiser kleine, dünne Birkenzweige

»Gefallen? gar nich. Das fehlt auch noch, dass solche mitspielen und in Mode kommen! Sieh doch nur, wie ihr die Handschuh' sitzen. Und mit dem Hut is auch nicht viel. Er dürfte sie gar nicht so gehn lassen. Und sie muss auch dumm sein, sie spricht ja kein Wort.«

»Nein«, sagte Margot, »dumm ist sie nicht; sie hat's bloß noch nich weg. Und dass sie sich gleich an die gute Dicke ranmacht, das is doch auch klug genug.«

»Ach, die gute Dicke. Geh mir mit *der*. Die denkt, sie is es. Aber es is gar nichts mit ihr. Ich will ihr sonst nichts nachsagen, aber falsch ist sie, falsch wie Galgenholz.«

»Nein, Johanna, falsch is sie nu grade nich. Und sie hat dir auch öfter aus der Patsche geholfen. Du weißt schon, was ich meine.«

»Gott, warum? Weil sie selber mit drinsaß, und weil sie sich ewig ziert und wichtig tut. Wer so dick ist, ist nie gut.«

»Jott, Johanna, was du nur redst. Umgekehrt is es, die Dicken sind immer gut.«

»Na meinetwegen. Aber das kannst du nicht bestreiten, dass sie 'ne lächerliche Figur macht. Sieh doch nur, wie sie dahinwatschelt; wie 'ne Fettente. Und immer bis oben ran zu, bloß weil sie sich sonst vor anständigen Leuten gar nicht sehen lassen kann. Und, Margot, das lass ich mir nicht nehmen, ein bisschen schlanke Figur ist doch die Hauptsache. Wir sind doch noch keine Türken. Und warum wollte sie nicht mit auf den Kirchhof? Weil sie sich jrault? I bewahre, sie denkt nich dran, bloß weil sie sich wieder eingeknallt hat und es vor Hitze nicht aushalten kann. Und is eigentlich nich mal so furchtbar heiß heute.«

jrault graut

sich … eingeknallt hat umgangssprachlich für: das Mieder zu fest geschnürt hat (sodass die Körperformen ›knallig‹ in Erscheinung treten)

So gingen die Gespräche, bis sich die beiden Paare schließlich wieder vereinigten und auf einen mit Moos bewachsenen Grabenrand setzten.

Isabeau sah öfter nach der Uhr; der Zeiger wollte nicht recht vom Fleck.

Als es aber halb zwölf war, sagte sie: »Nun, meine Damen, ist es Zeit; ich denke, wir haben jetzt gerade genug Natur gehabt und können mit Fug und Recht zu was andrem übergehen. Seit heute früh um sieben eigentlich keinen Bissen. Denn die Grünauer Schinkenstulle kann ich doch nicht rechnen ... Aber Gott sei Dank, alles Entsagen, sagt Balafré, hat seinen Lohn in sich und Hunger ist der beste Koch. Kommen Sie, meine Damen, der Rehrücken fängt an, wichtiger zu werden als alles andre. Nicht wahr, Johanna?«

Diese gefiel sich in einem Achselzucken und suchte die Zumutung, als ob Dinge wie Rehrücken und Bowle je Gewicht für sie haben könnten, entschieden abzulehnen.

Isabeau aber lachte. »Nun, wir werden ja sehn, Johanna. Freilich, der Zeuthner Kirchhof wäre besser gewesen. Aber man muss nehmen, was man hat.«

Und damit brachen allesamt auf, um aus dem Wald in den Garten und aus diesem, drin sich ein paar Zitronenvögel eben haschten, bis in die Front des Hauses, wo gegessen werden sollte, zurückzukehren.

Zitronenvögel Zitronenfalter (gelbe Schmetterlinge)

Im Vorübergehen an der Gaststube sah Isabeau den mit dem Umstülpen einer Moselweinflasche beschäftigten Wirt.

»Schade«, sagte sie, »dass ich grade *das* sehen musste. Das Schicksal hätte mir auch einen besseren Anblick gönnen können. Warum gerade Mosel?«

Vierzehntes Kapitel

Eine rechte Heiterkeit hatte nach diesem Spaziergange trotz aller von Isabeau gemachten Anstrengungen nicht mehr aufkommen wollen, was aber, wenigstens für Botho und Lene, das Schlimmere war, war das, dass diese Heiterkeit auch ausblieb, als sich beide von den Kameraden und ihren Damen verabschiedet und ganz allein, in einem nur von ihnen besetzten Kupee, die Rückfahrt angetreten hatten. Eine Stunde später waren sie, ziemlich herabgestimmt, auf dem trübselig erleuchteten Görlitzer Bahnhof eingetroffen, und hier, beim Aussteigen, hatte Lene sofort und mit einer Art Dringlichkeit gebeten, sie den Weg durch die Stadt hin allein machen zu lassen, »sie seien ermüdet und abgespannt, und das tue nicht gut«, Botho aber war von dem, was er als schuldige Rücksicht und Kavalierspflicht ansah, nicht abzubringen gewesen, und so hatten sie denn in einer klapprigen alten Droschke die lange, lange Fahrt am Kanal hin ge-

Droschke Mietkutsche

meinschaftlich gemacht, immer bemüht, ein Gespräch über die Partie, und wie »hübsch sie gewesen sei«, zustande zu bringen – eine schreckliche Zwangsunterhaltung, bei der Botho nur zu sehr gefühlt hatte, wie richtig Lenens Empfindung gewesen war, als sie von dieser Begleitung in beinahe beschwörendem Tone nichts hatte wissen wollen. Ja, der Ausflug nach Hankels Ablage, von dem man sich so viel versprochen und der auch wirklich so schön und glücklich begonnen hatte, war in seinem Ausgange nichts als eine Mischung von Verstimmung, Müdigkeit und Abspannung gewesen, und nur im letzten Augenblick, wo Botho liebevoll freundlich und mit einem gewissen Schuldbewusstsein sein »Gute Nacht, Lene« gesagt hatte, war diese noch einmal auf ihn zugeeilt und hatte, seine Hand ergreifend, ihn mit beinah leidenschaftlichem Ungestüm geküsst: »Ach, Botho, es war heute nicht so, wie's hätte sein sollen, und doch war niemand schuld . . . Auch die andern nicht.«

»Lass es, Lene.«

»Nein, nein. Es war niemand schuld, dabei bleibt es, daran ist nichts zu ändern. Aber dass es so ist, das ist eben das Schlimme daran. Wenn wer Schuld hat, dann bittet man um Verzeihung, und dann ist es wieder gut. Aber das nutzt uns nichts. Und es ist auch nichts zu verzeihn.«

»Lene . . .«

»Du musst noch einen Augenblick hören. Ach, mein einziger Botho, du willst es mir verbergen, aber es geht zu End'. Und rasch, ich weiß es.«

»Wie du nur sprichst.«

»Ich hab' es freilich nur geträumt«, fuhr Lene fort. »Aber warum hab' ich es geträumt? weil es mir den ganzen Tag vor der Seele steht. Mein Traum war nur, was mir mein Herz eingab. Und was ich dir noch sagen wollte, Botho, und warum ich dir die paar Schritte nachgelaufen bin: Es bleibt doch

weil es mir den ganzen Tag vor der Seele steht. weil es mich unablässig beschäftigt.

bei dem, was ich dir gestern Abend sagte. Dass ich diesen Sommer leben konnte, war mir ein Glück und bleibt mir ein Glück, auch wenn ich von heut' ab unglücklich werde.«

»Lene, Lene, sprich nicht so . . .«

»Du fühlst selbst, dass ich Recht habe; dein gutes Herz sträubt sich nur, es zuzugestehen, und will es nicht wahrhaben. Aber ich weiß es: gestern, als wir über die Wiese gingen und plauderten und ich dir den Strauß pflückte, das war unser letztes Glück und unsere letzte schöne Stunde.«

Mit diesem Gespräche hatte der Tag geschlossen, und nun war der andre Morgen, und die Sommersonne schien hell in Bothos Zimmer. Beide Fenster standen auf, und in den Kastanien draußen quirilierten die Spatzen. Botho selbst, aus einem Meerschaum rauchend, lag zurückgelehnt in seinem Schaukelstuhl und schlug dann und wann mit einem neben ihm liegenden Taschentuche nach einem großen Brummer, der, wenn er zu dem einen Fenster hinaus war, sofort wieder an dem andern erschien, um Botho hartnäckig und unerbittlich zu umsummen.

quirilierten trällerten, zwitscherten

Meerschaum aus weichem Mineral geschnittene Pfeife

»Dass ich diese Bestie doch los wäre. Quälen, martern möcht' ich sie. Diese Brummer sind allemal Unglücksboten und so hämisch zudringlich, als freuten sie sich über den Ärger, dessen Herold und Verkündiger sie sind.« In diesem Augenblicke schlug er wieder danach. »Wieder fort. Es hilft nichts. Also Resignation. Ergebung ist überhaupt das Beste. Die Türken sind die klügsten Leute.«

Resignation Ergebung ins Unvermeidliche

Das Zuschlagen der kleinen Gittertür draußen ließ ihn während dieses Selbstgesprächs auf den Vorgarten blicken und dabei des eben eingetretenen Briefträgers gewahr werden, der ihm gleich danach unter leichtem militärischen Gruß und mit einem »Guten Morgen, Herr Baron« erst eine Zeitung und dann einen Brief in das nicht allzu hohe Parterrefenster hineinreichte. Botho warf die Zeitung beiseite, zugleich den Brief betrachtend, auf dem er die kleine, dicht stehende, trotzdem aber sehr deutliche Handschrift seiner Mutter unschwer erkannt hatte. »Dacht' ich's doch . . . Ich weiß schon, eh ich gelesen. Arme Lene.«

Und nun brach er den Brief auf und las:

»*Schloss Zehden.* 29. Juni 1875. Mein lieber Botho. Was ich Dir als Befürchtung in meinem letzten Briefe mitteilte, das hat sich nun erfüllt: Rothmüller in Arnswalde hat sein Kapital zum 1. Oktober gekündigt und nur ›aus alter Freundschaft‹ hinzugefügt, dass er bis Neujahr warten wolle, wenn es mir eine Verlegenheit schaffe. ›Denn er wisse wohl, was er dem Andenken des seligen Herrn Barons schuldig sei.‹ Diese Hinzufügung, so gut sie gemeint sein mag, ist doch doppelt empfindlich für mich; es mischt sich so viel prätentiöse Rücksichtnahme mit ein, die niemals angenehm berührt, am wenigsten von solcher Seite her. Du begreifst vielleicht die Verstimmung und Sorge, die mir diese Zeilen geschaffen haben. Onkel Kurt Anton würde helfen, wie schon bei früherer Gelegenheit, er liebt mich und vor allem *Dich*, aber seine Geneigtheit immer wieder in Anspruch zu nehmen hat doch etwas Bedrückliches und hat es umso mehr, als er unsrer ganzen Familie, speziell aber uns beiden, die Schuld an unsren ewigen Verlegenheiten zuschiebt. Ich bin ihm, trotz meines redlichen mich Kümmerns um die Wirtschaft, nicht wirtschaftlich und anspruchslos genug, worin er recht haben mag, und *Du* bist ihm nicht praktisch und lebensklug genug, worin er wohl ebenfalls das Richtige treffen wird. Ja, Botho, so liegt es. Mein Bruder ist ein Mann von einem sehr feinen Rechts- und Billigkeitsgefühl und von einer in Geldangelegenheiten geradezu hervorragenden Gentilezza, was man nur von wenigen unsrer Edelleute sagen kann. Denn unsre gute Mark Brandenburg ist die Sparsamkeits- und, wo geholfen werden soll, sogar die Ängstlich-

29. Juni → Seite 216

Arnswalde Kreisstadt im Norden Brandenburgs

Kapital geliehene Geldsumme

empfindlich unangenehm

prätentiöse betonte

Wirtschaft Hauswirtschaft, die finanziellen Verhältnisse des Gutsbetriebs

wirtschaftlich sparsam, umsichtig in Gelddingen

Gentilezza (ital.) Großmut, Feingefühl, Freundlichkeit

keitsprovinz, aber so gentil er ist, er hat seine Launen und Eigenwilligkeiten, und sich in diesen beharrlich gekreuzt zu sehen, hat ihn seit einiger Zeit aufs Ernsthafteste verstimmt. Er sagte mir, als ich letzthin Veranlassung nahm, der uns abermals drohenden Kapitalskündigung zu gedenken: ›Ich stehe gern zu Diensten, Schwester, wie du weißt, aber ich bekenne dir offen, immer da helfen zu sollen, wo man sich in jedem Augenblicke selber helfen könnte, wenn man nur etwas einsichtiger und etwas weniger eigensinnig wäre, das erhebt starke Zumutungen an *die* Seite meines Charakters, die nie meine hervorragendste war: an meine Nachgiebigkeit . . .‹ Du weißt, Botho, worauf sich diese seine Worte beziehen, und ich lege sie heute *Dir* ans Herz, wie sie damals, von Onkel Kurt Antons Seite, *mir* ans Herz gelegt wurden. Es gibt nichts, was Du, Deinen Worten und Briefen nach zu schließen, mehr perhorreszierst als Sentimentalitäten, und doch fürcht' ich, steckst Du selber drin, und zwar tiefer, als Du zugeben willst oder vielleicht weißt. Ich sage nicht mehr.«

perhorreszierst verabscheust

Sentimentalitäten Rührseligkeiten, nach außen gekehrte Gefühlsanwandlungen

Rienäcker legte den Brief aus der Hand und schritt im Zimmer auf und ab, während er den Meerschaum halb mechanisch mit einer Zigarette vertauschte. Dann nahm er den Brief wieder und las weiter. »Ja, Botho, Du hast unser aller Zukunft in der Hand und hast zu bestimmen, ob dies Gefühl einer beständigen Abhängigkeit fortdauern oder aufhören soll. Du hast es in der Hand, sag' ich, aber, wie ich freilich hinzufügen muss, nur kurze Zeit noch, jedenfalls nicht auf lange mehr. Auch darüber hat Onkel Kurt Anton mit mir gesprochen, namentlich im Hinblick auf die Sellenthiner Mama, die sich, bei seiner letzten Anwesenheit in Rothenmoor, in dieser sie lebhaft beschäftigenden Sache nicht nur mit großer Entschiedenheit, sondern auch mit einem Anflug von Gereiztheit ausgesprochen hat. Ob das Haus Rienäcker vielleicht glaube, dass ein immer kleiner werdender Besitz, nach Art der Sibyllinischen Bücher (wo sie den Vergleich her hat, weiß ich nicht), immer wertvoller würde? Käthe werde nun zweiundzwanzig, habe den Ton der großen Welt und verfüge mit Hilfe der von ihrer Tante Kielmannsegge herstammenden Erbschaft über ein Vermögen, dessen Zinsbetrag hinter dem Kapitalsbetrag der Rienäckerschen Heide samt Muränensee nicht sehr erheblich zurückbleiben werde. Solche junge Dame lasse man überhaupt nicht warten, am wenigsten aber mit so viel Beharrlichkeit und Seelenruhe. Wenn es Herrn von Rienäcker beliebe, das, was früher darüber vonseiten der Familie geplant und gesprochen sei, fallen zu lassen und stattgehabte Verabredungen als bloßes Kinderspiel anzusehn, so habe sie nichts dagegen. Herr von Rienäcker *sei* frei von dem Augenblick an, wo er frei sein wolle. Wenn er aber umgekehrt vorhabe, von dieser unbedingten Rückzugsfreiheit nicht Gebrauch machen zu wollen, so sei es an der Zeit, auch das zu zeigen. Sie wünsche nicht, dass ihre Tochter in das Gerede der Leute komme.

nach Art der Sibyllinischen Bücher
→ Seite 216

Du wirst dem Tone, der hieraus spricht, unschwer entnehmen, dass es durchaus nötig ist, Entschlüsse zu fassen und zu handeln. Was ich wünsche, weißt Du. Meine Wünsche sollen aber nicht verbindlich für Dich sein. Handle, wie Dir eigene Klugheit es eingibt, entscheide Dich so oder so, nur handle überhaupt. Ein Rückzug ist ehrenvoller als fernere Hinausschiebung. Säumst Du länger, so verlieren wir nicht nur die Braut, sondern das Sellenthiner Haus überhaupt und, was noch schlimmer, ja das Schlimmste ist, auch die freundlichen und immer hilfebereiten Gesinnungen des Onkels. Meine Gedanken begleiten Dich, möchten sie Dich auch leiten können. Ich wiederhole Dir, es wäre der Weg zu Deinem und unser aller Glück. Womit ich verbleibe Deine Dich liebende Mutter Josephine von R.«

Botho, als er gelesen, war in großer Erregung. Es war so, wie der Brief es aussprach, und ein Hinausschieben nicht länger möglich. Es stand nicht gut mit dem Rienäckerschen Vermögen, und Verlegenheiten waren da, die durch eigne Klugheit und Energie zu heben er durchaus nicht die Kraft in sich fühlte. »Wer bin ich? Durchschnittsmensch aus der sogenannten Obersphäre der Gesellschaft. Und was kann ich? Ich kann ein Pferd stallmeistern, einen Kapaun tranchieren und ein Jeu machen. Das ist alles, und so hab' ich denn die Wahl zwischen Kunstreiter, Oberkellner und Croupier. Höchstens kommt noch der Troupier hinzu, wenn ich in eine Fremdenlegion eintreten will. Und Lene dann mit mir als Tochter des Regiments. Ich sehe sie schon in kurzem Rock und Hackenstiefeln und ein Tönnchen auf dem Rücken.«

In diesem Tone sprach er weiter und gefiel sich darin, sich bittre Dinge zu sagen. Endlich aber zog er die Klingel und beorderte sein Pferd, weil er ausreiten wolle. Und nicht lange, so hielt seine prächtige Fuchsstute draußen, ein Geschenk des Onkels, zugleich der Neid der Kameraden. Er hob sich in den Sattel, gab dem Burschen einige Weisungen und ritt auf die Moabiter Brücke zu, nach deren Passierung er in einen breiten, über Fenn und Feld in die Jungfernheide hinüberführenden Weg einlenkte. Hier ließ er sein Pferd aus dem Trab in den Schritt fallen und nahm sich, während er bis dahin allerhand unklaren Gedanken nachgehangen hatte, mit jedem Augenblicke fester und schärfer ins Verhör. »Was ist es denn, was mich hindert, den Schritt zu tun, den alle Welt erwartet? Will ich Lene heiraten? Nein. Hab' ich's ihr versprochen? Nein. Erwartet sie's? Nein. Oder wird uns die Trennung leichter, wenn ich sie hinausschiebe? Nein. Immer nein und wieder nein. Und doch säume und schwanke ich, *das* eine zu tun, was durchaus getan werden muss.

stallmeistern zureiten

Kapaun kastrierten, gemästeten Hahn

tranchieren (frz.) kunstgerecht zerlegen

ein Jeu machen ein Spiel organisieren

Croupier Spielbankangestellter, der Einsätze einzieht, Gewinne auszahlt und den Ablauf des Spiels überwacht

Troupier Offizier mit langer praktischer Erfahrung im Truppendienst

Fremdenlegion → Seite 217

Tochter des Regiments → Seite 217

zog er die Klingel betätigte er den Klingelzug (elektrische Klingeln zum Drücken kamen erst später in Gebrauch)

Moabiter Brücke → Seite 217

Fenn (niederdt.) Moorland

Jungfernheide → Seite 217

Und weshalb säume ich? Woher diese Schwankungen und Vertagungen? Törichte Frage. Weil ich sie liebe.«

Kanonenschüsse, die vom Tegler Schießplatz herüberklangen, unterbrachen hier sein Selbstgespräch, und erst als er das momentan unruhig gewordene Pferd wieder beruhigt hatte, nahm er den früheren Gedankengang wieder auf und wiederholte: »Weil ich sie liebe! Ja. Und warum soll ich mich dieser Neigung schämen? Das Gefühl ist souverän, und die Tatsache, dass man liebt, ist auch das Recht dazu, möge die Welt noch so sehr den Kopf darüber schütteln oder von Rätsel sprechen. Übrigens ist es kein Rätsel, und wenn doch, so kann ich es lösen. Jeder Mensch ist seiner Natur nach auf bestimmte, mitunter sehr, sehr kleine Dinge gestellt, Dinge, die, trotzdem sie klein sind, für ihn das Leben oder doch des Lebens Bestes bedeuten. Und dies Beste heißt mir Einfachheit, Wahrheit, Natürlichkeit. Das alles hat Lene, damit hat sie mir's angetan, da liegt der Zauber, aus dem mich zu lösen mir jetzt so schwerfällt.«

In diesem Augenblicke stutzte sein Pferd, und er wurde eines aus einem Wiesenstreifen aufgescheuchten Hasen gewahr, der dicht vor ihm auf die Jungfernheide zujagte. Neugierig sah er ihm nach und nahm seine Betrachtungen erst wieder auf, als der Flüchtige zwischen den Stämmen der Heide verschwunden war. »Und war es denn«, fuhr er fort, »etwas so Törichtes und Unmögliches, was ich wollte? Nein. Es liegt nicht in mir, die Welt herauszufordern und ihr und ihren Vorurteilen öffentlich den Krieg zu erklären; ich bin durchaus gegen solche Donquichotterien. Alles, was ich wollte, war ein verschwiegenes Glück, ein Glück, für das ich früher oder später, um des ihr ersparten Affronts willen, die stille Gutheißung der Gesellschaft erwartete. So war mein Traum, so gingen meine Hoffnungen und Gedanken. Und nun soll ich heraus aus diesem Glück und soll ein and-

Tegler Schießplatz → Seite 217

momentan vorübergehend

souverän uneingeschränkt herrschend

stutzte scheute

Donquichotterien → Seite 217

Affront hier: Provokation, Herausforderung

res eintauschen, das mir keins ist. Ich hab' eine Gleichgiltigkeit gegen den Salon und einen Widerwillen gegen alles Unwahre, Geschraubte, Zurechtgemachte. Chic, Tournure, Savoir-faire – mir alles ebenso hässliche wie fremde Wörter.«

Hier bog das Pferd, das er schon seit einer Viertelstunde kaum noch im Zügel hatte, wie von selbst in einen Seitenweg ein, der zunächst auf ein Stück Ackerland und gleich dahinter auf einen von Unterholz und ein paar Eichen eingefassten Grasplatz führte. Hier, im Schatten eines der älteren Bäume, stand ein kurzes, gedrungenes Steinkreuz, und als er näher heranritt, um zu sehen, was es mit diesem Kreuz eigentlich sei, las er: »*Ludwig v. Hinckeldey*, gest. 10. März 1856.« Wie das ihn traf! Er wusste, dass das Kreuz hier herum stehe, war aber nie bis an diese Stelle gekommen und sah es nun als ein Zeichen an, dass das seinem eigenen Willen überlassene Pferd ihn gerade hierher geführt hatte.

Hinckeldey! Das war nun an die zwanzig Jahr, dass der damals Allmächtige zu Tode kam, und alles, was bei der Nachricht davon in seinem Elternhause gesprochen worden war, das stand jetzt wieder lebhaft vor seiner Seele. Vor allem *eine* Geschichte kam ihm wieder in Erinnerung. Einer der bürgerlichen, seinem Chef besonders vertrauten Räte übrigens hatte gewarnt und abgemahnt und das Duell überhaupt, und nun gar ein solches und unter solchen Umständen, als einen Unsinn und ein Verbrechen bezeichnet. Aber der sich bei *dieser* Gelegenheit plötzlich auf den Edelmann hin ausspielende Vorgesetzte hatte brüsk und hochmütig geantwortet: »Nörner, davon verstehen Sie nichts.« Und eine Stunde später war er in den Tod gegangen. Und warum? Einer Adelsvorstellung, einer Standesmarotte zuliebe, die mächtiger war als alle Vernunft, auch mächtiger als das Gesetz, dessen Hüter und Schützer zu sein er recht eigentlich

Salon ›Salon‹ steht hier für: geselliges Leben in den sogenannten besseren und gebildeten Kreisen

Geschraubte Hochgestochene

Chic (frz.) Eleganz

Tournure (frz.) gewandtes Benehmen

Savoir-faire (frz.) weltmännisches Auftreten, Geschicklichkeit (auch in Geschäften)

Ludwig v. Hinckeldey → Seite 217

Rat → Seite 218

sich … auf den Edelmann hin ausspielende seine adlige Gesinnung hervorzukehren bemühte

Nörner → Seite 218

Standesmarotte verschrobene Eigenart einer gesellschaftlichen Klasse, Standesdünkel

die mächtiger war als alle Vernunft → Seite 218

die Pflicht hatte. »Lehrreich.« Und was habe ich speziell daraus zu lernen? Was predigt dieses Denkmal *mir*? Jedenfalls das eine, dass das Herkommen unser Tun bestimmt. Wer ihm gehorcht, kann zugrunde gehn, aber er geht besser zugrunde als der, der ihm widerspricht.«

Während er noch so sann, warf er sein Pferd herum und ritt querfeldein auf ein großes Etablissement, ein Walzwerk oder eine Maschinenwerkstatt, zu, draus, aus zahlreichen Essen, Qualm und Feuersäulen in die Luft stiegen. Es war Mittag, und ein Teil der Arbeiter saß draußen im Schatten, um die Mahlzeit einzunehmen. Die Frauen, die das Essen gebracht hatten, standen plaudernd daneben, einige mit einem Säugling auf dem Arm, und lachten sich untereinander an, wenn ein schelmisches oder anzügliches Wort gesprochen wurde. Rienäcker, der sich den Sinn für das Natürliche mit nur zu gutem Rechte zugeschrieben, war entzückt von dem Bilde, das sich ihm bot, und mit einem Anfluge von Neid sah er auf die Gruppe glücklicher Menschen. »Arbeit und täglich Brot und Ordnung. Wenn unsre märkischen Leute sich verheiraten, so reden sie nicht von Leidenschaft und Liebe, sie sagen nur: ›Ich muss doch meine Ordnung haben.‹ Und das ist ein schöner Zug im Leben unsres Volks und nicht einmal prosaisch. Denn Ordnung ist viel und mitunter alles. Und nun frag' ich mich, war *mein* Leben in der ›Ordnung‹? Nein. Ordnung ist Ehe.« So sprach er noch eine Weile vor sich hin, und dann sah er wieder Lene vor sich stehn, aber in ihrem Auge lag nichts von Vorwurf und Anklage, sondern es war umgekehrt, als ob sie freundlich zustimme.

»Ja, meine liebe Lene, du bist auch für Arbeit und Ordnung und siehst es ein und machst es mir nicht schwer ... aber schwer ist es doch ... für dich und mich.«

Er setzte sein Pferd wieder in Trab und hielt sich noch eine Strecke hart an der Spree hin. Dann aber bog er, an den in

dass das Herkommen unser Tun bestimmt → Seite 218

ein großes Etablissement → Seite 219

Walzwerk Betrieb zur Metallverarbeitung

Essen (ostmitteldeutsch) Schornsteinen, Fabrikschloten

anzügliches zweideutiges, anstößiges

prosaisch nüchtern, trocken, alltäglich

Mittagsstille daliegenden Zelten vorüber, in einen Reitweg ein, der ihn bis an den Wrangelbrunnen und gleich danach bis vor seine Tür führte.

an den … Zelten vorüber → Seite 219

Wrangelbrunnen → Seite 219

Fünfzehntes Kapitel

Botho wollte sofort zu Lene hinaus, und als er fühlte, dass er dazu keine Kraft habe, wollt' er wenigstens schreiben. Aber auch das ging nicht. »Ich kann es nicht, heute nicht.« Und so ließ er den Tag vergehen und wartete bis zum andern Morgen. Da schrieb er denn in aller Kürze.

»Liebe Lene! Nun kommt es doch so, wie Du mir vorgestern gesagt: Abschied. Und Abschied auf immer. Ich hatte Briefe von Haus, die mich zwingen; es muss sein, und weil es sein muss, so sei es schnell . . . Ach, ich wollte, diese Tage lägen hinter uns. Ich sage Dir weiter nichts, auch nicht, wie mir ums Herz ist . . . Es war eine kurze schöne Zeit, und ich werde nichts davon vergessen. Gegen neun bin ich bei Dir, nicht früher, denn es darf nicht lange dauern. Auf Wiedersehen, nur noch einmal auf Wiedersehn. Dein B. v. R.«

von Haus von daheim

Und nun kam er. Lene stand am Gitter und empfing ihn wie sonst; nicht der kleinste Zug von Vorwurf oder auch nur von schmerzlicher Entsagung lag in ihrem Gesicht. Sie nahm seinen Arm, und so gingen sie den Vorgartensteig hinauf.

»Es ist recht, dass du kommst . . . Ich freue mich, dass du da bist. Und du musst dich auch freuen.«

Unter diesen Worten hatten sie das Haus erreicht, und Botho machte Miene, wie gewöhnlich vom Flur her in das große Vorderzimmer einzutreten. Aber Lene zog ihn weiter fort und sagte: »Nein, Frau Dörr ist drin . . .«

»Und ist uns noch bös?«

»Das nicht. Ich habe sie beruhigt. Aber was sollen wir heut' mit ihr? Komm, es ist ein so schöner Abend, und wir wollen allein sein.«

Er war einverstanden, und so gingen sie denn den Flur hinunter und über den Hof auf den Garten zu. Sultan regte sich nicht und blinzelte nur beiden nach, als sie den großen Mittelsteig hinauf und dann auf die zwischen den Himbeerbüschen stehende Bank zuschritten.

Als sie hier ankamen, setzten sie sich. Es war still, nur vom Felde her hörte man ein Gezirp, und der Mond stand über ihnen.

Sie lehnte sich an ihn und sagte ruhig und herzlich: »Und das ist nun also das letzte Mal, dass ich deine Hand in meiner halte?«

»Ja, Lene. Kannst du mir verzeihn?«

»Wie du nur immer frägst. Was soll ich dir verzeihn?«

»Dass ich deinem Herzen wehe tue.«

»Ja, weh tut es. Das ist wahr.«

Und nun schwieg sie wieder und sah hinauf auf die blass am Himmel heraufziehenden Sterne.

»Woran denkst du, Lene?«

»Wie schön es wäre, dort oben zu sein.«

»Sprich nicht so. Du darfst dir das Leben nicht wegwünschen; von solchem Wunsch ist nur noch ein Schritt ...«

Sie lächelte. »Nein, das nicht. Ich bin nicht wie das Mädchen, das an den Ziehbrunnen lief und sich hineinstürzte, weil ihr Liebhaber mit einer andern tanzte. Weißt du noch, wie du mir davon erzähltest?«

das Mädchen, das an den Ziehbrunnen lief
→ Seite 219

»Aber, was soll es dann? Du bist doch nicht so, dass du so was sagst, bloß um etwas zu sagen.«

»Nein, ich hab' es auch ernsthaft gemeint. Und wirklich« (und sie wies hinauf), »ich wäre gerne da. Da hätt' ich Ruh. Aber ich kann es abwarten ... Und nun komm und lass uns

Tuch Umschlagetuch (vgl. die Erläuterung auf Seite 64)

ins Feld gehn. Ich habe kein Tuch mit herausgenommen und find' es kalt hier im Stillsitzen.«

Und so gingen sie denn denselben Feldweg hinauf, der sie damals bis an die vorderste Häuserreihe von Wilmersdorf geführt hatte. Der Turm war deutlich sichtbar unter dem sternklaren Himmel, und nur über den Wiesengrund zog ein dünner Nebelschleier.

»Weißt du noch«, sagte Botho, »wie wir mit Frau Dörr hier gingen?«

Sie nickte. »Deshalb hab' ich dir's vorgeschlagen, mich fror gar nicht oder doch kaum. Ach, es war ein so schöner Tag damals, und so heiter und glücklich bin ich nie gewesen, nicht vorher und nicht nachher. Noch in diesem Augenblicke lacht mir das Herz, wenn ich daran zurückdenke, wie wir gingen und sangen: ›Denkst du daran‹. Ja, Erinnerung ist viel, ist alles. Und die hab' ich nun und bleibt mir und kann mir nicht mehr genommen werden. Und ich fühle ordentlich, wie mir dabei leicht zumute wird.«

Er umarmte sie. »Du bist so gut.«

Lene aber fuhr in ihrem ruhigen Tone fort: »Und dass mir so leicht ums Herz ist, das will ich nicht vorübergehn lassen und will dir alles sagen. Eigentlich ist es das Alte, was ich dir immer schon gesagt habe, noch vorgestern, als wir draußen auf der halb gescheiterten Partie waren, und dann nachher, als wir uns trennten. Ich hab' es so kommen sehn, von Anfang an, und es geschieht nur, was muss. Wenn man schön geträumt hat, so muss man Gott dafür danken und darf nicht klagen, dass der Traum aufhört und die Wirklichkeit wieder anfängt. Jetzt ist es schwer, aber es vergisst sich alles oder gewinnt wieder ein freundliches Gesicht. Und eines Tages bist du wieder glücklich und vielleicht ich auch.«

»Glaubst du's? Und wenn nicht? was dann?«

»Dann lebt man ohne Glück.«

»Ach, Lene, du sagst das so hin, als ob Glück nichts wäre. Aber es ist was, und das quält mich eben, und ist mir doch, als ob ich dir ein Unrecht getan hätte.«

»Davon sprech' ich dich frei. Du hast mir kein Unrecht getan, hast mich nicht auf Irrwege geführt und hast mir nichts versprochen. Alles war mein freier Entschluss. Ich habe dich von Herzen lieb gehabt, das war mein Schicksal, und wenn es eine Schuld war, so war es *meine* Schuld. Und noch dazu eine Schuld, deren ich mich, ich muss es dir immer wieder sagen, von ganzer Seele freue, denn sie war mein Glück. Wenn ich nun dafür zahlen muss, so zahle ich gern. Du hast nicht gekränkt, nicht verletzt, nicht beleidigt, oder doch höchstens das, was die Menschen Anstand nennen und gute Sitte. Soll ich mich darum grämen? Nein. Es rückt sich alles wieder zurecht, auch das. Und nun komm und lass uns umkehren. Sieh nur, wie die Nebel steigen; ich denke, Frau Dörr ist nun fort, und wir treffen die gute Alte allein. Sie weiß von allem und hat den ganzen Tag über immer nur ein und dasselbe gesagt.«

darum deswegen

»Und was?«

»Dass es so gut sei.«

Frau Nimptsch war wirklich allein, als Botho und Lene bei ihr eintraten. Alles war still und dämmerig, und nur das Herdfeuer warf einen Lichtschein über die breiten Schatten, die sich schräg durch das Zimmer zogen. Der Stieglitz schlief schon lange in seinem Bauer, und man hörte nichts als dann und wann das Zischen des überkochenden Wassers.

Stieglitz → Seite 219

Bauer Vogelkäfig

»Guten Abend, Mutterchen«, sagte Botho.

Die Alte gab den Gruß zurück und wollte von ihrer Fußbank aufstehen, um den großen Lehnstuhl heranzurücken. Aber Botho litt es nicht und sagte: »Nein, Mutterchen, ich setze mich auf meinen alten Platz.«

Und dabei schob er den Schemel ans Feuer.

Eine kleine Pause trat ein; alsbald aber begann er wieder: »Ich komme heut', um Abschied zu nehmen und Ihnen für alles Liebe und Gute zu danken, das ich hier so lange gehabt habe. Ja, Mutterchen, so recht von Herzen. Ich bin hier so gern gewesen und so glücklich. Aber nun muss ich fort, und alles, was ich noch sagen kann, ist bloß das: Es ist doch wohl das Beste so.«

Die Alte schwieg und nickte zustimmend. »Aber ich bin nicht aus der Welt«, fuhr Botho fort, »und ich werde Sie nicht vergessen, Mutterchen. Und nun geben Sie mir die Hand. So. Und nun gute Nacht.«

Hiernach stand er schnell auf und schritt auf die Tür zu, während Lene sich an ihn hing. So gingen sie bis an das Gartengitter, ohne dass weiter ein Wort gesprochen worden wäre. Dann aber sagte sie: »Nun kurz, Botho. Meine Kräfte reichen nicht mehr; es war doch zu viel, diese zwei Tage. Lebe wohl, mein Einziger, und sei so glücklich, wie du's verdienst, und so glücklich, wie du mich gemacht hast. Dann bist du glücklich. Und von dem andern rede nicht mehr, es ist der Rede nicht wert. So, so.«

Und sie gab ihm einen Kuss und noch einen und schloss dann das Gitter.

Als er an der andern Seite der Straße stand, schien er, als er Lenens ansichtig wurde, noch einmal umkehren und Wort und Kuss mit ihr tauschen zu wollen. Aber sie wehrte heftig mit der Hand. Und so ging er denn weiter die Straße hinab, während sie, den Kopf auf den Arm und den Arm auf den Gitterpfosten gestützt, ihm mit großem Auge nachsah.

wehrte
wehrte … ab

So stand sie noch lange, bis sein Schritt in der nächtlichen Stille verhallt war.

Sechzehntes Kapitel

Mitte September hatte die Verheiratung auf dem Sellenthinschen Gute Rothenmoor stattgefunden, Onkel Osten, sonst kein Redner, hatte das Brautpaar in dem zweifellos längsten Toaste seines Lebens leben lassen, und am Tage darauf hatte die Kreuzzeitung unter ihren sonstigen Familienanzeigen auch die folgende gebracht: »Ihre am gestrigen Tage stattgehabte eheliche Verbindung zeigen hierdurch ergebenst an Botho Freiherr von Rienäcker, Premierlieutenant im Kaiser-Kürassier-Regiment, Käthe Freifrau von Rienäcker, geb. von Sellenthin.« Die Kreuzzeitung war begreiflicherweise nicht das Blatt, das in die Dörrsche Gärtnerwohnung samt ihren Dependenzien kam, aber schon am andern Morgen traf ein an Fräulein Magdalene Nimptsch adressierter Brief ein, in dem nichts lag als der Zeitungsausschnitt mit der Vermählungsanzeige. Lene fuhr zusammen, sammelte sich aber rascher, als der Absender, aller Wahrscheinlichkeit nach eine neidische Kollegin, erwartet haben mochte. Dass es von solcher Seite her kam, war schon aus dem beigefügten »Hochwohlgeboren« zu schließen. Aber gerade dieser Extraschabernack, der den schmerzhaften Stich verdoppeln sollte, kam Lenen zustatten und verminderte das bittere Gefühl, das ihr diese Nachricht sonst wohl verursacht hätte.

Toaste Trinkspruch

Dependenzien Nebengebäude (von frz. ›dépendance‹)

Hochwohlgeboren förmliche Anrede eines Adligen

Botho und Käthe von Rienäcker waren noch am Hochzeitstage selbst nach Dresden hin aufgebrochen, nachdem beide der Verlockung einer neumärkischen Vetternreise glücklich widerstanden hatten. Und wahrlich, sie hatten nicht Ursache, ihre Wahl zu bereuen, am wenigsten Botho, der sich jeden Tag nicht nur zu dem Dresdener Aufenthalte, sondern vielmehr noch zu dem Besitze seiner jungen Frau beglückwünschte, die Capricen und üble Laune gar nicht zu

neumärkischen Vetternreise Rundreise zu näheren und ferneren Verwandten

Capricen (frz.) Launen

kennen schien. Wirklich, sie lachte den ganzen Tag über, und so leuchtend und hellblond sie war, so war auch ihr Wesen. An allem ergötzte sie sich, und allem gewann sie die heitre Seite ab. In dem von ihnen bewohnten Hotel war ein Kellner mit einem Toupet, das einem eben umkippenden Wellenkamme glich, und dieser Kellner samt seiner Frisur war ihre tagtägliche Freude, so sehr, dass sie, wiewohl sonst ohne besonderen Esprit, sich in Bildern und Vergleichen gar nicht genugtun konnte. Botho freute sich mit und lachte herzlich, bis sich mit einem Male doch etwas von Bedenken und selbst von Unbehagen in sein Lachen einzumischen begann. Er nahm nämlich wahr, dass sie, was auch geschehen oder ihr zu Gesicht kommen mochte, lediglich am Kleinen und Komischen hing, und als beide nach etwa vierzehntägigem glücklichen Aufenthalt ihre Heimreise nach Berlin antraten, ereignete sich's, dass ein kurzes, gleich zu Beginn der Fahrt geführtes Gespräch ihm über diese Charakterseite seiner Frau volle Gewissheit gab. Sie hatten ein Kupee für sich, und als sie, von der Elbbrücke her, noch einmal zurückblickten, um nach Altstadt-Dresden und der Kuppel der Frauenkirche hinüberzugrüßen, sagte Botho, während er ihre Hand nahm: »Und nun sage mir, Käthe, was war eigentlich das Hübscheste hier in Dresden?«

Toupet (frz.) künstlichen Haarteil

Esprit (frz.) Geist, Witz

Kuppel der Frauenkirche → Seite 219

»Rate.«

»Ja, das ist schwer, denn du hast so deinen eignen Geschmack, und mit Kirchengesang und Holbeinscher Madonna darf ich dir gar nicht kommen ...«

Holbeinscher Madonna → Seite 220

»Nein. Da hast du recht. Und ich will meinen gestrengen Herrn auch nicht lange warten und sich quälen lassen. Es war dreierlei, was mich entzückte: voran die Konditorei am Altmarkt und der Scheffelgassen-Ecke mit den wundervollen Pastetchen und dem Likör. Da so zu sitzen ...«

Konditorei am Altmarkt und der Scheffelgassen-Ecke → Seite 221

»Aber, Käthe, man konnte ja gar nicht sitzen, man konnte

kaum stehn, und war eigentlich, als ob man sich jeden Bissen erobern müsse.«

»Das war es eben. Eben deshalb, mein Bester. Alles, was man sich erobern muss . . .«

Und sie wandte sich ab und spielte neckisch die Schmollende, bis er ihr einen herzlichen Kuss gab.

»Ich sehe«, lachte sie, »du bist schließlich einverstanden, und zur Belohnung höre nun auch das Zweite und Dritte. Mein Zweites war das Sommertheater draußen, wo wir ›Monsieur Herkules‹ sahn und Knaak den Tannhäusermarsch auf einem klapprigen alten Whisttisch trommelte. So was Komisches hab' ich all mein Lebtag nicht gesehn und du wahrscheinlich auch nicht. Es war wirklich zu komisch . . . Und das Dritte . . . Nun, das Dritte, das war ›Bacchus auf dem Ziegenbock‹ im Grünen Gewölbe und der ›sich kratzende Hund‹ von Peter Vischer.«

›Monsieur Herkules‹ → Seite 221

Knaak → Seite 221

den Tannhäusermarsch → Seite 221

›Bacchus auf dem Ziegenbock‹ im Grünen Gewölbe und der ›sich kratzende Hund‹ von Peter Vischer → Seite 221

»Ich dachte mir so was, und wenn Onkel Osten davon hört, dann wird er dir recht geben und dich noch lieber haben als sonst und mir noch öfter wiederholen: ›Ich sage dir, Botho, die Käthe . . .‹«

»Soll er's nicht?«

»O gewiss soll er.«

Und damit brach auf Minuten hin ihr Gespräch ab, das in Bothos Seele, so zärtlich und liebevoll er zu der jungen Frau hinübersah, doch einigermaßen ängstlich nachklang. Die junge Frau selbst indes hatte keine Ahnung von dem, was in ihres Gatten Seele vorging, und sagte nur: »Ich bin müde, Botho. Die vielen Bilder. Es kommt doch nach . . . Aber (der Zug hielt eben) was ist denn das für ein Lärm und Getreibe da draußen?«

indes indessen, jedoch

»Das ist ein Dresdener Vergnügungsort, ich glaube Kötzschenbroda.«

Kötzschenbroda → Seite 221

»Kötzschenbroda? Zu komisch.«

Und während der Zug weiterdampfte, streckte sie sich aus und schloss anscheinend die Augen. Aber sie schlief nicht und sah zwischen den Wimpern hin nach dem geliebten Manne hinüber.

Landgrafenstraße → Seite 221

In der damals noch einreihigen Landgrafenstraße hatte Käthes Mama mittlerweile die Wohnung eingerichtet, und als zu Beginn des Oktobers das junge Paar in Berlin wieder eintraf, war es entzückt von dem Komfort, den es vorfand. In den beiden Frontzimmern, die jedes einen Kamin hatten, war geheizt, aber Tür und Fenster standen auf, denn es war eine milde Herbstluft, und das Feuer brannte nur des Anblicks und des Luftzuges halber. Das Schönste aber war der große Balkon mit seinem weit herunterfallenden Zeltdach, unter dem hinweg man in gerader Richtung ins Freie sah, erst über das Birkenwäldchen und den Zoologischen Garten fort und dahinter bis an die Nordspitze des Grunewalds.

des Grunewalds → Seite 221

Käthe freute sich, unter Händeklatschen, dieser prächtig freien Aussicht, umarmte die Mama, küsste Botho und wies dann plötzlich nach links hin, wo zwischen vereinzelten Pappeln und Weiden ein Schindelturm sichtbar wurde. »Sieh, Botho, wie komisch. Er ist ja wie dreimal eingeknickt. Und das Dorf daneben. Wie heißt es?«

Schindelturm → Seite 221

»Ich glaube, Wilmersdorf«, stotterte Botho.

»Nun gut, Wilmersdorf. Aber was heißt das: ›ich glaube‹. Du wirst doch wissen, wie die Dörfer hier herum heißen. Sieh nur, Mama, macht er nicht ein Gesicht, als ob er uns ein Staatsgeheimnis verraten hätte? Nichts komischer als diese Männer.«

Und damit verließ man den Balkon wieder, um in dem dahinter gelegenen Zimmer das erste Mittagsmahl en famille einzunehmen: nur die Mama, das junge Paar und Serge, der als einziger Gast geladen war.

en famille (frz.) im Familienkreis

Rienäckers Wohnung lag keine tausend Schritt von dem Hause der Frau Nimptsch. Aber Lene wusste nichts davon und nahm ihren Weg oft durch die Landgrafenstraße, was sie vermieden haben würde, wenn sie von dieser Nachbarschaft auch nur eine Ahnung gehabt hätte.

Doch es konnt' ihr nicht lange ein Geheimnis bleiben.

Es ging schon in die dritte Oktoberwoche, trotzdem war es noch wie im Sommer, und die Sonne schien so warm, dass man den schärferen Luftton kaum empfand.

»Ich muss heut' in die Stadt, Mutter«, sagte Lene. »Goldstein hat mir geschrieben. Er will mit mir über ein Muster sprechen, das in die Wäsche der Waldeckschen Prinzessin eingestickt werden soll. Und wenn ich erst in der Stadt bin, will ich auch die Frau Demuth in der Alten Jakobstraße besuchen. Man kommt sonst ganz von aller Menschheit los. Aber um Mittag bin ich wieder hier. Ich werd' es Frau Dörr sagen, dass sie nach dir sieht.«

»Lass nur, Lene, lass nur. Ich bin am liebsten allein. Und die Dörr, sie red't so viel un immer von ihrem Mann. Und ich habe ja mein Feuer. Und wenn der Stieglitz piept, das is mir genug. Aber wenn du mir eine Tüte mitbringst, ich habe jetzt immer solch Kratzen, und Malzbonbon löst so ...«

»Schön, Mutter.«

Und damit hatte Lene die kleine stille Wohnung verlassen und war erst die Kurfürsten- und dann die lange Potsdamerstraße hinuntergegangen, auf den Spittelmarkt zu, wo die Gebrüder Goldstein ihr Geschäft hatten. Alles verlief nach Wunsch, und es war nahezu Mittag, als sie, heimkehrend, diesmal anstatt der Kurfürsten- lieber die Lützowstraße passierte. Die Sonne tat ihr wohl, und das Treiben auf dem Magdeburger Platze, wo gerade Wochenmarkt war und alles eben wieder zum Aufbruch rüstete, vergnügte sie so, dass sie stehen blieb und sich das bunte Durcheinander mit

Goldstein → Seite 222

Waldeckschen Prinzessin → Seite 222

Demuth → Seite 222

Alten Jakobstraße → Seite 222

Malzbonbon Hustenbonbon mit Zusatz von Malz

Potsdamerstraße → Seite 222

Spittelmarkt → Seite 222

Kurfürsten- ... Lützowstraße ... Magdeburger Platze → Seite 222

rüstete sich bereitmachte

ansah. Sie war wie benommen davon und wurd' erst aufgerüttelt, als die Feuerwehr mit ungeheurem Lärm an ihr vorbeirasselte.

Lene horchte, bis das Gebimmel und Geklingel in der Ferne verhallt war, dann aber sah sie links hinunter nach der Turmuhr der Zwölf-Apostelkirche. »Gerade zwölf«, sagte sie. »Nun ist es Zeit, dass ich mich eile; sie wird immer unruhig, wenn ich später komme, als sie denkt.« Und so ging sie weiter die Lützowstraße hinunter auf den gleichnamigen Platz zu. Aber mit einem Male hielt sie und wusste nicht wohin, denn auf ganz kurze Entfernung erkannte sie Botho, der, mit einer jungen, schönen Dame am Arm, grad auf sie zukam. Die junge Dame sprach lebhaft und anscheinend lauter heitre Dinge, denn Botho lachte beständig, während er zu ihr niederblickte. Diesem Umstand verdankte sie's auch, dass sie nicht schon lange bemerkt worden war, und rasch entschlossen, eine Begegnung mit ihm um jeden Preis zu vermeiden, wandte sie sich, vom Trottoir her, nach rechts hin und trat an das zunächst befindliche große Schaufenster heran, vor dem, mutmaßlich als Deckel für eine hier befindliche Kelleröffnung, eine viereckige geriffelte Eisenplatte lag. Das Schaufenster selbst war das eines gewöhnlichen Materialwarenladens, mit dem üblichen Aufbau von Stearinlichten und Mixed-Pickles-Flaschen, nichts Besonders, aber Lene starrte drauf hin, als ob sie dergleichen noch nie gesehen habe. Und wahrlich, Zeit war es, denn in ebendiesem Augenblicke streifte das junge Paar hart an ihr vorüber, und kein Wort entging ihr von dem Gespräche, das zwischen beiden geführt wurde.

»Käthe, nicht so laut«, sagte Botho, »die Leute sehen uns schon an.«

»Lass sie ...«

»Sie denken am Ende, wir zanken uns ...«

Zwölf-Apostelkirche → Seite 222

Trottoir (frz.) Bürgersteig

zunächst befindliche nächstgelegene

Stearinlichten Kerzen aus Stearin, einem festen, weißen, bei höheren Temperaturen flüssig werdenden Gemisch aus Stearin- und Palmitinsäure

Mixed-Pickles-Flaschen Flaschen oder Gläsern mit in Essig eingemachtem Mischgemüse

»Unter Lachen? Zanken unter Lachen?«

Und sie lachte wieder.

Lene fühlte das Zittern der dünnen Eisenplatte, darauf sie stand. Ein waagerecht liegender Messingstab zog sich zum Schutze der großen Glasscheibe vor dem Schaufenster hin, und einen Augenblick war es ihr, als ob sie, wie zu Beistand und Hilfe, nach dem Messingstab greifen müsse, sie hielt sich aber aufrecht, und erst als sie sicher sein durfte, dass beide weit genug fort waren, wandte sie sich wieder, um ihren Weg fortzusetzen. Sie tappte sich vorsichtig an den Häusern hin, und eine kurze Strecke ging es. Aber bald war ihr doch, als ob ihr die Sinne schwänden, und kaum, dass sie die nächste nach dem Kanal hin abzweigende Querstraße erreicht hatte, so bog sie hier ein und trat in einen Vorgarten, dessen Gittertür offen stand. Nur mit Mühe noch schleppte sie sich bis an eine kleine zu Veranda und Hochparterre hinaufführende Freitreppe, wenige Stufen, und setzte sich, einer Ohnmacht nah, auf eine derselben.

Als sie wieder erwachte, sah sie, dass ein halbwachsenes Mädchen, ein Grabscheit in der Hand, mit dem sie kleine Beete gegraben hatte, neben ihr stand und sie teilnahmvoll anblickte, während, von der Verandabrüstung aus, eine alte Kindermuhme sie mit kaum geringerer Neugier musterte. Niemand war augenscheinlich zu Haus als das Kind und die Dienerin, und Lene dankte beiden und erhob sich und schritt wieder auf die Pforte zu. Das halbwachsene Mädchen aber sah ihr traurig verwundert nach, und es war fast, wie wenn in dem Kinderherzen eine erste Vorstellung von dem Leid des Lebens gedämmert hätte.

Lene war inzwischen, den Fahrdamm passierend, bis an den Kanal gekommen und ging jetzt unten an der Böschung entlang, wo sie sicher sein durfte, niemandem zu begegnen. Von den Kähnen her blaffte dann und wann ein Spitz, und

nach dem Kanal hin abzweigende Querstraße
→ Seite 222

Hochparterre eine halbe Treppe hoch liegendes Geschoss in einem Wohnhaus

Freitreppe außerhalb des Gebäudes errichtete Treppe

halbwachsenes halbwüchsiges

Grabscheit mundartlich für: Schaufel, Spaten

Kindermuhme Kinderfrau; ›Muhme‹ ist ein altes Wort für ›Tante‹

Fahrdamm Fahrbahn, Straße; aber auch: Unterbau der Straße

ein dünner Rauch, weil Mittag war, stieg aus den kleinen Kajütenschornsteinen auf. Aber sie sah und hörte nichts oder war wenigstens ohne Bewusstsein dessen, was um sie her vorging, und erst als jenseits des Zoologischen die Häuser am Kanal hin aufhörten und die große Schleuse mit ihrem drüberwegschäumenden Wasser sichtbar wurde, blieb sie stehn und rang nach Luft. »Ach, wer weinen könnte.« Und sie drückte die Hand gegen Brust und Herz.

die große Schleuse → Seite 222

Zu Hause traf sie die Mutter an ihrem alten Platz und setzte sich ihr gegenüber, ohne dass ein Wort oder Blick zwischen ihnen gewechselt worden wäre. Mit einem Mal aber sah die Alte, deren Auge bis dahin immer in derselben Richtung gegangen war, von ihrem Herdfeuer auf und erschrak, als sie der Veränderung in Lenens Gesicht gewahr wurde.

»Lene, Kind, was hast du? Lene, wie siehst du nur aus?« Und so schwer beweglich sie sonsten war, heute machte sie sich im Umsehn von ihrer Fußbank los und suchte nach dem Krug, um die noch immer wie halbtot Dasitzende mit Wasser zu besprengen. Aber der Krug war leer, und so humpelte sie nach dem Flur und vom Flur nach Hof und Garten hinaus, um die gute Frau Dörr zu rufen, die gerade Goldlack und Jelängerjelieber abschnitt, um Marktsträuße daraus zu binden. Ihr Alter aber stand neben ihr und sagte: »Nimm nich wieder zu viel Strippe.«

im Umsehn augenblicklich, im Handumdrehen

Goldlack → Seite 222

Jelängerjelieber Kletterstrauch mit stark duftenden Blüten

Frau Dörr, als sie das jämmerliche Rufen der alten Frau von fern her hörte, verfärbte sich und antwortete mit lauter Stimme: »Komme schon, Mutter Nimptsch, komme schon«, und alles wegwerfend, was sie von Blumen und Bast in der Hand hatte, lief sie gleich auf das kleine Vorderhaus zu, weil sie sich sagte, dass da was los sein müsse.

Strippe Schnur, Bindfaden

Bast Bastschnur

»Richtig, dacht' ich's doch ... Leneken.« Und dabei rüttelte und schüttelte sie die nach wie vor leblos Dasitzende, während die Alte langsam nachkam und über den Flur hinschlurrte.

hinschlurrte hinschlurfte

»Wir müssen sie zu Bett bringen«, rief Frau Dörr, und die Nimptsch wollte selber mit anfassen. Aber so war das »Wir« der stattlichen Frau Dörr nicht gemeint gewesen. »Ich mache so was allein, Mutter Nimptsch«, und Lenen in ihre Arme nehmend, trug sie sie nebenan in die Kammer und deckte sie hier zu.

»So, Mutter Nimptsch. Nu 'ne heiße Stürze. Das kenn' ich, das kommt von's Blut. Erst 'ne Stürze un denn 'n Ziegelstein an die Fußsohlen; aber grad untern Spann, da sitzt das Leben ... Wovon is es denn eigentlich? Is gewiss 'ne Altration.«

»Weiß nich. Sie hat nichts gesagt. Aber ich denke mir, dass sie'n vielleicht gesehn hat.«

»Richtig. Das is es. Das kenn' ich ... Aber nu die Fenster zu un runter mit's Rollo ... Manche sind für Kampfer und Hoffmannstropfen, aber Kampfer schwächt so und is eigentlich bloß für Motten. Nein, liebe Nimptschen, was 'ne Natur is un noch dazu solche junge, die muss sich immer selber helfen, un darum bin ich für Schwitzen. Aber or'ntlich. Un wovon kommt es? Von die Männer kommt es. Un doch hat man sie nötig un braucht sie ... Na, sie kriegt ja schon wieder Farbe.«

»Woll'n wir nich lieber nach'n Doktor schicken?«

»I, Jott bewahre. Die kutschieren jetzt rum, un eh einer kommt, is sie schon dreimal dod und lebendig.«

heiße Stürze erwärmter und umwickelter Topfdeckel, der wie eine Wärmflasche verwendet wurde

Ziegelstein Auch Ziegelsteine wurden in erhitztem Zustand als Wärmespender verwendet.

Altration Alteration: ungesunder Erregungszustand

Kampfer → Seite 222

Hoffmannstropfen → Seite 222

für hier im Sinne von: wirksam gegen

Motten → Seite 223

dod tot

Siebzehntes Kapitel

Drittehalb Jahre waren seit jener Begegnung vergangen, während welcher Zeit sich manches in unserem Bekannten- und Freundeskreise verändert hatte, nur nicht in dem in der Landgrafenstraße.

Drittehalb Jahre Zweieinhalb Jahre

Hier herrschte dieselbe gute Laune weiter, der Frohmut der Flitterwochen war geblieben, und Käthe lachte nach wie vor. Was andere junge Frauen vielleicht betrübt hätte: dass das Paar einfach ein Paar blieb, wurde von Käthe keinen Augenblick schmerzlich empfunden. Sie lebte so gern und fand an Putz und Plaudern, an Reiten und Fahren ein so volles Genüge, dass sie vor einer Veränderung ihrer Häuslichkeit eher erschrak, als sie herbeiwünschte. Der Sinn für Familie, geschweige die Sehnsucht danach, war ihr noch nicht aufgegangen, und als die Mama brieflich eine Bemerkung über diese Dinge machte, schrieb Käthe ziemlich ketzerisch zurück: »Sorge Dich nicht, Mama. Bothos Bruder hat sich ja nun ebenfalls verlobt, in einem halben Jahr ist Hochzeit, und ich überlass' es gern meiner zukünftigen Schwägerin, sich die Fortdauer des Hauses Rienäcker angelegen sein zu lassen.«

Putz modischer Kleidung

sich … angelegen sein zu lassen sich um … zu kümmern

Botho sah es anders an, aber auch sein Glück wurde durch das, was fehlte, nicht sonderlich getrübt, und wenn ihn trotzdem von Zeit zu Zeit eine Missstimmung anwandelte, so war es, wie schon damals auf seiner Dresdener Hochzeitsreise, vorwiegend darüber, dass mit Käthe wohl ein leidlich vernünftiges, aber durchaus kein ernstes Wort zu reden war. Sie war unterhaltlich und konnte sich mitunter bis zu glücklichen Einfällen steigern, aber auch das Beste, was sie sagte, war oberflächlich und »spielrig«, als ob sie der Fähigkeit entbehrt hätte, zwischen wichtigen und unwichtigen Dingen zu unterscheiden. Und was das Schlimmste war, sie betrachtete das alles als einen Vorzug, wusste sich was damit und dachte nicht daran, es abzulegen. »Aber, Käthe, Käthe«, rief Botho dann wohl und ließ in diesem Zuruf etwas von Missbilligung mit durchklingen, ihr glückliches Naturell aber wusst' ihn immer wieder zu entwaffnen, ja, so sehr, dass er sich mit dem Anspruch, den er erhob, fast pedantisch vorkam.

unterhaltlich unterhaltsam

glücklichen Einfällen witzigen Bemerkungen

wusste sich was damit war auch noch stolz darauf

glückliches Naturell heiteres Wesen

pedantisch pingelig, verbissen

Lene mit ihrer Einfachheit, Wahrheit und Unredensartlichkeit stand ihm öfters vor der Seele, schwand aber ebenso rasch wieder hin, und nur wenn Zufälligkeiten einen ganz bestimmten Vorfall in aller Lebendigkeit wieder in ihm wachriefen, kam ihm mit dieser größeren Lebendigkeit des Bildes auch wohl ein stärkeres Gefühl und mitunter selbst eine Verlegenheit.

Unredensartlichkeit Direktheit

Eine solche Zufälligkeit ereignete sich gleich im ersten Sommer, als das junge Paar, von einem Diner bei Graf Alten zurückgekehrt, auf dem Balkon saß und seinen Tee nahm. Käthe lag zurückgelehnt in ihrem Stuhl und ließ sich aus der Zeitung einen mit Zahlenangaben reich gespickten Artikel über Pfarr- und Stolgebühren vorlesen. Eigentlich verstand sie wenig davon, umso weniger, als die vielen Zahlen sie störten, aber sie hörte doch ziemlich aufmerksam zu, weil alle märkischen Frölens ihre halbe Jugend »bei Predigers« zubringen und so den Pfarrhausinteressen ihre Teilnahme bewahren. So war es auch heut'. Endlich brach der Abend herein, und im selben Augenblicke, wo's dunkelte, begann drüben im »Zoologischen« das Konzert, und ein entzückender Straußscher Walzer klang herüber.

Diner Festessen

Graf Alten → Seite 223

Pfarr- und Stolgebühren → Seite 223

»bei Predigers« in engem Kontakt zur Familie des Gemeindepastors

Straußscher Walzer → Seite 223

»Höre nur, Botho«, sagte Käthe, sich aufrichtend, während sie voll Übermut hinzusetzte: »Komm, lass uns tanzen.« Und ohne seine Zustimmung abzuwarten, zog sie ihn aus seinem Stuhl in die Höh' und walzte mit ihm in das große Balkonzimmer hinein und in diesem noch ein paar Mal herum. Dann gab sie ihm einen Kuss und sagte, während sie sich an ihn schmiegte: »Weißt du, Botho, so wundervoll hab' ich noch nie getanzt, auch nicht auf meinem ersten Ball, den ich noch bei der Zülow mitmachte, ja, dass ich's nur gestehe, noch eh ich eingesegnet war. Onkel Osten nahm mich auf seine Verantwortung mit, und dic Mama weiß es bis diesen Tag nicht. Aber selbst da war es nicht so schön wie heut'.

bei der Zülow vgl. Seite 206

Und doch ist verbotene Frucht die schönste. Nicht wahr? Aber du sagst ja nichts, du bist ja verlegen, Botho. Sieh, so ertapp' ich dich mal wieder.«

Er wollte, so gut es ging, etwas sagen, aber sie ließ ihn nicht dazu kommen. »Ich glaube wirklich, Botho, meine Schwester Ine hat es dir angetan, und du darfst mich nicht damit trösten wollen, sie sei noch ein halber Backfisch oder nicht weit darüber hinaus. Das sind immer die Gefährlichsten. Ist es nicht so? Nun, ich will nichts gesehen haben, und ich gönn' es ihr und dir. Aber auf alte, ganz alte Geschichten bin ich eifersüchtig, viel, viel eifersüchtiger als auf neue.«

»Sonderbar«, sagte Botho und versuchte zu lachen.

tausend und drei → Seite 223

»Und doch am Ende nicht so sonderbar, wie's aussieht«, fuhr Käthe fort. »Sieh, neue Geschichten hat man doch immer halb unter Augen, und es muss schon schlimm kommen und ein wirklicher Meisterverräter sein, wenn man gar nichts merken und so reinweg betrogen werden soll. Aber alte Geschichten, da hört alle Kontrolle auf, da kann es tausend und drei geben, und man weiß es kaum.«

»Und was man nicht weiß ...«

unsere Kluckhuhns vgl. Seite 203

»Kann einen *doch* heiß machen. Aber lassen wir's und lies mir lieber weiter aus deiner Zeitung vor. Ich habe beständig an unsere Kluckhuhns denken müssen, und die gute Frau versteht es nicht. Und der Älteste soll jetzt gerade studieren.«

Solche Geschichten ereigneten sich häufiger und beschworen in Bothos Seele mit den alten Zeiten auch Lenens Bild herauf, aber sie selbst sah er nicht, was ihm auffiel, weil er ja wusste, dass sie halbe Nachbarn waren.

Es fiel ihm auf und wär' ihm doch leicht erklärlich gewesen, wenn er rechtzeitig in Erfahrung gebracht hätte, dass Frau Nimptsch und Lene gar nicht mehr an alter Stelle zu finden seien. Und doch war es so. Von dem Tag an, wo Lene dem jungen Paar in der Lützowstraße begegnet war, hatte sie der Alten erklärt, in der Dörrschen Wohnung nicht mehr bleiben zu können, und als Mutter Nimptsch, die sonst nie widersprach, den Kopf geschüttelt und geweimert und in einem fort auf den Herd hingewiesen hatte, hatte Lene gesagt: »Mutter, du kennst mich doch! Ich werde dir doch deinen Herd und dein Feuer nicht nehmen; du sollst alles wieder haben; ich habe das Geld dazu gespart, und wenn ich's nicht hätte, so wollt' ich arbeiten, bis es beisammen wär'. Aber hier müssen wir fort. Ich muss jeden Tag da vorbei, das halt' ich nicht aus, Mutter. Ich gönn' ihm sein Glück, ja mehr noch, ich freue mich, dass er's hat. Gott ist mein Zeuge, denn er war ein guter, lieber Mensch und hat mir zuliebe gelebt und kein Hochmut und keine Haberei. Und dass ich's rundheraus sage, trotzdem ich die feinen Herren nicht leiden kann, ein richtiger Edelmann, so recht einer, der das Herz auf dem rechten Flecke hat. Ja, mein einziger Botho, du sollst glücklich sein, so glücklich, wie du's verdienst. Aber ich kann es nicht sehn, Mutter, ich muss weg hier, denn sowie ich zehn Schritte gehe, denk' ich, er steht vor mir. Und da bin ich in einem ewigen Zittern. Nein, nein, das geht nicht. Aber deine Herdstelle sollst du haben. Das versprech ich dir, ich, deine Lene.«

geweimert (berlinerisch) gejammert

Haberei Rechthaberei, Sturköpfigkeit

Nach diesem Gespräche war seitens der Alten aller Widerstand aufgegeben worden, und auch Frau Dörr hatte gesagt: »Versteht sich, ihr müsst ausziehen. Und dem alten Geizkragen, dem Dörr, dem gönn' ich's. Immer hat er mir was vorgebrummt, dass ihr zu billig einsaßt und dass nich die Steuer un die Repratur dabei rauskäme. Nu mag er sich freuen, wenn ihm alles leersteht. Und so wird's kommen. Denn wer zieht denn in solchen Puppenkasten, wo jeder Kater ins Fenster kuckt, un kein Gas nich un keine Wasser-

einsaßt zur Miete wohntet

kuckt norddeutsch für ›guckt‹

kein Gas nich kein Gaslicht

Sperenzchen Schikanen bzw. Versuche, (anderen) Schwierigkeiten zu bereiten

zum Kattolschwerden → Seite 223

leitung. I, versteht sich; ihr habt ja vierteljährliche Kündigung, und Ostern könnt ihr raus, da helfen ihm keine Sperenzchen. Und ich freue mich ordentlich; ja, Lene, so schlecht bin ich. Aber ich muss auch gleich für meine Schadenfreude bezahlen. Denn wenn du weg bist, Kind, und die gute Frau Nimptsch mit ihrem Feuer und ihrem Teekessel und immer kochend Wasser, ja, Lene, was hab' ich denn noch? Doch bloß ihn un Sultan und den dummen Jungen, der immer dummer wird. Un sonst keinen Menschen nich. Un wenn's denn kalt wird und Schnee fällt, is es mitunter zum Kattolschwerden vor lauter Stillsitzen und Einsamkeit.«

Eichkätzchen Eichhörnchen

Luisenufer → Seite 223

Das waren so die ersten Verhandlungen gewesen, als der Umzugsplan in Lene feststand, und als Ostern herankam, war wirklich ein Möbelwagen vorgefahren, um aufzuladen, was an Habseligkeiten da war. Der alte Dörr hatte sich bis zuletzt überraschend gut benommen, und nach erfolgtem feierlichen Abschiede war Frau Nimptsch in eine Droschke gepackt und mit ihrem Eichkätzchen und Stieglitz bis an das Luisenufer gefahren worden, wo Lene, drei Treppen hoch, eine kleine Prachtwohnung gemietet und nicht nur ein paar neue Möbeln angeschafft, sondern, in Erinnerung an ihr Versprechen, vor allem auch für einen an den großen Vorderzimmerofen angebauten Kamin gesorgt hatte. Seitens des Wirts waren anfänglich allerlei Schwierigkeiten gemacht worden, »weil solch Vorbau den Ofen ruiniere«. Lene hatte jedoch unter Angabe der Gründe darauf bestanden, was dem Wirt, einem alten braven Tischlermeister, dem so was gefiel, einen großen Eindruck gemacht und ihn zum Nachgeben bestimmt hatte.

Beide wohnten nun ziemlich ebenso, wie sie vordem im Dörrschen Gartenhause gewohnt hatten, nur mit dem Unterschiede, dass sie jetzt drei Treppen hoch saßen und statt auf die fantastischen Türme des Elefantenhauses auf die hübsche Kuppel der Michaelskirche sahen. Ja, der Blick, dessen sie sich erfreuten, war entzückend und so schön und frei, dass er selbst auf die Lebensgewohnheiten der alten Nimptsch einen Einfluss gewann und sie bestimmte, nicht mehr bloß auf der Fußbank am Feuer, sondern, wenn die Sonne schien, auch am offenen Fenster zu sitzen, wo Lene für einen Tritt gesorgt hatte. Das alles tat der alten Frau Nimptsch ungemein wohl und half ihr auch gesundheitlich auf, sodass sie, seit dem Wohnungswechsel, weniger an Reißen litt als draußen in dem Dörrschen Gartenhause, das, so poetisch es lag, nicht viel besser als ein Keller gewesen war.

Michaelskirche → Seite 223

Tritt leichtes Gestell mit zwei oder drei Stufen

Reißen rheumatischen Beschwerden

Im Übrigen verging keine Woche, wo nicht, trotz des endlos weiten Weges, Frau Dörr vom »Zoologischen« her am Luisenufer erschienen wäre, bloß »um zu sehen, wie's stehe«. Sie sprach dann, nach Art aller Berliner Ehefrauen, ausschließlich von ihrem Manne, dabei regelmäßig einen Ton anschlagend, als ob die Verheiratung mit ihm eine der schwersten Mesalliancen und eigentlich etwas halb Unerklärliches gewesen wäre. In Wahrheit aber stand es so, dass sie sich nicht nur äußerst behaglich und zufrieden fühlte, sondern sich auch freute, dass Dörr geradeso war, wie er war. Denn sie hatte nur Vorteile davon, einmal den, beständig reicher zu werden, und nebenher den zweiten, ihr ebenso wichtigen, ohne jede Gefahr vor Änderung und Vermögenseinbuße sich unausgesetzt über den alten Geizkragen erheben und ihm Vorhaltungen über seine niedrige Gesinnung machen zu können. Ja, Dörr war das Hauptthema bei diesen Gesprächen, und Lene, wenn sie nicht bei Goldsteins oder sonst wo in der Stadt war, lachte jedes Mal herzlich mit, und umso herzlicher, als sie sich, ebenso wie die Nimptsch, seit dem Umzuge sichtlich erholt hatte. Das Einrichten, Anschaffen und Instandsetzen hatte sie, wie sich denken lässt, von Anfang an von ihren Betrachtungen abgezogen, und

Mesalliancen (frz.) Missheiraten, unebenbürtige Verbindungen

was noch wichtiger und für ihre Gesundheit und Erholung erst recht von Vorteil gewesen war, war das, dass sie nun keine Furcht mehr vor einer Begegnung mit Botho zu haben brauchte. Wer kam nach dem Luisenufer? Botho gewiss nicht. All das vereinigte sich, sie vergleichsweise wieder frisch und munter erscheinen zu lassen, und nur eines war geblieben, das auch äußerlich an zurückliegende Kämpfe gemahnte: Mitten durch ihr Scheitelhaar zog sich eine weiße Strähne. Mutter Nimptsch hatte kein Auge dafür oder machte nicht viel davon, die Dörr aber, die nach ihrer Art mit der Mode ging und vor allem ungemein stolz auf ihren echten Zopf war, sah die weiße Strähne gleich und sagte zu Lene: »Jott, Lene. Un grade links. Aber natürlich . . . da sitzt es ja . . . links muss es ja sein.«

gemahnte erinnerte

Es war bald nach dem Umzuge, dass dies Gespräch geführt wurde. Sonst geschah im Allgemeinen weder Bothos noch der alten Zeiten Erwähnung, was einfach darin seinen Grund hatte, dass Lene, wenn die Plauderei speziell *diesem* Thema sich zuwandte, jedes Mal rasch abbrach oder auch wohl aus dem Zimmer ging. Das hatte sich die Dörr, als es Mal auf Mal wiederkehrte, gemerkt, und so schwieg sie denn über Dinge, von denen man ganz ersichtlich weder reden noch hören wollte. So ging es ein Jahr lang, und als das Jahr um war, war noch ein anderer Grund da, der es nicht rätlich erscheinen ließ, auf die alten Geschichten zurückzukommen. Nebenan nämlich war, Wand an Wand mit der Nimptsch, ein Mieter eingezogen, der, von Anfang an auf gute Nachbarschaft haltend, bald noch mehr als ein guter Nachbar zu werden versprach. Er kam jeden Abend und plauderte, sodass es mitunter an die Zeiten erinnerte, wo Dörr auf seinem Schemel gesessen und seine Pfeife geraucht hatte, nur dass der neue Nachbar in vielen Stücken doch anders war: ein ordentlicher und gebildeter Mann, von nicht gerade feinen, aber sehr anständigen Manieren, dabei guter Unterhalter, der, wenn Lene mit zugegen war, von allerlei städtischen Angelegenheiten, von Schulen, Gasanstalten und Kanalisation und mitunter auch von seinen Reisen zu sprechen wusste. Traf es sich, dass er mit der Alten allein war, so verdross ihn auch das nicht, und er spielte dann Tod und Leben mit ihr oder Dambrett oder half ihr auch wohl eine Patience legen, trotzdem er eigentlich alle Karten verabscheute. Denn er war ein Konventikler und hatte, nachdem er erst bei den Mennoniten und dann später bei den Irvingianern eine Rolle gespielt hatte, neuerdings eine selbstständige Sekte gestiftet.

Wie sich denken lässt, erregte dies alles die höchste Neugier der Frau Dörr, die denn auch nicht müde wurde, Fragen zu stellen und Anspielungen zu machen, aber immer nur, wenn Lene wirtschaftlich zu tun oder in der Stadt allerlei Besorgungen hatte. »Sagen Sie, liebe Frau Nimptsch, was is er denn eigentlich? Ich habe nachgeschlagen, aber er steht noch nich drin; Dörr hat bloß immer den vorjährigen. Franke heißt er?«

»Ja, Franke.«

»Franke. Da war mal einer in der Ohmgasse, Großböttchermeister, und hatte bloß ein Auge; das heißt, das andre war auch noch da, man bloß ganz weiß und sah eigentlich aus wie 'ne Fischblase. Un wovon war es? Ein Reifen, als er ihn umlegen wollte, war abgesprungen und mit der Spitze grad ins Auge. Davon war es. Ob er von da herstammt?«

»Nein, Frau Dörr, er is gar nich von hier. Er is aus Bremen.«

»Ach so. Na denn is es ja ganz natürlich.«

Frau Nimptsch nickte zustimmend, ohne sich über diese Natürlichkeitsversicherung weiter aufklären zu lassen, und fuhr ihrerseits fort: »Un von Bremen bis Amerika dauert

Tod und Leben Kartenspiel

Dambrett das Brettspiel Dame

Patience Kartenspiel für eine Person

Konventikler Mitglied eines privaten religiösen Zirkels, der meist in entschiedener Opposition zur Amtskirche steht

Mennoniten → Seite 224

Irvingianern → Seite 224

wirtschaftlich zu tun … hatte mit Angelegenheiten des Haushalts beschäftigt war

habe nachgeschlagen … im Berliner Adressbuch

Böttcher Handwerker, der hölzerne Gefäße fertigt

bloß vierzehn Tage. Da ging er hin. Un er war so was wie Klempner oder Schlosser oder Maschinenarbeiter, aber als er sah, dass es nich ging, wurd' er Doktor und zog rum mit lauter kleine Flaschen und soll auch gepredigt haben. Un weil er so gut predigte, wurd' er angestellt bei ... Ja, nun hab' ich es wieder vergessen. Aber es sollen lauter sehr fromme Leute sein und auch sehr anständige.«

»Herr du meine Güte«, sagte Frau Dörr. »Er wird doch nich ... Jott, wie heißen sie doch, die so viele Frauen haben, immer gleich sechs oder sieben und manche noch mehre ... Ich weiß nich, was sie mit so viele machen.«

die so viele Frauen haben → Seite 224

Es war ein Thema, wie geschaffen für Frau Dörr. Aber die Nimptsch beruhigte die Freundin und sagte: »Nein, liebe Dörr, es is doch anders. Ich hab' erst auch so was gedacht, aber da hat er gelacht und gesagt: ›I bewahre, Frau Nimptsch. Ich bin Junggesell. Und wenn ich mich verheirate, da denk' ich mir, eine ist grade genug.‹«

»Na, da fällt mir ein Stein vom Herzen«, sagte die Dörr. »Und wie kam es denn nachher? Ich meine, drüben in Amerika.«

»Nu, nachher kam es ganz gut und dauerte gar nich lange, so war ihm geholfen. Denn was die Frommen sind, die helfen sich immer untereinander. Und hatte wieder Kundschaft gekriegt und auch sein altes Metier wieder. Und das hat er noch und is in einer großen Fabrik hier in der Köpnicker Straße, wo sie kleine Röhren machen und Brenner und Hähne und alles, was sie für den Gas brauchen. Und er ist da der Oberste, so wie Zimmer- oder Mauerpolier, un hat wohl hundert unter sich. Un is ein sehr reputierlicher Mann mit Zylinder un schwarze Handschuh. Un hat auch ein gutes Gehalt.«

Metier (frz.) Beruf

Fabrik hier in der Köpnicker Straße → Seite 224

reputierlicher ehrenwerter

»Un Lene?«

»Nu, Lene, die nähm' ihn schon. Und warum auch nich? Aber sie kann ja den Mund nich halten, und wenn er kommt und ihr was sagt, dann wird sie ihm alles erzählen, all die alten Geschichten, erst die mit Kuhlwein (un is doch nu schon so lang, als wär's eigentlich gar nich gewesen), und denn die mit dem Baron. Und Franke, müssen Sie wissen, ist ein feiner un anständiger Mann, un eigentlich schon ein Herr.«

»Wir müssen es ihr ausreden. Er braucht ja nich alles zu wissen; wozu denn? wir wissen ja auch nich alles.«

»Woll, woll. Aber die Lene . . .«

Achtzehntes Kapitel

Nun war Juni 78. Frau von Rienäcker und Frau von Sellenthin waren den Mai über auf Besuch bei dem jungen Paare gewesen, und Mutter und Schwiegermutter, die sich mit jedem Tage mehr einredeten, ihre Käthe blasser, blutloser und matter als sonst vorgefunden zu haben, hatten, wie sich denken lässt, nicht aufgehört, auf einen Spezialarzt zu dringen, mit dessen Hilfe, nach beiläufig sehr kostspieligen gynäkologischen Untersuchungen, eine vierwöchentliche Schlangenbader Kur als vorläufig unerlässlich festgesetzt worden war. Schwalbach könne dann folgen. Käthe hatte gelacht und nichts davon wissen wollen, am wenigsten von Schlangenbad, »es sei so was Unheimliches in dem Namen und sie fühle schon die Viper an der Brust«, aber schließlich hatte sie nachgegeben und in den nun beginnenden Reisevorbereitungen eine Befriedigung gefunden, die größer war als die, die sie sich von der Kur versprach. Sie fuhr täglich in die Stadt, um Einkäufe zu machen, und wurde nicht müde zu versichern, wie sie jetzt erst das so hoch in Gunst und Geltung stehende »shopping« der englischen Damen begrei-

gynäkologischen frauenheilkundlichen

Schlangenbader Kur … Schwalbach → Seite 224

Viper an der Brust → Seite 224

fen lerne: So von Laden zu Laden zu wandern und immer hübsche Sachen und höfliche Menschen zu finden, das sei doch wirklich ein Vergnügen und lehrreich dazu, weil man so vieles sehe, was man gar nicht kenne, ja, wovon man bis dahin nicht einmal den Namen gehört hätte. Botho nahm in der Regel an diesen Gängen und Ausfahrten teil, und ehe die letzte Juniwoche heran war, war die halbe Rienäckersche Wohnung in eine kleine Ausstellung von Reiseeffekten umgewandelt: Ein Riesenkoffer mit Messingbeschlag, den Botho, nicht ganz mit Unrecht, den Sarg seines Vermögens nannte, leitete den Reigen ein, dann kamen zwei kleinere von Juchtenleder, samt Taschen, Decken und Kissen, und über das Sofa hin ausgebreitet lag die Reisegarderobe mit einem Staubmantel obenan und einem Paar wundervoller dicksohliger Schnürstiefel, als ob es sich um irgendeine Gletscherpartie gehandelt hätte.

Effekten bewegliche Habe, Habseligkeiten

Juchtenleder strapazierfähig gegerbtes, wasserdichtes Leder

Staubmantel leichter, meist heller (sandfarbener) Mantel

Den 24. Juni, Johannistag, sollte die Reise beginnen, aber am Tage vorher wollte Käthe den cercle intime noch einmal um sich versammeln, und so waren denn Wedell und ein junger Osten und selbstverständlich auch Pitt und Serge zu verhältnismäßig früher Stunde geladen worden. Dazu Käthes besonderer Liebling Balafré, der, bei Mars-la-Tour, damals noch als »Halberstädter«, die große Attacke mitgeritten und wegen eines wahren Prachthiebes schräg über Stirn und Backe seinen Beinamen erhalten hatte.

24. Juni, Johannistag → Seite 224

cercle intime (frz.) Kreis vertrauter Freunde

bei Mars-la-Tour → Seite 224

»Halberstädter« Halberstädter Kürassier (vgl. Seite 200: ›ein gewisser Kürassieroffizier‹)

Käthe saß zwischen Wedell und Balafré und sah nicht aus, als ob sie Schlangenbads oder irgendeiner Badekur der Welt besonders bedürftig sei, sie hatte Farbe, lachte, tat hundert Fragen und begnügte sich, wenn der Gefragte zu sprechen anhob, mit einem Minimum von Antwort. Eigentlich führte sie das Wort, und keiner nahm Anstoß daran, weil sie die Kunst des gefälligen Nichtssagens mit einer wahren Meisterschaft übte. Balafré fragte, wie sie sich ihr Leben in den

Kurtagen denke? Schlangenbad sei nicht bloß wegen seiner Heilwunder, sondern viel, viel mehr noch wegen seiner Langenweile berühmt, und vier Wochen Badelangeweile seien selbst unter den günstigsten Kurverhältnissen etwas viel.

»O lieber Balafré«, sagte Käthe, »Sie dürfen mich nicht ängstigen und würden es auch nicht, wenn Sie wüssten, wie viel Botho für mich getan hat. Er hat mir nämlich acht Bände Novellen als freilich unterste Schicht in den Koffer gelegt, und damit sich meine Fantasie nicht kurwidrig erhitze, hat er gleich noch ein Buch über künstliche Fischzucht mit zugetan.«

ein Buch über künstliche Fischzucht → Seite 225

Balafré lachte.

»Ja, Sie lachen, lieber Freund, und wissen doch erst die kleinere Hälfte, die Haupthälfte (Botho tut nämlich nichts ohne Grund und Ursache) ist seine Motivierung. Es war natürlich bloß Scherz, was ich da vorhin von meiner mithilfe der Fischzuchtsbroschüre nicht zu schädigenden Fantasie sagte, das Ernste von der Sache lief darauf hinaus, ich *müsse* dergleichen, die Broschüre nämlich, endlich lesen, und zwar aus Lokalpatriotismus, denn die Neumark, unsere gemeinsame glückliche Heimat, sei seit Jahr und Tag schon die Brut- und Geburtsstätte der künstlichen Fischzucht, und wenn ich von diesem nationalökonomisch so wichtigen neuen Ernährungsfaktor nichts wüsste, so dürft' ich mich jenseits der Oder im Landsberger Kreise gar nicht mehr sehen lassen, am allerwenigsten aber in Berneuchen, bei meinem Vetter Borne.«

Neumark → Seite 225

nationalökonomisch volkswirtschaftlich

Berneuchen → Seite 225

Botho wollte das Wort nehmen, aber sie schnitt es ihm ab und fuhr fort: »Ich weiß, was du sagen willst und dass es wenigstens mit den acht Novellen nur so für alle Fälle sei. Gewiss, gewiss, du bist immer so schrecklich vorsichtig. Aber ich denke, ›alle Fälle‹ sollen gar nicht kommen. Ich hatte nämlich gestern noch einen Brief von meiner Schwester Ine, die mir schrieb, Anna Grävenitz sei seit acht Tagen auch da. Sie kennen sie ja, Wedell, eine geborene Rohr, charmante Blondine, mit der ich bei der alten Zülow in Pension und sogar in derselben Klasse war. Und ich entsinne mich noch, wie wir unsern vergötterten Felix Bachmann gemeinschaftlich anschwärmten und sogar Verse machten, bis die gute alte Zülow sagte, sie verbäte sich solchen Unsinn. Und Elly Winterfeld, wie mir Ine schreibt, käme wahrscheinlich auch. Und nun sag' ich mir, in Gesellschaft von zwei reizenden jungen Frauen – und ich als dritte, wenn auch mit den beiden andern gar nicht zu vergleichen –, in so guter Gesellschaft, sag' ich, muss man doch am Ende leben können. Nicht wahr, lieber Balafré?« Dieser verneigte sich unter einem grotesken Mienenspiel, das in allem, nur nicht hinsichtlich eines von ihr selbst versicherten Zurückstehens gegen irgendwen sonst in der Welt, seine Zustimmung ausdrücken sollte, nahm aber nichtsdestoweniger sein ursprüngliches Examen wieder auf und sagte: »Wenn ich Details hören könnte, meine Gnädigste! Das Einzelne, sozusagen die Minute, bestimmt unser Glück und Unglück. Und der Tag hat der Minuten so viele.«

unsern vergötterten Felix Bachmann Gemeint ist vermutlich der damals berühmte Tenorbariton Eduard Bachmann (1831–1880).

Winterfeld → Seite 225

Examen hier: Befragung

»Nun, ich denk' es mir so. Jeden Morgen Briefe. Dann Promenadenkonzert und Spaziergang mit den zwei Damen, am liebsten in einer verschwiegenen Allee. Da setzen wir uns dann und lesen uns die Briefe vor, die wir doch hoffentlich erhalten werden, und lachen, wenn er zärtlich schreibt, und sagen ›ja, ja‹. Und dann kommt das Bad und nach dem Bade die Toilette, natürlich mit Sorglichkeit und Liebe, was doch in Schlangenbad nicht ununterhaltlicher sein kann als in Berlin. Eher das Gegenteil. Und dann gehen wir zu Tisch und haben einen alten General zur Rechten und einen reichen Industriellen zur Linken, und für Industrielle hab' ich von Jugend an eine Passion gehabt. Eine Passion, deren ich mich nicht schäme. Denn entweder haben sie neue Panzer-

ununterhaltlicher weniger unterhaltsam

für Industrielle hab' ich von Jugend an eine Passion gehabt → Seite 225 platten erfunden oder unterseeische Telegrafen gelegt oder einen Tunnel gebohrt oder eine Kletter-Eisenbahn angelegt. Und dabei, was ich auch nicht verachte, sind sie reich. Und nach Tische Lesezimmer und Kaffee bei heruntergelassenen Jalousien, sodass einem die Schatten und Lichter immer auf der Zeitung umhertanzen. Und dann Spaziergang. Und vielleicht, wenn wir Glück haben, haben sich sogar ein paar Frankfurter oder Mainzer Kavaliere herüberverirrt und reiten neben dem Wagen her, und das muss ich Ihnen sagen, meine Herren, gegen Husaren, gleichviel ob rot oder blau, kommen Sie nicht auf, und von meinem militärischen Standpunkt aus ist und bleibt es ein entschiedener Fehler, dass man die Gardedragoner verdoppelt, aber die Gardehusaren sozusagen einfach gelassen hat. Und noch unbegreiflicher ist es mir, dass man sie drüben lässt. So was Apartes gehört in die Hauptstadt.«

Botho, den das enorme Sprechtalent seiner Frau zu genieren anfing, suchte durch kleine Schraubereien ihrer Schwatzhaftigkeit Einhalt zu tun. Aber seine Gäste waren viel unkritischer als er, ja erheiterten sich mehr denn je über die »reizende kleine Frau«, und Balafré, der in Käthebewunderung obenan stand, sagte: »Rienäcker, wenn Sie noch ein Wort gegen Ihre Frau sagen, so sind Sie des Todes. Meine Gnädigste, was dieser Oger von Ehemann nur überhaupt will? Was er nur krittelt? Ich weiß es nicht. Und am Ende muss ich gar glauben, dass er sich in seiner Schwerenkavallerie-Ehre gekränkt fühlt und, Pardon wegen der Wortspielerei, lediglich um seines Harnisch willen in Harnisch gerät. Rienäcker, ich beschwöre Sie! Wenn ich solche Frau hätte wie Sie, so wäre mir jede Laune Befehl, und wenn mich die Gnädigste zum Husaren machen wollte, nun, so würd' ich schlankweg Husar und damit basta. So viel aber weiß ich gewiss und möchte Leben und Ehre darauf verwetten, wenn

unterseeische Telegrafen → Seite 225

Frankfurter oder Mainzer Kavaliere → Seite 225

Husaren, gleichviel ob rot oder blau → Seite 225

Gardedragoner verdoppelt → Seite 226

drüben in Potsdam

Apartes Besonderes, Reizvolles

Schraubereien Neckereien

Oger (frz.: ›ogre‹) menschenfressender Riese im französischen Märchen

krittelt immerzu auszusetzen hat

in seiner Schwerenkavallerie-Ehre → Seite 226

schlankweg ohne zu zögern

Seine Majestät solche beredten Worte hören könnte, so hätten die Gardehusaren drüben keine ruhige Stunde mehr, lägen morgen schon in Marschquartier in Zehlendorf und rückten übermorgen durchs Brandenburger Tor hier ein. O dies Haus Sellenthin, das ich, die Gelegenheit beim Schopf ergreifend, in diesem ersten Toaste zum ersten, zum zweiten und zum dritten Male leben lasse! Warum haben Sie keine Schwester mehr, meine Gnädigste? Warum hat sich Fräulein Ine bereits verlobt? Vor der Zeit und jedenfalls mir zum Tort.«

Zehlendorf Ortsteil von Berlin

Tort (frz.) Unrecht, Schaden, Kränkung

Käthe war glücklich über derlei kleine Huldigungen und versicherte, dass sie, trotz Ine, die nun freilich rettungslos für ihn verloren sei, alles tun wolle, was sich tun lasse, wiewohl sie recht gut wisse, dass er, als ein unverbesserlicher Junggeselle, nur bloß so rede. Gleich danach aber ließ sie die Neckerei mit Balafré fallen und nahm das Reisegespräch wieder auf, am eingehendsten das Thema, wie sie sich die Korrespondenz eigentlich denke. Sie hoffe, wie sie nur wiederholen könne, jeden Tag einen Brief zu empfangen, das sei nun mal Pflicht eines zärtlichen Gatten, werd' es aber ihrerseits an sich kommen lassen und nur am ersten Tage von Station zu Station ein Lebenszeichen geben. Dieser Vorschlag fand Beifall, sogar bei Rienäcker, und wurde nur schließlich dahin abgeändert, dass sie zwar auf jeder Hauptstation bis Köln hin, über das sie trotz des Umwegs ihre Route nahm, eine Karte schreiben, alle ihre Karten aber, so viel oder so wenig ihrer sein möchten, in ein gemeinschaftliches Kuvert stecken solle. Das habe dann den Vorzug, dass sie sich ohne Furcht vor Postexpedienten und Briefträgern über ihre Reisegenossen in aller Ungeniertheit aussprechen könne.

Korrespondenz Briefwechsel, Schriftverkehr

Postexpedienten für den Versand zuständige Postbeamte

Nach dem Diner nahm man draußen auf dem Balkon den Kaffee, bei welcher Gelegenheit sich Käthe, nachdem sie sich eine Weile gesträubt, in ihrem Reisekostüm: in Rembrandthut und Staubmantel samt umgehängter Reisetasche

Rembrandthut → Seite 226

präsentierte. Sie sah reizend aus. Balafré war entzückter denn je und bat sie, nicht allzu sehr überrascht sein zu wollen, wenn sie ihn am andern Morgen, ängstlich in eine Kupee-Ecke gedrückt, als Reisekavalier vorfinden sollte.

»Vorausgesetzt, dass er Urlaub kriegt«, lachte Pitt.

»Oder desertiert«, setzte Serge hinzu, »was den Huldigungsakt freilich erst vollkommen machen würde.«

So ging die Plauderei noch eine Weile. Dann verabschiedete man sich bei den liebenswürdigen Wirten und kam überein, bis zur Lützowplatzbrücke zusammenzubleiben. Hier aber teilte man sich in zwei Parteien, und während Balafré samt Wedell und Osten am Kanal hin weiterschlenderten, gingen Pitt und Serge, die noch zu Kroll wollten, auf den Tiergarten zu.

Lützowplatzbrücke → Seite 226

Kroll vgl. Seite 198

»Reizendes Geschöpf, diese Käthe«, sagte Serge. »Rienäcker wirkt etwas prosaisch daneben, und mitunter sieht er so sauertöpfisch und neunmalweise drein, als ob er die kleine Frau, die bei Lichte besehn eigentlich klüger ist als er, vor aller Welt entschuldigen müsse.«

Pitt schwieg.

»Und was sie nur in Schwalbach oder Schlangenbad soll?«, fuhr Serge fort. »Es hilft doch nichts. Und wenn es hilft, ist es meist eine sehr sonderbare Hilfe.«

Und wenn es hilft, … sonderbare Hilfe anzügliche Anspielung auf die Möglichkeit einer Liebschaft während der Kur

Pitt sah ihn von der Seite her an. »Ich finde, Serge, du russifizierst dich immer mehr oder, was dasselbe sagen will, wächst dich immer mehr in deinen Namen hinein.«

»Immer noch nicht genug. Aber Scherz beiseite, Freund, eines ist ernst in der Sache: Rienäcker ärgert mich. Was hat er gegen die reizende, kleine Frau. Weißt du's?«

»Ja.«

»Nun?«

»She is rather a little silly. Oder wenn du's deutsch hören willst: sie dalbert ein bisschen. Jedenfalls ihm zu viel.«

She is rather a little silly. → Seite 226

dalbert albert herum, macht Unsinn

Neunzehntes Kapitel

Käthe zog zwischen Berlin und Potsdam schon die gelben Vorhänge vor ihr Kupeefenster, um Schutz gegen die beständig stärker werdende Blendung zu haben, am Luisenufer aber waren an demselben Tage keine Vorhänge herabgelassen, und die Vormittagssonne schien hell in die Fenster der Frau Nimptsch und füllte die ganze Stube mit Licht. Nur der Hintergrund lag im Schatten, und hier stand ein altmodisches Bett mit hoch aufgetürmten und rot und weiß karierten Kissen, an die Frau Nimptsch sich lehnte. Sie saß mehr als sie lag, denn sie hatte Wasser in der Brust und litt heftig an asthmatischen Beschwerden. Immer wieder wandte sie den Kopf nach dem einen offen stehenden Fenster, aber doch noch häufiger nach dem Kaminofen, auf dessen Herdstelle heute kein Feuer brannte.

> *hatte Wasser in der Brust* Bei einem Serothorax, einer Ansammlung von Flüssigkeit im Brustraum, kann es zu Atemnot kommen.

Lene saß neben ihr, ihre Hand haltend, und als sie sah, dass der Blick der Alten immer in derselben Richtung ging, sagte sie: »Soll ich ein Feuer machen, Mutter? Ich dachte, weil du liegst und die Bettwärme hast und weil es so heiß ist . . .«

Die Alte sagte nichts, aber es kam Lenen doch so vor, als ob sie's wohl gern hätte. So ging sie denn hin und bückte sich und machte ein Feuer.

Als sie wieder ans Bett kam, lächelte die Alte zufrieden und sagte: »Ja, Lene, heiß ist es. Aber du weißt ja, ich muss es immer sehn. Und wenn ich es nicht sehe, dann denk' ich, es ist alles aus und kein Leben und kein Funke mehr. Und man hat doch so seine Angst hier . . .«

Und dabei wies sie nach Brust und Herz.

»Ach, Mutter, du denkst immer gleich an Sterben. Und ist doch so oft schon vorübergegangen.«

»Ja, Kind, oft is es vorübergegangen, aber mal kommt es, und mit siebzig da kann es jeden Tag kommen. Weißt du, mache das andere Fenster auch noch auf, dann is mehr Luft hier, und das Feuer brennt besser. Sieh doch bloß, es will nicht mehr recht, es raucht so ...«

»Das macht die Sonne, die grade drauf steht ...«

»Und dann gib mir von den grünen Tropfen, die mir die Dörr gebracht hat. Ein bisschen hilft es doch immer.«

Lene tat wie geheißen, und der Kranken, als sie die Tropfen genommen hatte, schien wirklich etwas besser und leichter ums Herz zu werden. Sie stemmte die Hand aufs Bett und schob sich höher hinauf, und als ihr Lene noch ein Kissen ins Kreuz gestopft hatte, sagte sie: »War Franke schon hier?«

»Ja; gleich heute früh. Er fragt immer, ehe er in die Fabrik geht.«

»Is ein sehr guter Mann.«

»Ja, das ist er.«

»Und mit das Konventikelsche ...«

»... wird es so schlimm nicht sein. Und ich glaube beinah, dass er seine guten Grundsätze da herhat. Glaubst du nicht auch?«

Die Alte lächelte. »Nein, Lene, die kommen vom lieben Gott. Und der eine hat sie, un der andre hat sie nicht. Ich glaube nich recht ans Lernen un Erziehen ... Und hat er noch nichts gesagt?«

»Ja, gestern Abend.«

»Un was hast du ihm geantwortet?«

»Ich hab' ihm geantwortet, dass ich ihn nehmen wolle, weil ich ihn für einen ehrlichen und zuverlässigen Mann hielte, der nicht bloß für mich, sondern auch für dich sorgen würde ...«

Die Alte nickte zustimmend.

»Und«, fuhr Lene fort, »als ich das so gesagt hatte, nahm er meine Hand und rief in guter Laune: ›Na, Lene, denn also abgemacht!‹ Ich aber schüttelte den Kopf und sagte, dass das so schnell nicht ginge, denn ich hätt' ihm noch was zu bekennen. Und als er fragte was, erzählt' ich ihm, ich hätte zweimal ein Verhältnis gehabt: erst ... na, du weißt ja, Mutter ... und den ersten hätt' ich ganz gern gehabt, und den andern hätt ich sehr geliebt, und mein Herz hinge noch an ihm. Aber er sei jetzt glücklich verheiratet, und ich hätt' ihn nie wiedergesehen, außer ein einzig Mal, und ich wollt' ihn auch nicht wiedersehn. Ihm aber, der es so gut mit uns meine, hätt' ich das alles sagen müssen, weil ich keinen und am wenigsten ihn hintergehen wolle ...«

»Jott, Jott«, weimerte die Alte dazwischen.

»... Und gleich danach ist er aufgestanden und in seine Wohnung rübergegangen. Aber er war nicht böse, was ich ganz deutlich sehen konnte. Nur litt er's nicht, als ich ihn, wie sonst, bis an die Flurtür bringen wollte.«

Frau Nimptsch war ersichtlich in Angst und Unruhe, wobei sich freilich nicht recht erkennen ließ, ob es um des eben Gehörten willen oder aus Atemnot war. Es schien aber fast das Letztre, denn mit einem Male sagte sie: »Lene, Kind, ich liege nich hoch genug. Du musst mir noch das Gesangbuch unterlegen.«

Lene widersprach nicht, ging vielmehr und holte das Gesangbuch. Als sie's aber brachte, sagte die Alte: »Nein, nich das, das ist das neue. Das alte will ich, das dicke mit den zwei Klappen.« Und erst als Lene mit dem dicken Gesangbuche wieder da war, fuhr die Alte fort: »Das hab' ich meiner Mutter selig auch holen müssen und war noch ein halbes Kind damals und meine Mutter noch keine fuffzig und saß ihr auch hier und konnte keine Luft kriegen, und die großen Angstaugen kuckten mich immer so an. Als ich ihr aber das Porstsche, das sie bei der Einsegnung gehabt, unterschob, da wurde sie ganz still und ist ruhig eingeschlafen. Und das

meiner Mutter selig meiner verstorbenen Mutter

auch hier auch in der Brust

das Porstsche → Seite 226

möcht' ich auch. Ach, Lene. Der Tod ist es nich . . . Aber das Sterben . . . So, so. Ah, das hilft.«

Lene weinte still vor sich hin, und weil sie nun wohl sah, dass der guten alten Frau letzte Stunde nahe sei, schickte sie zu Frau Dörr und ließ sagen, »es stehe schlecht und ob Frau Dörr nicht kommen wolle«. Die ließ denn auch zurücksagen, »ja, sie werde kommen . . .«, und um die sechste Stunde kam sie wirklich mit Lärm und Trara, weil Leisesein, auch bei Kranken, nicht ihre Sache war. Sie stappste nur so durch die Stube hin, dass alles schütterte und klirrte, was auf und neben dem Herde lag, und dabei verklagte sie Dörr, der immer grad in der Stadt sei, wenn er mal zu Hause sein solle, und immer zu Hause wär', wenn sie ihn zum Kuckuck wünsche. Dabei hatte sie der Kranken die Hand gedrückt und Lene gefragt, »ob sie denn auch tüchtig von den Tropfen eingegeben habe«.

»Ja.«

»Wie viel denn?«

»Fünf . . . fünf alle zwei Stunden.«

Das sei zu wenig, hatte die Dörr darauf versichert und unter Auskramung ihrer gesamten medizinischen Kenntnis hinzugesetzt. »Sie habe die Tropfen vierzehn Tage lang in der Sonne ziehn lassen, und wenn man sie richtig einnehme, so ginge das Wasser weg wie mit 'ner Plumpe. Der alte Selke drüben im Zoologischen sei schon wie 'ne Tonne gewesen und habe schon ein Vierteljahr lang keinen Bettzippel mehr gesehn, immer aufrecht in'n Stuhl un alle Fenster weit aufgerissen, als er aber vier Tage lang die Tropfen genommen, sei's gewesen, wie wenn man auf eine Schweinsblase drücke: hast du nich gesehn, alles raus un wieder lapp un schlapp«.

Plumpe (ostmitteldeutsch) Pumpe

Unter diesen Worten hatte die robuste Frau der alten Nimptsch eine doppelte Portion von ihrem Fingerhut eingezwungen.

Fingerhut → Seite 226

Lene, die bei dieser energischen Hilfe von einer doppelten und nur zu berechtigten Angst befallen wurde, nahm ihr Tuch und schickte sich an, einen Arzt zu holen. Und die Dörr, die sonst immer gegen die Doktors war, hatte diesmal nichts dagegen.

»Geh«, sagte sie, »sie kann's nicht lange mehr machen. Kuck bloß mal hier« (und sie wies auf die Nasenflügel), »da sitzt der Dod.«

Lene ging; aber sie konnte den Michaelkirchplatz noch kaum erreicht haben, als die bis dahin in einem Halbschlummer gelegene Alte sich aufrichtete und nach ihr rief: »Lene . . . «

»Lene is nich da.«

»Wer is denn da?«

»Ich, Mutter Nimptsch. Ich, Frau Dörr.«

Hutsche Fußbank (vgl. Seite 7)

»Ach, Frau Dörr, das is recht. So, hierher; hier auf die Hutsche.«

Frau Dörr, gar nicht gewöhnt, sich kommandieren zu lassen, schüttelte sich ein wenig, war aber doch zu gutmütig, um dem Kommando nicht nachzukommen. Und so setzte sie sich denn auf die Fußbank.

auf'n neuen Jacobikirchhof → Seite 226

Rollkrug → Seite 226

Britz Vorort von Berlin, 1920 eingemeindet

vordem früher

das Hemd das Leichenhemd

Kamisol kurze, eng anliegende (Unter-)Jacke

Und sieh da, im selben Augenblick begann auch die alte Frau schon: »Ich will einen gelben Sarg haben un blauen Beschlag. Aber nich zu viel . . . «

»Gut, Frau Nimptsch.«

»Un ich will auf'n neuen Jakobikirchhof liegen, hintern Rollkrug un ganz weit weg nach Britz zu.«

»Gut, Frau Nimptsch.«

»Un gespart hab' ich alles dazu, schon vordem, als ich noch sparen konnte. Un es liegt in der obersten Schublade. Un da liegt auch das Hemd un das Kamisol und ein Paar weiße Strümpfe mit N. Und dazwischen liegt es.«

»Gut, Frau Nimptsch. Es soll alles geschehn, wie Sie gesagt haben. Und is sonst noch was?«

Aber die Alte schien von Frau Dörrs Frage nichts mehr gehört zu haben, und ohne Antwort zu geben, faltete sie bloß die Hände, sah mit einem frommen und freundlichen Ausdruck zur Decke hinauf und betete: »Lieber Gott im Himmel, nimm sie in deinen Schutz und vergilt ihr alles, was sie mir alten Frau getan hat.«

getan Gutes getan

»Ah, die Lene«, sagte Frau Dörr vor sich hin und setzte dann hinzu: »Das wird der liebe Gott auch, Frau Nimptsch, den kenn' ich, und habe noch keine verkommen sehn, die so war wie die Lene und solch Herz und solche Hand hatte.«

Die Alte nickte, und ein freundlich Bild stand sichtlich vor ihrer Seele.

So vergingen Minuten, und als Lene zurückkam und vom Flur her an die Korridortür klopfte, saß Frau Dörr noch immer auf der Fußbank und hielt die Hand ihrer alten Freundin. Und jetzt erst, wo sie das Klopfen draußen hörte, ließ sie die Hand los und stand auf und öffnete.

Lene war noch außer Atem. »Er ist gleich hier . . . er wird gleich kommen.«

Aber die Dörr sagte nur: »Jott, die Doktors«, und wies auf die Tote.

Zwanzigstes Kapitel

Käthes erster Reisebrief war in Köln auf die Post gegeben und traf, wie versprochen, am andern Morgen in Berlin ein. Die gleich mitgegebene Adresse rührte noch von Botho her, der jetzt, lächelnd und in guter Laune, den sich etwas fest anfühlenden Brief in Händen hielt. Wirklich, es waren drei mit blassem Bleistift und auf beiden Seiten beschriebene Karten in das Kuvert gesteckt worden, alle schwer lesbar, sodass

Rienäcker auf den Balkon hinaustrat, um das undeutliche Gekritzel besser entziffern zu können.

»Nun lass sehn, Käthe.«

Und er las:

Brandenburg a. H. die Stadt Brandenburg an der Havel, die seit 1881 Kreisstadt war

»*Brandenburg a. H.*, 8 Uhr früh. Der Zug, mein lieber Botho, hält hier nur drei Minuten, aber sie sollen nicht ungenutzt vorübergehen, nötigenfalles schreib' ich unterwegs im Fahren weiter, so gut oder so schlecht es geht. Ich reise mit einer jungen, sehr reizenden Bankierfrau, Madame Salinger geb. Saling, aus Wien. Als ich mich über die Namensähnlichkeit wunderte, sagte sie: ›Joa, schaun's, i hoab halt mei Kom'prativ g'heirat't.‹ Sie spricht in einem fort dergleichen und geht trotz einer zehnjährigen Tochter (blond; die Mutter brünett) ebenfalls nach Schlangenbad. Und auch über Köln und auch, wie ich, eines dort abzustattenden Besuches halber. Das Kind ist gut geartet, aber nicht gut erzogen, und hat mir bei dem beständigen Umherklettern im Kupee bereits meinen Sonnenschirm zerbrochen, was die Mutter sehr in Verlegenheit brachte. Auf dem Bahnhofe, wo wir eben halten, d. h. in diesem Augenblicke setzt sich der Zug schon wieder in Bewegung, wimmelt es von Militär, darunter auch Brandenburger Kürassiere mit einem quittgelben Namenszug auf der Achselklappe; wahrscheinlich Nikolaus. Es macht sich sehr gut. Auch Füsiliere waren da, Fünfunddreißiger, kleine Leute, die mir doch kleiner vorkamen als nötig, obschon Onkel Osten immer zu sagen pflegte: der beste Füsilier sei *der*, der nur mit bewaffnetem Auge gesehen werden könne. Doch ich schließe. Die Kleine (leider) rennt nach wie vor von einem Kupeefenster zum andern und erschwert mir das Schreiben. Und dabei nascht sie beständig Kuchen, kleine mit Kirschen und Pistazien belegte Tortenstücke. Schon zwischen Potsdam und Werder fing sie damit an. Die Mutter ist doch zu schwach. Ich würde strenger sein.«

wahrscheinlich Nikolaus → Seite 227

Füsiliere → Seite 227

Fünfunddreißiger → Seite 227

Werder kleinere Stadt in Brandenburg, zehn Kilometer südwestlich von Potsdam

Botho legte die Karte beiseite und überflog, so gut es ging, die zweite. Sie lautete:

»*Hannover*, 12 Uhr 30 Minuten. In Magdeburg war Goltz am Bahnhofe und sagte mir, Du hättest ihm geschrieben, ich käme. Wie gut und lieb wieder von Dir. Du bist doch immer der Beste, der Aufmerksamste. Goltz hat jetzt die Vermessungen am Harz, d. h. am 1. Juli fängt er an. – Der Aufenthalt hier in Hannover währt eine Viertelstunde, was ich benutzt habe, mir den unmittelbar am Bahnhofe gelegenen Platz anzusehen: lauter erst unter unserer Herrschaft entstandene Hotels und Bier-Etablissements, von denen eines ganz im gotischen Stile gebaut ist. Die Hannoveraner, wie mir ein Mitreisender erzählte, nennen es die ›Preußische Bierkirche‹, bloß aus welfischem Antagonismus. Wie schmerzlich dergleichen! Die Zeit wird aber auch *hier* vieles mildern. Das walte Gott. – Die Kleine knabbert in einem fort weiter, was mich zu beunruhigen anfängt. Wohin soll das führen? Die Mutter aber ist wirklich reizend und hat mir schon *alles* erzählt. Sie war auch in Würzburg, bei Scanzoni, für den sie schwärmt. Ihr Vertrauen gegen mich ist beschämend und beinahe peinlich. Im Übrigen ist sie, wie ich nur wiederholen kann, durchaus comme il faut. Um Dir bloß eines zu nennen, welch Reisenecessaire! Die Wiener sind uns in solchen Dingen doch sehr überlegen; man merkt die ältere Kultur.«

»Wundervoll«, lachte Botho. »Wenn Käthe kulturhistorische Betrachtungen anstellt, übertrifft sie sich selbst. Aber aller guten Dinge sind drei. Lass sehn.«

Und dabei nahm er die dritte Karte.

»*Köln*, 8 Uhr abends. Kommandantur. Ich will meine Karten doch lieber noch *hier* zur Post geben und nicht bis Schlangenbad warten, wo Frau Salinger und ich morgen Mittag einzutreffen gedenken. Mir geht es gut. Schroffen-

erst unter unserer Herrschaft → Seite 227

aus welfischem Antagonismus → Seite 227

walte bestimme, richte, regele

bei Scanzoni → Seite 227

comme il faut (frz.) wie es sich gehört

Reisenecessaire Tasche, in der Waschzeug und sonstige Toilettenartikel untergebracht werden

Kommandantur Amtssitz des Stadtkommandanten, des militärischen Befehlshabers am Ort

Equipage (frz.) elegante, herrschaftliche Kutsche

Hamm Industriestadt im heutigen Nordrhein-Westfalen, seit den späten 1870er-Jahren auch Kurbad

Drops flacher, runder Fruchtbonbon ohne Füllung

steins sehr liebenswürdig; besonders er. Übrigens, um nichts zu vergessen, Frau Salinger wurde durch Oppenheims Equipage vom Bahnhofe abgeholt. Unsere Fahrt, anfangs so reizvoll, gestaltete sich von Hamm aus einigermaßen beschwerlich und unschön. Die Kleine litt schwer und leider durch Schuld der Mutter. ›Was möchtest du noch?‹, fragte sie, nachdem unser Zug eben den Bahnhof Hamm passiert hatte, worauf das Kind antwortete: ›Drops.‹ Und erst von *dem* Augenblicke an wurd' es so schlimm . . . Ach, lieber Botho, jung oder alt, unsere Wünsche bedürfen doch beständig einer strengen und gewissenhaften Kontrolle. Dieser Gedanke beschäftigt mich seitdem unausgesetzt, und die Begegnung mit dieser liebenswürdigen Frau war vielleicht kein Zufall in meinem Leben. Wie oft habe ich Kluckhuhn in diesem Sinne sprechen hören. Und er hat recht. Morgen mehr. Deine Käthe.«

Botho schob die drei Karten wieder ins Kuvert und sagte: »Ganz Käthe. Welch Talent für die Plauderei! Und ich könnte mich eigentlich freuen, dass sie so schreibt, wie sie schreibt. Aber es fehlt etwas. Es ist alles so angeflogen, so bloßes Gesellschaftsecho. Aber sie wird sich ändern, wenn sie Pflichten hat. Oder doch vielleicht. Jedenfalls will ich die Hoffnung darauf nicht aufgeben.«

Am Tage danach kam ein kurzer Brief aus Schlangenbad, in dem viel, viel weniger stand als auf den drei Karten, und von diesem Tage an schrieb sie nur alle halbe Woche noch und plauderte von Anna Grävenitz und der wirklich auch noch erschienenen Elly Winterfeld, am meisten aber von Madame Salinger und der reizenden kleinen Sarah. Es waren immer dieselben Versicherungen, und nur am Schlusse der dritten Woche hieß es einigermaßen abweichend: »Ich finde jetzt die Kleine reizender als die Mutter. Diese gefällt sich in einem Toilettenluxus, den ich kaum passend finden kann, umso weniger, als eigentlich keine Herren hier sind. Auch seh' ich jetzt, dass sie Farbe auflegt, und namentlich die Augenbrauen malt und vielleicht auch die Lippen, denn sie sind kirschrot. Das Kind aber ist sehr natürlich. Immer wenn sie mich sieht, stürzt sie mit Vehemenz auf mich zu und küsst mir die Hand und entschuldigt sich zum hundertsten Male wegen der Drops, ›aber die Mama sei schuld‹, worin ich dem Kinde nur zustimmen kann. Und doch muss andererseits ein geheimnisvoll naschiger Zug in Sarahs Natur liegen, ich möchte beinahe sagen, etwas wie Erbsünde (glaubst Du daran? ich glaube daran, mein lieber Botho), denn sie kann von den Süßigkeiten nicht lassen und kauft sich in einem fort Oblaten, nicht Berliner, die wie Schaumkringel schmecken, sondern Karlsbader mit eingestreutem Zucker. Aber nichts mehr schriftlich davon. Wenn ich Dich wiedersehe, was sehr bald sein kann – denn ich möchte gern mit Anna Grävenitz zusammen reisen, man ist doch so mehr unter sich –, sprechen wir darüber und über vieles andere noch. Ach, wie freu' ich mich, Dich wiedersehn und mit Dir auf dem Balkon sitzen zu können. Es ist doch am schönsten in Berlin, und wenn dann die Sonne so hinter Charlottenburg und dem Grunewald steht, und man so träumt und so müde wird, o wie herrlich ist das! Nicht wahr! Und weißt Du wohl, was Frau Salinger gestern zu mir sagte? ›Ich sei noch blonder geworden‹, sagte sie. Nun, Du wirst ja sehn. Wie immer Deine Käthe.«

Oblaten … Karlsbader Karlsbader Oblaten sind verzierte Gebäckstücke mit süßer Füllung. Traditionell bestehen sie aus zwei Oblaten mit etwa 20 Zentimetern Durchmesser, die von einer Masse aus Zucker und Mandelsplittern zusammengehalten werden.

Rienäcker nickte mit dem Kopf und lächelte. »Reizende, kleine Frau. Von ihrer Kur schreibt sie nichts; ich wette, sie fährt spazieren und hat noch keine zehn Bäder genommen.« Und nach diesem Selbstgespräche gab er dem eben eintretenden Burschen einige Weisungen und ging, durch Tiergarten und Brandenburger Tor, erst die Linden hinunter und dann auf die Kaserne zu, wo der Dienst ihn bis Mittag in Anspruch nahm.

Als er bald nach zwölf Uhr wieder zu Hause war und sich's, nach eingenommenem Imbiss, eben ein wenig bequem machen wollte, meldete der Bursche, »dass ein Herr ... ein Mann (er schwankte in der Titulatur) draußen sei, der den Herrn Baron zu sprechen wünsche«.

Titulatur Rangbezeichnung, passenden Anrede

»Wer?«

»Gideon Franke ... Er sagte so.«

Gideon → Seite 227

»Franke? Sonderbar. Nie gehört. Lass ihn eintreten.«

Der Bursche ging wieder, während Botho wiederholte: »Franke ... Gideon Franke ... Nie gehört. Kenn' ich nicht.«

Einen Augenblick später trat der Angemeldete ein und verbeugte sich von der Tür her etwas steif. Er trug einen bis oben hin zugeknöpften schwarzbraunen Rock, übermäßig blanke Stiefel und blankes schwarzes Haar, das an beiden Schläfen dicht anlag. Dazu schwarze Handschuh und hohe Vatermörder von untadliger Weiße.

Vatermörder um 1800 aufgekommener Herrenhemdkragen mit steif emporstehenden Spitzen

Botho ging ihm mit der ihm eigenen chevaleresken Artigkeit entgegen und sagte: »Herr Franke?«

chevaleresken Artigkeit (frz.) ritterlichen, zuvorkommenden Höflichkeit

Dieser nickte.

»Womit kann ich dienen? Darf ich Sie bitten, Platz zu nehmen ... Hier ... Oder vielleicht hier. Polsterstühle sind immer unbequem.«

Franke lächelte zustimmend und setzte sich auf einen Rohrstuhl, auf den Rienäcker hingewiesen hatte.

Rohrstuhl leichter Stuhl aus Bambusrohr

»Womit kann ich dienen?«, wiederholte Rienäcker.

»Ich komme mit einer Frage, Herr Baron.«

»Die mir zu beantworten eine Freude sein wird, vorausgesetzt, dass ich sie beantworten kann.«

»Oh, niemand besser als Sie, Herr von Rienäcker ... Ich komme nämlich wegen der Lene Nimptsch.«

Botho fuhr zurück.

»... Und möchte«, fuhr Franke fort, »gleich hinzusetzen dürfen, dass es nichts Genierliches ist, was mich herführt.

Alles, was ich zu sagen oder, wenn Sie's gestatten, Herr Baron, zu fragen habe, wird Ihnen und Ihrem Hause keine Verlegenheiten schaffen. Ich weiß auch von der Abreise der gnädigen Frau, der Frau Baronin, und habe mit allem Vorbedacht auf Ihr Alleinsein gewartet oder, wenn ich so sagen darf, auf Ihre Strohwitwertage.«

Strohwitwertage Zeit einer vorübergehenden Abwesenheit der Ehefrau

Botho hörte mit feinem Ohre heraus, dass der, der da sprach, trotz seines spießbürgerlichen Aufzuges ein Mann von Freimut und untadeliger Gesinnung sei. Das half ihm rasch aus seiner Verwirrung heraus, und er hatte Haltung und Ruhe ziemlich wiedergewonnen, als er über den Tisch hin fragte: »Sie sind ein Anverwandter Lenens? Verzeihung, Herr Franke, dass ich meine alte Freundin bei diesem alten, mir so lieben Namen nenne.«

Freimut selbstbewusst offenem Wesen

Franke verbeugte sich und erwiderte: »Nein, Herr Baron, kein Verwandter; ich habe nicht diese Legitimation. Aber meine Legitimation ist vielleicht keine schlechtere: Ich kenne die Lene seit Jahr und Tag und habe die Absicht, sie zu heiraten. Sie hat auch zugesagt, aber mir bei der Gelegenheit auch von ihrem Vorleben erzählt und dabei mit so großer Liebe von Ihnen gesprochen, dass es mir auf der Stelle feststand, Sie selbst, Herr Baron, offen und unumwunden fragen zu wollen, was es mit der Lene eigentlich sei. Worin Lene selbst, als ich ihr von meiner Absicht erzählte, mich mit sichtlicher Freude bestärkte, freilich gleich hinzusetzend: Ich solle es lieber nicht tun, denn Sie würden zu gut von ihr sprechen.«

Legitimation Beglaubigung, Berechtigungsnachweis für ein Vorgehen

Botho sah vor sich hin und hatte Mühe, die Bewegung seines Herzens zu bezwingen. Endlich aber war er wieder Herr seiner selbst und sagte: »Sie sind ein ordentlicher Mann, Herr Franke, der das Glück der Lene will, so viel hör' und seh' ich, und das gibt Ihnen ein gutes Recht auf Antwort. Was ich Ihnen zu sagen habe, darüber ist mir kein Zweifel, und ich schwanke nur noch *wie*. Das Beste wird sein, ich erzähl' Ihnen, wie's kam und weiter ging und dann abschloss.«

Franke verbeugte sich abermals, zum Zeichen, dass er auch seinerseits dies für das Beste halte.

Treptower Liebesinsel → Seite 227

»Nun denn«, hob Rienäcker an, »es geht jetzt ins dritte Jahr oder ist auch schon ein paar Monate darüber, dass ich bei Gelegenheit einer Kahnfahrt um die Treptower Liebesinsel herum in die Lage kam, zwei jungen Mädchen einen Dienst zu leisten und sie vor dem Kentern ihres Bootes zu bewahren. Eins der beiden Mädchen war die Lene, und an der Art, wie sie dankte, sah ich gleich, dass sie anders war als andere. Von Redensarten keine Spur, auch später nicht, was ich gleich hier hervorheben möchte. Denn so heiter und mitunter beinahe ausgelassen sie sein kann, von Natur ist sie nachdenklich, ernst und einfach.«

Botho schob mechanisch das noch auf dem Tische stehende Tablett beiseite, strich die Decke glatt und fuhr dann fort: »Ich bat sie, sie nach Hause begleiten zu dürfen, und sie nahm es ohne Weiteres an, was mich damals einen Augenblick überraschte. Denn ich kannte sie noch nicht. Aber ich sah sehr bald, woran es lag; sie hatte sich von Jugend an daran gewöhnt, nach ihren eigenen Entschlüssen zu handeln, ohne viel Rücksicht auf die Menschen und jedenfalls ohne Furcht vor ihrem Urteil.«

Franke nickte.

»So machten wir denn den weiten Weg, und ich begleitete sie nach Haus und war entzückt von allem, was ich da sah, von der alten Frau, von dem Herd, an dem sie saß, von dem Garten, darin das Haus lag, und von der Abgeschiedenheit und Stille. Nach einer Viertelstunde ging ich wieder, und als ich mich draußen am Gartengitter von der Lene verabschiedete, frug ich, ob ich wiederkommen dürfe, welche Frage sie mit einem einfachen ›Ja‹ beantwortete. Nichts von falscher Scham, aber noch weniger von Unweiblichkeit. Umgekehrt, es lag etwas Rührendes in ihrem Wesen und ihrer Stimme.«

Rienäcker, als das alles wieder vor seine Seele trat, stand in sichtlicher Erregung auf und öffnete beide Flügel der Balkontür, als ob es ihm in seinem Zimmer zu heiß werde. Dann, auf und ab schreitend, fuhr er in einem rascheren Tempo fort: »Ich habe kaum noch etwas hinzuzusetzen. Das war um Ostern, und wir hatten einen Sommer lang allerglücklichste Tage. Soll ich davon erzählen? Nein. Und dann kam das Leben mit seinem Ernst und seinen Ansprüchen. Und das war es, was uns trennte.«

Botho hatte mittlerweile seinen Platz wieder eingenommen, und der all die Zeit über mit Glattstreichung seines Hutes beschäftigte Franke sagte ruhig vor sich hin: »Ja, so hat sie mir's auch erzählt.«

»Was nicht anders sein kann, Herr Franke. Denn die Lene – und ich freue mich von ganzem Herzen, auch gerade das noch sagen zu können –, die Lene lügt nicht und bisse sich eher die Zunge ab, als dass sie flunkerte. Sie hat einen doppelten Stolz, und neben dem, von ihrer Hände Arbeit leben zu wollen, hat sie noch den andern, alles gradheraus zu sagen und keine Flausen zu machen und nichts zu vergrößern und nichts zu verkleinern. ›Ich brauche es nicht und ich will es nicht‹, das hab' ich sie viele Male sagen hören. Ja, sie hat ihren eigenen Willen, vielleicht etwas mehr, als recht ist, und wer sie tadeln will, kann ihr vorwerfen, eigenwillig zu sein. Aber sie will nur, was sie glaubt verantworten zu können und wohl auch wirklich verantworten kann, und solch Wille, mein' ich, ist doch mehr Charakter als Selbstgerechtigkeit. Sie nicken, und ich sehe daraus, dass wir einerlei Meinung sind, was mich aufrichtig freut. Und nun noch ein Schlusswort, Herr Franke. Was zurückliegt, liegt zurück.

hin hinwegsehen

Können Sie darüber nicht hin, so muss ich das respektieren. Aber können Sie's, so sag' ich Ihnen, Sie kriegen da eine selten gute Frau. Denn sie hat das Herz auf dem rechten Fleck und ein starkes Gefühl für Pflicht und Recht und Ordnung.«

Katechismus vgl. Seite 20

»So hab' ich Lenen auch immer gefunden, und ich verspreche mir von ihr, ganz so wie der Herr Baron sagen, eine selten gute Frau. Ja, der Mensch soll die Gebote halten, *alle* soll er sie halten, aber es ist doch ein Unterschied, je nachdem die Gebote sind, und wer das *eine* nicht hält, der kann immer noch was taugen, wer aber das *andere* nicht hält, und wenn's auch im Katechismus dicht daneben stünde, der taugt nichts und ist verworfen von Anfang an, und steht außerhalb der Gnade.«

das sechste … falsch Zeugnis redet → Seite 227

Proppertät … Honnettität … Reellität → Seite 227

Botho sah ihn verwundert an und wusste sichtlich nicht, was er aus dieser feierlichen Ansprache machen sollte. Gideon Franke aber, der nun auch seinerseits im Gange war, hatte kein Auge mehr für den Eindruck, den seine ganz auf eigenem Boden gewachsenen Anschauungen hervorbrachten, und fuhr deshalb in einem immer predigerhafter werdenden Tone fort: »Und wer in seines Fleisches Schwäche gegen das sechste verstößt, dem kann verziehen werden, wenn er in gutem Wandel und in der Reue steht, wer aber gegen das *siebente* verstößt, der steckt nicht bloß in des Fleisches Schwäche, der steckt in der Seele Niedrigkeit, und wer lügt und trügt oder verleumdet und falsch Zeugnis redet, der ist von Grund aus verdorben und aus der Finsternis geboren und ist keine Rettung mehr und gleicht einem Felde, darinnen die Nesseln so tief liegen, dass das Unkraut immer wieder aufschießt, so viel gutes Korn auch gesäet werden mag. Und darauf leb' ich und sterb' ich und hab' es durch alle Tage hin erfahren. Ja, Herr Baron, auf die Proppertät kommt es an und auf die Honnettität kommt es an und auf die Reellität. Und auch im Ehestande. Denn ehrlich währt am längsten und Wort und Verlass muss sein. Aber was gewesen ist, das ist gewesen, das gehört vor Gott. Und denk' ich anders darüber, was ich auch respektiere, geradeso wie der Herr Baron, so muss ich davon bleiben und mit meiner Neigung und Liebe gar nicht erst anfangen. Ich war lange drüben in den States, und wenn auch drüben, geradeso wie hier, nicht alles Gold ist, was glänzt, das ist doch wahr, man lernt drüben anders sehen und nicht immer durchs selbe Glas. Und lernt auch, dass es viele Heilswege gibt und viele Glückswege. Ja, Herr Baron, es gibt viele Wege, die zu Gott führen, und es gibt viele Wege, die zu Glück führen, dessen bin ich in meinem Herzen gleicherweise gewiss. Und der eine Weg ist gut und der andre Weg ist gut. Aber jeder gute Weg muss ein offner Weg und ein gerader Weg sein und in der Sonne liegen und ohne Morast und ohne Sumpf und ohne Irrlicht. Auf die Wahrheit kommt es an und auf die Zuverlässigkeit kommt es an und auf die Ehrlichkeit.«

davon bleiben mich fernhalten

Franke hatte sich bei diesen Worten erhoben, und Botho, der ihm artig bis an die Tür hin folgte, gab ihm hier die Hand.

»Und nun, Herr Franke, bitt' ich zum Abschied noch um das eine: Grüßen Sie mir die Frau Dörr, wenn Sie sie sehn und der alte Verkehr mit ihr noch andauert, und vor allem grüßen Sie mir die gute alte Frau Nimptsch. Hat sie denn noch ihre Gicht und ihre ›Wehdage‹, worüber sie sonst beständig klagte?«

Verkehr Umgang

»Damit ist es vorbei.«

»Wie das?«, fragte Botho.

»Wir haben sie vor drei Wochen schon begraben, Herr Baron. Gerade heut' vor drei Wochen.«

»Begraben?«, wiederholte Botho. »Und wo?«

»Draußen hinterm Rollkrug, auf dem neuen Jakobikirchhof . . . Eine gute alte Frau. Und wie sie an der Lene hing. Ja, Herr Baron, die Mutter Nimptsch ist tot. Aber Frau

Dörr, die lebt noch« (und er lachte), »die lebt noch lange. Und wenn sie kommt, ein weiter Weg ist es, dann werd' ich sie grüßen. Und ich sehe schon, wie sie sich freut. Sie kennen sie ja, Herr Baron. Ja, ja, die Frau Dörr . . .«

Und Gideon Franke zog noch einmal seinen Hut, und die Tür fiel ins Schloss.

Einundzwanzigstes Kapitel

Rienäcker, als er wieder allein war, war von dieser Begegnung und vor allem von dem, was er zuletzt gehört, wie benommen. Wenn er sich, in der zwischenliegenden Zeit, des kleinen Gärtnerhauses und seiner Insassen erinnert hatte, so hatte sich ihm selbstverständlich alles so vor die Seele gestellt, wie's einst gewesen war, und nun war alles anders, und er hatte sich in einer ganz neuen Welt zurechtzufinden: In dem Häuschen wohnten Fremde, wenn es überhaupt noch bewohnt war, auf dem Herde brannte kein Feuer mehr, wenigstens nicht tagaus, tagein, und Frau Nimptsch, die das Feuer gehütet hatte, war tot und lag draußen auf dem Jakobikirchhof. Alles das ging in ihm um, und mit einem Male stand auch der Tag wieder vor ihm, an dem er der alten Frau, halb humoristisch, halb feierlich, versprochen hatte, ihr einen Immortellenkranz aufs Grab zu legen. In der Unruhe, darin er sich befand, war es ihm schon eine Freude, dass ihm das Versprechen wieder einfiel, und so beschloss er denn die damalige Zusage sofort wahr zu machen. »Rollkrug und Mittag und pralle Sonne – die reine Reise nach Mittelafrika. Aber die gute Alte soll ihren Kranz haben.«

Und gleich danach nahm er Degen und Mütze und machte sich auf den Weg.

An der Ecke war ein Droschkenstand, freilich nur ein kleiner, und so kam es, dass trotz der Inschrifttafel »Halteplatz für drei Droschken« immer nur der Platz und höchst selten eine Droschke da war. So war es auch heute wieder, was mit Rücksicht auf die Mittagsstunde (wo die Droschken überall, als ob die Erde sie verschlänge, zu verschwinden pflegen) an diesem ohnehin nur auf ein Pflichtteil gesetzten Halteplatz kaum überraschen konnte. Botho ging also weiter, bis ihm, in Nähe der Van-der-Heydt-Brücke, ein ziemlich klappriges Gefährt entgegenkam, hellgrün mit rotem Plüschsitz und einem Schimmel davor. Der Schimmel schlich nur so hin, und Rienäcker konnte sich angesichts der »Tour«, die dem armen Tiere bevorstand, eines wehmütigen Lächelns nicht erwehren. Aber so weit er auch das Auge schicken mochte, nichts Besseres war in Sicht, und so trat er denn an den Kutscher heran und sagte: »Nach dem Rollkrug. Jakobikirchhof.«

»Zu Befehl, Herr Baron.«

». . . Aber unterwegs müssen wir halten. Ich will nämlich noch einen Kranz kaufen.«

»Zu Befehl, Herr Baron.«

Botho war einigermaßen verwundert über die mit so viel Promptheit wiederkehrende Titulatur und sagte deshalb: »Kennen Sie mich?«

»Zu Befehl, Herr Baron. Baron Rienäcker, Landgrafenstraße. Dicht bei'n Halteplatz. Hab' Ihnen schon öfter gefahren.«

Bei diesem Gespräche war Botho eingestiegen, gewillt, sich's in der Plüschecke nach Möglichkeit bequem zu machen, er gab es aber bald wieder auf, denn die Ecke war heiß wie ein Ofen.

Rienäcker hatte den hübschen und herzerquickenden Zug aller märkischen Edelleute, mit Personen aus dem Volke gern zu plaudern, lieber als mit »Gebildeten«, und begann

auf ein Pflichtteil gesetzten kümmerlichen; mit dem Unvermeidlichen (dem Mindeststandard) Ausgestatteten. (Der Pflichtteil ist der Anteil eines Erbes, der einem nahen Angehörigen nicht testamentarisch vorenthalten werden kann.)

Van-der-Heydt-Brücke → Seite 228

»Tour« Strecke, Fahrt, Ausflug

denn auch ohne Weiteres, während sie im Halbschatten der jungen Kanalbäume dahinfuhren: »Is das eine Hitze! Ihr Schimmel wird sich auch nicht gefreut haben, wenn er ›Rollkrug‹ gehört hat.«

»Na, Rollkrug geht noch; Rollkrug geht noch von wegen der Heide. Wenn er da durchkommt un die Fichten riecht, freut er sich immer. Er is nämlich von's Land ... Oder vielleicht is es auch die Musike. Wenigstens spitzt er immer die Ohren.«

»So, so«, sagte Botho. »Bloß nach Tanzen sieht er mir nicht aus ... Aber wo werden wir denn den Kranz kaufen? Ich möchte nicht gern ohne Kranz auf den Kirchhof kommen.«

Kirchhofsgegend → Seite 228

Pionierstraße → Seite 228

»O damit is noch Zeit, Herr Baron. Wenn erst die Kirchhofsgegend kommt, von's Hallsche Tor an un die ganze Pionierstraße runter.«

»Ja, ja, Sie haben recht; ich entsinne mich ...«

»Un nachher, bis dicht an den Kirchhof ran, hat's ihrer auch noch.«

Sie sind wohl ein Schlesier? → Seite 228

Botho lächelte. »Sie sind wohl ein Schlesier?«

»Ja«, sagte der Kutscher. »Die meisten sind. Aber ich bin schon lange hier und eigentlich ein halber Richtiger-Berliner.«

»Und 's geht Ihnen gut?«

Haber mundartlich für Hafer

propres gepflegtes, makelloses

Fahrpolizei amtliche Aufsicht über die städtischen Mietkutscher

»Na, von gut is nu woll keine Rede nich. Es kost't allens zu viel un soll immer von's Beste sein. Und der Haber is teuer. Aber das ginge noch, wenn man bloß sonst nichts passierte. Passieren tut aber immer was, heute bricht 'ne Achse, un morgen fällt en Pferd. Ich habe noch einen Fuchs zu Hause, der bei den Fürstenwalder Ulanen gestanden hat; propres Pferd, man bloß keine Luft nich un wird es woll nich lange mehr machen. Un mit eins is er weg ... Un denn die Fahrpolizei; nie zufrieden, hier nich un da nich. Immer muss man frisch anstreichen. Un der rote Plüsch is auch nich von umsonst.«

Während sie noch so plauderten, waren sie, den Kanal entlang, bis an das Hallesche Tor gekommen; vom Kreuzberg her aber kam gerad ein Infanteriebataillon mit voller Musik, und Botho, der keine Begegnungen wünschte, trieb deshalb etwas zur Eile. So ging es denn rasch an der Belle-Alliance-Brücke vorbei, jenseits derselben aber ließ er halten, weil er gleich an einem der ersten Häuser gelesen hatte: »Kunst- und Handelsgärtnerei«. Drei, vier Stufen führten in einen Laden hinauf, in dessen großem Schaufenster allerlei Kränze lagen.

vom Kreuzberg her → Seite 228

ein Infanteriebatallion mit voller Musik → Seite 228

Belle-Alliance-Brücke → Seite 228

Rienäcker stieg aus und die Stufen hinauf. Die Tür oben aber gab beim Eintreten einen scharfen Klingelton. »Darf ich Sie bitten, mir einen hübschen Kranz zeigen zu wollen?«

»Begräbnis?«

»Ja.«

Das schwarz gekleidete Fräulein, das, vielleicht mit Rücksicht auf den Umstand, dass hier meist Grabkränze verkauft wurden, in seiner Gesamthaltung (selbst die Schere fehlte nicht) etwas ridikül Parzenhaftes hatte, kam alsbald mit einem Immergrünkranze zurück, in den weiße Rosen eingeflochten waren. Zugleich entschuldigte sie sich, dass es nur weiße Rosen seien. Weiße Kamelien stünden höher. Botho seinerseits war zufrieden, enthielt sich aller Ausstellungen und fragte nur, ob er zu dem frischen Kranz auch einen Immortellenkranz haben könne?

etwas ridikül Parzenhaftes → Seite 228

Immergrünkranz Immergrün ist eine Pflanze mit lederartigen Blättern und blauen, weißen oder roten Blüten.

Ausstellungen hier wohl: Kommentare

Das Fräulein schien über das Altmodische, das sich in dieser Frage kundgab, einigermaßen verwundert, bejahte jedoch und erschien gleich danach mit einem Karton, in dem fünf, sechs Immortellenkränze lagen, gelbe, rote, weiße.

»Zu welcher Farbe raten Sie mir?«

Das Fräulein lächelte: »Immortellenkränze sind ganz außer Mode. Höchstens in Winterzeit . . . Und dann immer nur . . .«

Immortellenkranz vgl. Seite 209

»Es wird das Beste sein, ich entscheide mich ohne Weiteres für diesen hier.« Und damit schob Botho den ihm zunächst liegenden gelben Kranz über den Arm, ließ den von Immergrün mit den weißen Rosen folgen und stieg rasch wieder in seine Droschke. Beide Kränze waren ziemlich groß und fielen auf dem roten Plüschrücksitz, auf dem sie lagen, hinreichend auf, um in Botho die Frage zu wecken, ob er sie nicht lieber dem Kutscher hinüberreichen solle. Rasch aber entschlug er sich dieser Anwandlung wieder und sagte: »Wenn man der alten Frau Nimptsch einen Kranz bringen will, muss man sich auch zu dem Kranz bekennen. Und wer sich dessen schämt, muss es überhaupt nicht versprechen.«

entschlug er sich dieser Anwandlung verwarf er diese Idee

So ließ er denn die Kränze liegen, wo sie lagen, und vergaß ihrer beinah ganz, als sie gleich danach in einen Straßenteil einbogen, der ihn durch seine bunte, hier und da groteske Szenerie von seinen bisherigen Betrachtungen abzog. Rechts, auf wohl fünfhundert Schritt Entfernung hin, zog sich ein Plankenzaun, über den hinweg allerlei Buden, Pavillons und Lampenportale ragten, alle mit einer Welt von Inschriften bedeckt. Die meisten derselben waren neueren und neusten Datums, einige dagegen, und gerade die größten und buntesten, griffen weit zurück und hatten sich, wenn auch in einem regenverwaschenen Zustande, vom letzten Jahr her gerettet. Mitten unter diesen Vergnügungslokalen und mit ihnen abwechselnd, hatten verschiedene Handwerksmeister ihre Werkstätten aufgerichtet, vorwiegend Bildhauer und Steinmetze, die hier, mit Rücksicht auf die zahlreichen Kirchhöfe, meist nur Kreuze, Säulen und Obelisken ausstellten. All das konnte nicht verfehlen, auf jeden hier des Weges Kommenden einen Eindruck zu machen, und diesem Eindruck unterlag auch Rienäcker, der von seiner Droschke her, unter wachsender Neugier, die nicht enden wollenden und untereinander im tiefsten Gegensatze ste-

Plankenzaun Bretterzaun

Obelisken frei stehende, rechteckige, oben spitz zulaufende Pfeiler

henden Anpreisungen las und die dazu gehörigen Bilder musterte. »Fräulein Rosella das Wundermädchen, lebend zu sehen; Grabkreuze zu billigsten Preisen; amerikanische Schnellphotographie; russisches Ballwerfen, sechs Wurf zehn Pfennig; schwedischer Punsch mit Waffeln; Figaros schönste Gelegenheit oder erster Frisiersalon der Welt; Grabkreuze zu billigsten Preisen; Schweizer Schießhalle:

›Schieße gut und schieße schnell,
Schieß und triff wie Wilhelm Tell.‹«

Und darunter Tell selbst mit Armbrust, Sohn und Apfel.

Figaro → Seite 228

Endlich war man am Ende der langen Bretterwand, und an eben diesem Endpunkte machte der Weg eine scharfe Biegung auf die Hasenheide zu, von deren Schießständen her man in der mittäglichen Stille das Knattern der Gewehre hörte. Sonst blieb alles auch in dieser Fortsetzung der Straße so ziemlich dasselbe: Blondin, nur in Trikot und Medaillen gekleidet, stand balancierend auf dem Seil, überall von Feuerwerk umblitzt, während um und neben ihm allerlei kleinere Plakate sowohl Ballonauffahrten wie Tanzvergnügungen ankündigten. Eins lautete: »Sizilianische Nacht. Um zwei Uhr Wiener Bonbonwalzer.«

Hasenheide → Seite 228

Blondin → Seite 229

Trikot hier: leichte eng anliegende Kleidung eines Akrobaten

Botho, der diese Stelle wohl seit Jahr und Tag nicht passiert hatte, las alles mit ungeheucheltem Interesse, bis er nach Passierung der »Heide«, deren Schatten ihn ein paar Minuten lang erquickt hatte, jenseits derselben in den Hauptweg einer sehr belebten und in ihrer Verlängerung auf Rixdorf zulaufenden Vorstadt einbog. Wagen, in doppelter und dreifacher Reihe, bewegten sich vor ihm her, bis mit einem Male alles stillstand und der Verkehr stockte. »Warum halten wir?« Aber ehe der Kutscher antworten konnte, hörte Botho schon das Fluchen und Schimpfen aus der Front her und sah, dass alles ineinander gefahren war. Sich vorbeugend und dabei neugierig nach allen Seiten hin ausspähend,

Rixdorf heute Teil von Berlin-Neukölln

Vorstadt außerhalb des alten Stadtkerns gelegener Ortsteil

würde ihm, bei der ihm eigenen Vorliebe für das Volkstümliche, der ganze Zwischenfall sehr wahrscheinlich mehr Vergnügen als Missstimmung bereitet haben, wenn ihn nicht ein vor ihm haltender Wagen sowohl durch Ladung wie Inschrift zu trübseliger Betrachtung angeregt hätte. »Glasbruch-Ein- und -Verkauf von Max Zippel in Rixdorf« stand in großen Buchstaben auf einem wandartigen Hinterbrett, und ein ganzer Berg von Scherben türmte sich in dem Wagenkasten auf. »Glück und Glas« . . . Und mit Widerstreben sah er hin und dabei war ihm in allen Fingerspitzen, als schnitten ihn die Scherben.

Max Zippel → Seite 229

Endlich aber kam die Wagenreihe nicht nur wieder in Fluss, sondern der Schimmel tat auch sein Bestes, Versäumtes einzuholen, und eine kleine Weile, so hielt man vor einem lehnan gebauten, mit hohem Dach und vorspringendem Giebel ausstaffierten Eckhause, dessen Erdgeschossfenster so niedrig über der Straße lagen, dass sie mit dieser fast dasselbe Niveau hatten. Ein eiserner Arm streckte sich aus dem Giebel vor und trug einen aufrecht stehenden vergoldeten Schlüssel.

lehnan sanft aufwärts, leicht in die Höhe ansteigend

»Was ist das?«, fragte Botho.

»Der Rollkrug.«

»Gut. Dann sind wir bald da. Bloß hier noch bergan. Tut mir leid um den Schimmel, aber es hilft nichts.«

Der Kutscher gab dem Pferd einen Knips, und gleich darnach fuhren sie die mäßig ansteigende Bergstraße hinauf, an deren einer Seite der *alte*, wegen Überfüllung schon wieder halb geschlossene Jakobikirchhof lag, während an der dem Kirchhofszaun gegenüber gelegenen Seite hohe Mietskasernen aufstiegen.

Knips Peitschenschlag

Bergstraße heute Teil der Karl-Marx-Straße im Bezirk Neukölln

Mietskasernen Arbeiterwohnquartiere

Vor dem letzten Hause standen umherziehende Spielleute, Horn und Harfe, dem Anscheine nach Mann und Frau. Die Frau sang auch, aber der Wind, der hier ziemlich scharf ging, trieb alles hügelan, und erst als Botho zehn Schritt und mehr an dem armen Musikantenpaare vorüber war, war er in der Lage, Text und Melodie zu hören. Es war dasselbe Lied, das sie damals auf dem Wilmersdorfer Spaziergange so heiter und so glücklich gesungen hatten, und er erhob sich und blickte, wie wenn es ihm nachgerufen würde, nach dem Musikantenpaare zurück. Die standen abgekehrt und sahen nichts, ein hübsches Dienstmädchen aber, das an der Giebelseite des Hauses mit Fensterputzen beschäftigt war und den um- und rückschauhaltenden Blick des jungen Offiziers sich zuschreiben mochte, schwenkte lustig von ihrem Fensterbrett her den Lederlappen und fiel übermütig mit ein: »Ich denke dran, ich danke dir mein Leben, doch *du* Soldat, Soldat, denkst *du* daran?«

Botho, die Stirn in die Hand drückend, warf sich in die Droschke zurück und ein Gefühl, unendlich süß und unendlich schmerzlich, ergriff ihn. Aber freilich das Schmerzliche wog vor und fiel erst ab von ihm, als die Stadt hinter ihm lag und fern am Horizont im blauen Mittagsdämmer die Müggelberge sichtbar wurden.

wog vor überwog

Endlich hielten sie vor dem Neuen Jakobikirchhof.

»Soll ich warten?«

»Ja. Aber nicht hier. Unten beim Rollkrug. Und wenn Sie die Musikantenleute noch treffen . . . hier, das ist für die arme Frau.«

Zweiundzwanzigstes Kapitel

Botho hatte sich der Führung eines gleich am Kirchhofseingange beschäftigten Alten anvertraut und das Grab der Frau Nimptsch in guter Pflege gefunden: Efeuranken waren eingesetzt, ein Geraniumtopf stand dazwischen, und an einem Eisenständerchen hing bereits ein Immortellenkranz. »Ah, Lene«, sagte Botho vor sich hin. »Immer dieselbe . . . Ich komme zu spät.« Und dann wandt' er sich zu dem neben ihm stehenden Alten und sagte: »War wohl bloß 'ne kleine Leiche?«

'ne kleine Leiche ein kleines Begräbnis

»Ja, klein war sie man.«

»Drei oder vier?«

»Justement vier. Und versteht sich unser alter Supperndent. Er sprach bloß 's Gebet, und die große mittelaltsche Frau, die mit dabei war, so vierzig oder drum rum, die blieb in einem Weinen. Und auch 'ne Jungsche war mit dabei. Die kommt jetzt alle Woche mal, und den letzten Sonntag hat sie den Geranium gebracht. Und will auch noch 'n Stein haben, wie sie jetzt Mode sind: grünpoliert mit Namen und Datum drauf.«

Justement (frz.) Genau

Supperndent Superintendent (vgl. Seite 194: ›bei Büchseln‹)

Jungsche junge Frau

Und hiernach zog sich der Alte mit der allen Kirchhofsleuten eigenen Geschäftspolitesse wieder zurück, während Botho seinen Immortellenkranz an den schon vorher von Lene gebrachten anhing, den aus Immergrün und weißen Rosen aber um den Geraniumtopf herumlegte. Dann beging er, nachdem er noch eine Weile das schlichte Grab betrachtet und der guten Frau Nimptsch liebevoll gedacht hatte, wieder auf den Kirchhofsausgang zu. Der Alte, der hier inzwischen seine Spalierarbeit wieder aufgenommen, sah ihm, die Mütze ziehend, nach und beschäftigte sich mit der Frage, was einen so vornehmen Herrn, über dessen Vornehmheit ihm, seinem letzten Händedruck nach, kein Zweifel war, wohl an das Grab der alten Frau geführt haben könne. »Da muss so was sein. Und hat die Droschke nicht warten lassen.« Aber er kam zu keinem Abschluss, und um sich wenigstens auch seinerseits so dankbar wie möglich zu zeigen, nahm er eine der in seiner Nähe stehenden Gießkannen und ging erst auf den kleinen eisernen Brunnen und dann

Geschäftspolitesse geschäftlichen Höflichkeit

Spalierarbeit pflichtschuldige Anwesenheit als stummer Zeuge; (vgl. ›Spalier stehen‹)

keinem Abschluss keiner Klärung, keiner Entscheidung

auf das Grab der Frau Nimptsch zu, um den im Sonnenbrand etwas trocken gewordenen Efeu zu bewässern.

Botho war mittlerweile bis an die dicht am Rollkruge haltende Droschke zurückgegangen, stieg hier ein und hielt eine Stunde später wieder in der Landgrafenstraße. Der Kutscher sprang dienstfertig ab und öffnete den Schlag.

»Da«, sagte Botho ... »Und dies extra. War ja 'ne halbe Landpartie ...«

»Na, man kann's auch woll vor 'ne ganze nehmen.«

»Ich verstehe«, lachte Rienäcker. »Da muss ich wohl noch zulegen?«

»Schaden wird's nich ... Danke schön, Herr Baron.«

»Aber nun futtert mir auch den Schimmel besser raus. Is ja ein Jammer.«

Und er grüßte und stieg die Treppe hinauf.

Schlag Kutschenschlag, Seitentür der Kutsche

vor für

Oben in seiner Wohnung war alles still, selbst die Dienstboten fort, weil sie wussten, dass er um diese Zeit immer im Klub war. Wenigstens seit seinen Strohwitwertagen. »Unzuverlässiges Volk«, brummte er vor sich hin und schien ärgerlich. Trotzdem war es ihm lieb, allein zu sein. Er wollte niemand sehn und setzte sich draußen auf den Balkon, um so vor sich hin zu träumen. Aber es war stickig unter der herabgelassenen Marquise, dran zum Überfluss auch noch lange blauweiße Fransen hingen, und so stand er wieder auf, um die große Leinwand in die Höh' zu ziehn. Das half. Die sich nun einstellende frische Luftströmung tat ihm wohl und aufatmend und bis an die Brüstung vortretend, sah er über Feld und Wald hin bis auf die Charlottenburger Schlosskuppel, deren malachitfarbne Kupferbekleidung im Glanz der Nachmittagssonne schimmerte.

»Dahinter liegt Spandau«, sprach er vor sich hin. »Und hinter Spandau zieht sich ein Bahndamm und ein Schie-

Marquise Markise, Schutzdach vor starker Sonne aus festem Stoff

malachitfarbne malachitgrüne

Spandau Militärstadt vor Berlin, in den 1880er-Jahren als Festung ausgebaut; 1920 eingemeindet

nengeleise, das bis an den Rhein läuft. Und auf dem Geleise seh' ich einen Zug, viele Wagen, und in einem der Wagen sitzt Käthe. Wie sie wohl aussehen mag? Oh, gut; gewiss. Und wovon sie wohl sprechen mag? Nun, ich denke mir von allerlei: pikante Badegeschichten und vielleicht auch von Frau Salingers Toiletten, und dass es in Berlin doch eigentlich am besten sei. Und muss ich mich nicht freuen, dass sie wiederkommt? Eine so hübsche Frau, so jung, so glücklich, so heiter. Und ich freue mich auch. Aber *heute* darf sie nicht kommen. Um Gottes willen nicht. Und doch ist es ihr zuzutrauen. Sie hat seit drei Tagen nicht geschrieben und steht noch ganz auf dem Standpunkt der Überraschungen.«

Er hing dem noch eine Weile nach, dann aber wechselten die Bilder und längst Zurückliegendes trat statt Käthes wieder vor seine Seele: der Dörrsche Garten, der Gang nach Wilmersdorf, die Partie nach Hankels Ablage. Das war der letzte schöne Tag gewesen, die letzte glückliche Stunde . . . »Sie sagte damals, dass ein Haar zu fest binde, darum weigerte sie sich und wollt' es nicht. Und ich? Warum bestand ich darauf? Ja, es gibt solche rätselhaften Kräfte, solche Sympathien aus Himmel oder Hölle, und nun bin ich gebunden und kann nicht los. Ach, sie war so lieb und gut an jenem Nachmittag, als wir noch allein waren und an Störung nicht dachten, und ich vergesse das Bild nicht, wie sie da zwischen den Gräsern stand und nach rechts und links hin die Blumen pflückte. Die Blumen – ich habe sie noch. Aber ich will ein Ende damit machen. Was sollen mir diese toten Dinge, die mir nur Unruhe stiften und mir mein bisschen Glück und meinen Ehefrieden kosten, wenn je ein fremdes Auge darauf fällt.«

Und er erhob sich von seinem Balkonplatz und ging, durch die ganze Wohnung hin, in sein nach dem Hofe hinaus gelegenes Arbeitszimmer, das des Morgens in heller Sonne, jetzt aber in tiefem Schatten lag. Die Kühle tat ihm wohl, und er trat an einen eleganten, noch aus seiner Junggesellenzeit herstammenden Schreibtisch heran, dessen Ebenholzkästchen mit allerlei kleinen Silbergirlanden ausgelegt waren. In der Mitte dieser Kästchen aber baute sich ein mit einem Giebelfeld ausgestattetes und zur Aufbewahrung von Wertsachen dienendes Säulentempelchen auf, dessen nach hinten zu gelegenes Geheimfach durch eine Feder geschlossen wurde. Botho drückte jetzt auf die Feder und nahm, als das Fach aufsprang, ein kleines Briefbündel heraus, das mit einem roten Faden umwunden war, obenauf aber, und wie nachträglich eingeschoben, lagen die Blumen, von denen er eben gesprochen. Er wog das Päckchen in Händen und sagte, während er den Faden ablöste: »Viel Freud, viel Leid. Irrungen, Wirrungen. Das alte Lied.«

Er war allein und an Überraschung nicht zu denken. In seiner Vorstellung aber immer noch nicht sicher genug, stand er auf und schloss die Tür. Und nun erst nahm er den obenauf liegenden Brief und las. Es waren die den Tag vor dem Wilmersdorfer Spaziergange geschriebenen Zeilen, und mit Rührung sah er jetzt im Wiederlesen auf alles das, was er damals mit einem Bleistiftstrichelchen bezeichnet hatte. »Stiehl . . . Alléh . . . Wie diese liebenswürdigen ›h's‹ mich auch heute wieder anblicken, besser als alle Orthographie der Welt. Und wie klar die Handschrift. Und wie gut und schelmisch, was sie da schreibt. Ach, sie hatte die glücklichste Mischung und war vernünftig und leidenschaftlich zugleich. Alles, was sie sagte, hatte Charakter und Tiefe des Gemüts. Arme Bildung, wie weit bleibst du dahinter zurück.«

Er nahm nun auch den zweiten Brief und wollte sich überhaupt vom Schluss her bis an den Anfang der Korrespondenz durchlesen. Aber es tat ihm zu weh. »Wozu? Wozu beleben und auffrischen, was tot ist und tot bleiben muss? Ich muss aufräumen damit und dabei hoffen, dass mit diesen Trägern der Erinnerung auch die Erinnerungen selbst hinschwinden werden.«

es entschlossen seiner Sache sicher

Und wirklich, er war es entschlossen, und sich rasch von seinem Schreibtisch erhebend, schob er einen Kaminschirm beiseit und trat an den kleinen Herd, um die Briefe darauf zu verbrennen. Und siehe da, langsam, als ob er sich das Gefühl eines süßen Schmerzes verlängern wolle, ließ er jetzt Blatt auf Blatt auf die Herdstelle fallen und in Feuer aufgehen. Das Letzte, was er in Händen hielt, war das Sträußchen, und während er sann und grübelte, kam ihm eine Anwandlung, als ob er jede Blume noch einmal einzeln betrachten und zu diesem Zwecke das Haarfädchen lösen müsse. Plötzlich aber, wie von abergläubischer Furcht erfasst, warf er die Blumen den Briefen nach.

Ein Aufflackern noch und nun war alles vorbei, verglommen.

»Ob ich nun frei bin? . . . Will ich's denn? Ich will es *nicht*. Alles Asche. Und *doch* gebunden.«

Dreiundzwanzigstes Kapitel

pompejanischen Die antike Stadt Pompeji ging 79 n. Chr. bei einem Ausbruch des Vesuv unter; im 18. Jahrhundert wurde begonnen, die Reste der Stadt wieder freizulegen.

Minerva mit Schild und Speer → Seite 229

Botho sah in die Asche. »Wie wenig und wie viel.« Und dann schob er den eleganten Kaminschirm wieder vor, in dessen Mitte sich die Nachbildung einer pompejanischen Wandfigur befand. Hundertmal war sein Auge darüber hinweggeglitten, ohne zu beachten, was es eigentlich sei, heute sah er es und sagte: »Minerva mit Schild und Speer. Aber Speer bei Fuß. Vielleicht bedeutet es Ruhe . . . Wär' es so.« Und dann stand er auf, schloss das um seinen besten Schatz ärmer gewordene Geheimfach und ging wieder nach vorn.

Unterwegs, auf dem ebenso schmalen wie langen Korridore, traf er Köchin und Hausmädchen, die diesen Augenblick erst von einem Tiergartenspaziergange zurückkamen. Als er beide verlegen und ängstlich dastehen sah, überkam ihn ein menschlich Rühren, aber er bezwang sich und rief sich zu, wenn auch freilich mit einem Anfluge von Ironie, »dass endlich einmal ein Exempel statuiert werden müsse«. So begann er denn, so gut er konnte, die Rolle des donnernden Zeus zu spielen. Wo sie nur gesteckt hätten? Ob das Ordnung und gute Sitte sei? Er habe nicht Lust, der gnädigen Frau, wenn sie zurückkomme (vielleicht heute schon), einen aus Rand und Band gegangenen Hausstand zu überliefern. Und der Bursche? »Nun, ich will nichts wissen, nichts hören, am wenigsten Entschuldigungen.« Und als dies heraus war, ging er weiter und lächelte, zumeist über sich selbst. »Wie leicht ist doch predigen und wie schwer ist danach handeln und tun. Armer Kanzelheld ich! Bin ich nicht selbst aus Rand und Band? Bin ich nicht selber aus Ordnung und guter Sitte? Dass es war, das möchte gehn, aber dass es noch ist, das ist das Schlimme.«

Dabei nahm er wieder seinen Platz auf dem Balkon und klingelte. Jetzt kam auch der Bursche, fast noch ängstlicher und verlegener als die Mädchen, aber es hatte keine Not mehr, das Wetter war vorüber. »Sage der Köchin, dass ich etwas essen will. Nun, warum stehst du noch? Ah, ich sehe schon« (und er lachte), »nichts im Hause. Trifft sich alles vorzüglich . . . – Also Tee; bringe mir Tee, *der* wird doch wohl da sein. Und lass ein paar Schnitten machen; alle Wetter, ich habe Hunger . . . Und sind die Abendzeitungen schon da?«

»Zu Befehl, Herr Rittmeister.«

Nicht lange, so war der Teetisch draußen auf dem Balkon serviert und selbst ein Imbiss hatte sich gefunden. Botho saß

menschlich Rühren Anspielung auf den vorletzten Vers der vorletzten Strophe von Schillers 1798 entstandener Ballade »Die Bürgschaft« (»Der fühlt ein menschliches Rühren«)

ein Exempel statuiert ein warnendes Beispiel gegeben

die Rolle des donnernden Zeus → Seite 229

überliefern übergeben

es hatte keine Not mehr dafür war kein Grund mehr vorhanden

Wetter das Unwetter, der Zorn

die Abendzeitungen Die großen Zeitungen erschienen damals mit bis zu drei Ausgaben am Tag.

zurückgelehnt in den Schaukelstuhl und starrte nachdenklich in die kleine blaue Flamme. Dann nahm er zunächst den Moniteur seiner kleinen Frau, das »Fremdenblatt«, und erst in weiterer Folge die »Kreuzzeitung« zur Hand und sah auf die letzte Seite. »Gott, wie wird Käthe sich freuen, diese letzte Seite jeden Tag wieder frisch an der Quelle studieren zu können, will sagen zwölf Stunden früher als in Schlangenbad. Und hat sie nicht recht? ›Unsere heut vollzogene eheliche Verbindung beehren sich anzuzeigen Adalbert von Lichterloh, Regierungsreferendar und Lieutenant der Reserve, Hildegard von Lichterloh, geb. Holtze.‹ Wundervoll. Und wahrhaftig, so zu sehn, wie sich's weiter lebt und liebt in der Welt, ist eigentlich das Beste. Hochzeit und Kindtaufen! Und ein paar Todesfälle dazwischen. Nun, die braucht man ja nicht zu lesen, Käthe tut es nicht, und ich tu es auch nicht, und bloß wenn die Vandalen mal einen ihrer ›alten Herrn‹ verloren haben und ich das Korpszeichen inmitten der Trauerannonce sehe, das les' ich, das erheitert mich und ist mir immer, als ob der alte Korpskämpe zu Hofbräu nach Walhalla geladen wäre. Spatenbräu passt eigentlich noch besser.«

Er legte das Blatt wieder beiseit, weil es klingelte ... »Sollte sie wirklich ...« Nein, es war nichts, bloß eine vom Wirt heraufgeschickte Suppenliste, drauf erst fünfzig Pfennig gezeichnet standen. Aber den ganzen Abend über blieb er trotzdem in Aufregung, weil ihm beständig die Möglichkeit einer Überraschung vorschwebte, und sooft er eine Droschke mit einem Koffer vorn und einem Damenreisehute dahinter in die Landgrafenstraße einbiegen sah, rief er sich zu: »Das ist sie; sie liebt dergleichen, und ich höre sie schon sagen: ›Ich dacht' es mir so komisch, Botho.‹

Käthe war nicht gekommen. Statt ihrer kam am anderen Morgen ein Brief, worin sie ihre Rückkehr für den dritten

den Moniteur → Seite 229

das »Fremdenblatt« → Seite 229

die »Kreuzzeitung« vgl. Seite 202

die Vandalen exklusive Heidelberger Studentenverbindung, benannt nach dem germanischen Volk der Vandalen

›alten Herrn‹ Bezeichnung für einstige Burschenschaftler

Korpszeichen Als Korps oder Corps (frz. für: Körper, Gesamtheit) werden besonders traditionsreiche alte Burschenschaften bezeichnet.

Kämpe Kämpfer, Held

Hofbräu fürstliche Brauerei

Walhalla 1842 errichtete ›Ruhmeshalle‹ der Deutschen bei Regensburg

Spatenbräu Brauerei in München, gegründet im Jahre 1397

Tag anmeldete. »Sie werde wieder mit Frau Salinger reisen, die doch, alles in allem, eine sehr nette Frau sei, mit viel guter Laune, viel Chic und viel Reisekomfort.«

Botho legte den Brief aus der Hand und freute sich momentan ganz aufrichtig, seine schöne junge Frau binnen drei Tagen wiederzusehen. »Unser Herz hat Platz für allerlei Widersprüche . . . Sie dalbert, nun ja, aber eine dalbrige junge Frau ist immer noch besser als keine.«

Danach rief er die Leute zusammen und ließ sie wissen, dass die gnädige Frau in drei Tagen wieder da sein werde; sie sollten alles instand setzen und die Schlösser putzen. Und kein Fliegenfleck auf dem großen Spiegel.

Als er so Vorkehrungen getroffen, ging er zum Dienst in die Kaserne. »Wenn wer fragt, ich bin von fünf an wieder zu Haus.«

Sein Programm für die zwischenliegende Zeit ging dahin, dass er bis Mittag auf dem Eskadronhofe bleiben, dann ein paar Stunden reiten und nach dem Ritt im Klub essen wollte. Wenn er niemand anders dort traf, so traf er doch Balafré, was gleichbedeutend war mit Whist en deux und einer Fülle von Hofgeschichten, wahren und unwahren. Denn Balafré, so zuverlässig er war, legte doch grundsätzlich eine Stunde des Tags für Humbug und Aufschneidereien an. Ja, diese Beschäftigung stand ihm, nach Art eines geistigen Sports, unter seinen Vergnügungen obenan.

Und wie das Programm war, so wurd' es auch ausgeführt. Die Hofuhr in der Kaserne schlug eben zwölf, als er sich in den Sattel hob und nach Passierung erst der »Linden« und gleich danach der Luisenstraße schließlich in einen neben dem Kanal hinlaufenden Weg einbog, der weiterhin seine Richtung auf Plötzensee zu nahm. Dabei kam ihm der Tag wieder in Erinnerung, an dem er hier auch herumgeritten war, um sich Mut für den Abschied von Lene zu gewinnen,

Suppenliste (S. 168, Z. 23) Sammelliste für die Armenspeisung

Eskadron Schwadron, kleine Kavallerieeinheit

Whist en deux Variante des Kartenspiels Whist für zwei Personen

Humbug Unsinn, Schwindel

Luisenstraße … neben dem Kanal … auf Plötzensee → Seite 229

für den Abschied, der ihm so schwer ward und der doch sein musste. Das war nun drei Jahre. Was lag alles dazwischen? Viel Freude; gewiss. Aber es war doch keine rechte Freude gewesen. Ein Bonbon, nicht viel mehr. Und wer kann von Süßigkeiten leben!

Er hing dem noch nach, als er auf einem von der Jungfernheide her nach dem Kanal hinüberführenden Reitwege zwei Kameraden herankommen sah, Ulanen, wie die deutlich erkennbaren Tschapkas schon von fernher verrieten. Aber wer waren sie? Freilich, die Zweifel auch darüber konnten nicht lange währen, und noch ehe man sich von hüben und drüben bis auf hundert Schritte genähert hatte, sah Botho, dass es die Rexins waren, Vettern und beide vom selben Regiment.

Tschapkas Czapkas (poln.): Ulanenhelme (vgl. Seite 204)

»Ah, Rienäcker«, sagte der Ältere. »Wohin?«

»So weit der Himmel blau ist.«

»Das ist mir zu weit.«

»Nun dann bis Saatwinkel.«

»Das lässt sich hören. Da bin ich mit von der Partie, vorausgesetzt, dass ich nicht störe ... Kurt (und hiermit wandt' er sich an seinen jüngeren Begleiter), Pardon! Aber ich habe mit Rienäcker zu sprechen. Und unter Umständen ...«

»... spricht sich's besser zu zweien. Ganz nach deiner Bequemlichkeit, Bozel«, und dabei grüßte Kurt von Rexin und ritt weiter. Der mit Bozel angeredete Vetter aber warf sein Pferd herum, nahm die linke Seite neben dem ihm in der Rangliste weit vorstehenden Rienäcker und sagte: »Nun denn also Saatwinkel. In die Tegeler Schusslinie werden wir ja wohl nicht einreiten.«

Bozel Kurzform des slawischen Vornamens Bogislaw

Tegeler Schusslinie vgl. die Seiten 216 und 217

»Ich werd' es wenigstens zu vermeiden suchen«, entgegnete Rienäcker, »erstens mir selbst und zweitens Ihnen zuliebe. Und drittens und letztens um Henriettens willen. Was würde die schwarze Henriette sagen, wenn ihr ihr Bogislaw totgeschossen würde und noch dazu durch eine befreundete Granate?«

befreundete Granate mit Sprengstoff gefülltes Artilleriegeschoss der eigenen Truppen (heutzutage würde man von ›friendly fire‹ sprechen)

»Das würd' ihr freilich einen Stich ins Herz geben«, erwiderte Rexin, »und ihr und mir einen Strich durch die Rechnung machen.«

»Durch welche Rechnung?«

»Das ist eben der Punkt, Rienäcker, über den ich mit Ihnen sprechen wollte.«

»Mit mir? Und von welchem Punkte?«

»Sie sollten es eigentlich erraten und ist auch nicht schwer. Ich spreche natürlich von einem Verhältnis, *meinem* Verhältnis.«

»Verhältnis!«, lachte Botho. »Nun, ich stehe zu Diensten, Rexin. Aber offen gestanden, ich weiß nicht recht, was speziell *mir* Ihr Vertrauen einträgt. Ich bin nach keiner Seite hin, am wenigsten aber nach dieser, eine besondere Weisheitsquelle. Da haben wir ganz andere Autoritäten. Eine davon kennen Sie gut. Noch dazu Ihr und Ihres Vetters besonderer Freund.«

»Balafré?«

»Ja.«

Rexin fühlte was von Nüchternheit und Ablehnung heraus und schwieg einigermaßen verstimmt. Das aber war mehr, als Botho bezweckt hatte, weshalb er sofort wieder einlenkte. »Verhältnisse. Pardon, Rexin, es gibt ihrer so viele.«

»Gewiss. Aber so viel ihrer sind, so verschieden sind sie auch.«

Botho zuckte mit den Achseln und lächelte. Rexin aber, sichtlich gewillt, sich nicht zum zweiten Male durch Empfindelei stören zu lassen, wiederholte nur in gleichmütigem Tone: »Ja, so viel ihrer, so verschieden auch. Und ich wundre mich, Rienäcker, gerade Sie mit den Achseln zucken zu sehn. Ich dachte mir . . . «

»Nun denn heraus mit der Sprache.«

»Soll geschehn.«

hohe Schule eigentlich ein Begriff aus dem Dressurreiten; hier wohl: Verinnerlichung eines bestimmten Verhaltenskodexes

Und nach einer Weile fuhr Rexin fort: »Ich habe die hohe Schule durchgemacht, bei den Ulanen und schon vorher (Sie wissen, dass ich erst spät dazu kam) in Bonn und Göttingen, und brauche keine Lehren und Ratschläge, wenn sich's um das Übliche handelt. Aber wenn ich mich ehrlich befrage, so handelt sich's in meinem Falle nicht um das Übliche, sondern um einen Ausnahmefall.«

»Glaubt jeder.«

Allüren (frz.) gekünsteltes Verhalten, auffälliges Gehabe

»Kurz und gut, ich fühle mich engagiert, mehr als das, ich liebe Henrietten, oder um Ihnen so recht meine Stimmung zu zeigen, ich liebe die schwarze Jette. Ja, dieser anzügliche Trivialname mit seinem Anklang an Kantine passt mir am besten, weil ich alle feierlichen Allüren in dieser Sache vermeiden möchte. Mir ist ernsthaft genug zumut, und weil mir ernsthaft zumut ist, kann ich alles, was wie Feierlichkeit und schöne Redensarten aussieht, nicht brauchen. Das schwächt bloß ab.«

Superiorität Überlegenheit

Botho nickte zustimmend und entschlug sich mehr und mehr jedes Anfluges von Spott und Superiorität, den er bis dahin allerdings gezeigt hatte.

Moltke vgl. Seite 205

strippengerade schnurgerade

»Jette«, fuhr Rexin fort, »stammt aus keiner Ahnenreihe von Engeln und ist selber keiner. Aber wo findet man dergleichen? In unsrer Sphäre? Lächerlich. Alle diese Unterschiede sind ja gekünstelt und die gekünsteltsten liegen auf dem Gebiete der Tugend. Natürlich gibt es Tugend und ähnliche schöne Sachen, aber Unschuld und Tugend sind wie Bismarck und Moltke, das heißt rar. Ich habe mich ganz in Anschauungen wie diese hineingelebt, halte sie für richtig und habe vor, danach zu handeln, soweit es geht. Und nun hören Sie, Rienäcker. Ritten wir hier statt an diesem langweiligen Kanal, so langweilig und strippengerade wie die

Formen und Formeln unsrer Gesellschaft, ich sage, ritten wir hier statt an diesem elenden Graben am Sacramento hin und hätten wir statt der Tegeler Schießstände die Diggings vor uns, so würd' ich die Jette freiweg heiraten; ich kann ohne sie nicht leben, sie hat es mir angetan, und ihre Natürlichkeit, Schlichtheit und wirkliche Liebe wiegen mir zehn Komtessen auf. Aber es geht nicht. Ich kann es meinen Eltern nicht antun und mag auch nicht mit siebenundzwanzig aus dem Dienst heraus, um in Texas Cowboy zu werden oder Kellner auf einem Mississippidampfer. Also Mittelkurs ...«

»Was verstehen Sie darunter?«

»Einigung ohne Sanktion.«

»Also Ehe ohne Ehe.«

»Wenn Sie wollen, ja. Mir liegt nichts am Wort, ebenso wenig wie an Legalisierung, Sakramentierung, oder wie sonst noch diese Dinge heißen mögen; ich bin etwas nihilistisch angeflogen und habe keinen rechten Glauben an pastorale Heiligsprechung. Aber, um's kurz zu machen, ich bin, weil ich nicht anders kann, für Monogamie, nicht aus Gründen der Moral, sondern aus Gründen meiner mir eingebornen Natur. Mir widerstehen alle Verhältnisse, wo knüpfen und lösen sozusagen in dieselbe Stunde fällt, und wenn ich mich eben einen Nihilisten nannte, so kann ich mich mit noch größerem Recht einen Philister nennen. Ich sehne mich nach einfachen Formen, nach einer stillen, natürlichen Lebensweise, wo Herz zum Herzen spricht und wo man das Beste hat, was man haben kann, Ehrlichkeit, Liebe, Freiheit.«

»Freiheit«, wiederholte Botho.

»Ja, Rienäcker. Aber weil ich wohl weiß, dass auch Gefahren dahinter lauern und dies Glück der Freiheit, vielleicht aller Freiheit, ein zweischneidig Schwert ist, das verletzen kann, man weiß nicht wie, so hab' ich Sie fragen wollen.«

Sacramento Der Sacramento River ist der längste Fluss Kaliforniens. Dort kam es zwischen 1848 und 1854 zu einem Goldrausch, als Tausende Goldsucher in den Staat strömten.

Diggings (engl.) Goldfelder

freiweg unbekümmert, ohne zu zögern

Sanktion hier: Billigung, Bestätigung

Legalisierung gesetzliche Beglaubigung

Sakramentierung kirchlichem Segen

etwas nihilistisch angeflogen skeptisch gegenüber der Idee einer göttlichen Ordnung

Monogamie Zusammenleben mit nur einem Partner, Einehe

Philister Spießbürger

Konfidenzen Vertraulichkeiten, vertraulichen Mitteilungen

»Und ich will Ihnen antworten«, sagte der mit jedem Augenblick ernster gewordene Rienäcker, dem bei diesen Konfidenzen das eigne Leben, das zurückliegende wie das gegenwärtige, wieder vor die Seele treten mochte. »Ja, Rexin, ich will Ihnen antworten, so gut ich kann, und ich glaube, dass ich es kann. Und so beschwör' ich Sie denn, bleiben Sie davon. Bei dem, was Sie vorhaben, ist immer nur zweierlei möglich, und das eine ist geradeso schlimm wie das andre. Spielen Sie den Treuen und Ausharrenden, oder was dasselbe sagen will, brechen Sie von Grund aus mit Stand und Herkommen und Sitte, so werden Sie, wenn Sie nicht versumpfen, über kurz oder lang sich selbst ein Gräuel und eine Last sein, verläuft es aber anders und schließen Sie, wie's die Regel ist, nach Jahr und Tag Ihren Frieden mit Gesellschaft und Familie, dann ist der Jammer da, dann muss gelöst werden, was durch glückliche Stunden und ach, was mehr bedeutet, durch unglückliche, durch Not und Ängste, verwebt und verwachsen ist. Und das tut weh.«

Rexin schien antworten zu wollen, aber Botho sah es nicht und fuhr fort: »Lieber Rexin, Sie haben vorhin in einem wahren Musterstücke dezenter Ausdrucksweise von Verhältnissen gesprochen, ›wo knüpfen und lösen in dieselbe Stunde fällt‹, aber diese Verhältnisse, die keine sind, sind nicht die schlimmsten, die schlimmsten sind die, die, um Sie noch mal zu zitieren, den ›Mittelkurs‹ halten. Ich warne Sie, hüten Sie sich vor diesem Mittelkurs, hüten Sie sich vor dem Halben. Was Ihnen Gewinn dünkt, ist Bankrutt, und was Ihnen Hafen scheint, ist Scheiterung. Es führt nie zum Guten, auch wenn äußerlich alles glatt abläuft und keine Verwünschung ausgesprochen und kaum ein stiller Vorwurf erhoben wird. Und es kann auch nicht anders sein. Denn alles hat seine natürliche Konsequenz, dessen müssen wir eingedenk sein. Es kann nichts ungeschehen gemacht werden, und ein

Bankrutt Bankrott, Zahlungsunfähigkeit

dessen müssen wir eingedenk sein darüber müssen wir uns im Klaren sein

Bild, das uns in die Seele gegraben wurde, verblasst nie ganz wieder, schwindet nie ganz wieder dahin. Erinnerungen bleiben und Vergleiche kommen. Und so denn noch einmal, Freund, zurück von Ihrem Vorhaben oder Ihr Leben empfängt eine Trübung, und Sie ringen sich nie mehr zu Klarheit und Helle durch. Vieles ist erlaubt, nur nicht das, was die Seele trifft, nur nicht Herzen hineinziehen, und wenn's auch bloß das eigne wäre.«

Vierundzwanzigstes Kapitel

Am dritten Tage traf ein im Abreisemoment aufgegebenes Telegramm ein: »Ich komme heut Abend. K.«

Und wirklich, sie kam. Botho war am Anhalter Bahnhof und wurde der Frau Salinger vorgestellt, die von Dank für gute Reisekameradschaft nichts hören wollte, vielmehr immer nur wiederholte, wie glücklich sie gewesen sei, vor allem aber, wie glücklich *er* sein müsse, solche reizende junge Frau zu haben. »Schaun's, Herr Baron, wann i das Glück hatt' und der Herr Gemoahl wär', i würd' mi kein' drei Tag' von *solch* ane Frau trenne.« Woran sie dann Klagen über die gesamte Männerwelt, aber im selben Augenblick auch eine dringende Einladung nach Wien knüpfte. »Wir hoab'n a nett's Häusl kei Stund von Wian und a paar Reitpferd und a Küch'. In Preußen hoaben's die Schul' und in Wian hoaben wir die Küch'. Und i weiß halt nit, was i vorzieh'.«

Anhalter Bahnhof Fernbahnhof in Berlin-Kreuzberg für Züge in Richtung Anhalt; 1841 erstmals in Betrieb genommen; 1880 wurde ein repräsentativer Neubau des Bahnhofsgebäudes eingeweiht.

»Ich weiß es«, sagte Käthe, »und ich glaube Botho auch.« Damit trennte man sich, und unser junges Paar stieg in einen offenen Wagen, nachdem Ordre gegeben war, das Gepäck nachzuschicken. Käthe warf sich zurück und stemmte den kleinen Fuß gegen den Rücksitz, auf dem ein Riesen-

Riesenbouquet riesiger Blumenstrauß (vgl. auch Seite 75)

Hauswirtin Vermieterin

bouquet, die letzte Huldigung der von der reizenden Berliner Dame ganz entzückten Schlangenbader Hauswirtin, lag. Käthe selbst nahm Bothos Arm und schmiegte sich an ihn, aber auf wenig Augenblicke nur, dann richtete sie sich wieder auf und sagte, während sie mit dem Sonnenschirm das immer aufs Neue herunterfallende Bouquet festhielt: »Es ist doch eigentlich reizend hier, all die Menschen und die vielen Spreekähne, die vor Enge nicht ein noch aus wissen. Und so wenig Staub. Ich find' es doch einen rechten Segen, dass sie jetzt sprengen und alles unter Wasser setzen; freilich lange Kleider darf man dabei nicht tragen. Und sieh nur den Brotwagen da mit dem vorgespannten Hund. Es ist doch zu komisch. Nur der Kanal . . . Ich weiß nicht, er ist immer noch so . . .«

»Ja«, lachte Botho, »er ist immer noch so. Vier Wochen Julihitze haben ihn nicht verbessern können.«

habe abgeschlossen ... mit dem Leben (als junge, vergnügungssüchtige Frau)

Matrone ältere, gesetzte (und meist: füllige) Frau

Staketenzaun Gartenzaun aus Holzlatten

das alte Weißbierlokal mit dem komischen und etwas unanständigen Namen → Seite 229

Sie fuhren unter den jungen Bäumen hin, Käthe riss ein Lindenblatt ab, nahm's in die hohle Hand und schlug drauf, dass es knallte. »So machten wir's immer zu Haus. Und in Schlangenbad, wenn wir nichts Besseres zu tun hatten, haben wir's auch so gemacht und alle die Spielereien aus der Kinderzeit wieder aufgenommen. Kannst du dir's denken, ich hänge ganz ernsthaft an solchen Torheiten und bin doch eigentlich eine alte Person und habe abgeschlossen.«

»Aber Käthe . . .«

»Ja, ja, Matrone, du wirst es sehn . . . Aber sieh doch nur, Botho, da ist ja noch der Staketenzaun und das alte Weißbierlokal mit dem komischen und etwas unanständigen Namen, über den wir in der Pension immer so schrecklich gelacht haben. Ich dachte, das Lokal wäre längst eingegangen. Aber so was lassen sich die Berliner nicht nehmen, so was hält sich; alles muss nur einen sonderbaren Namen haben, über den sie sich amüsieren können.«

Botho schwankte zwischen Glücklichsein und Anflug von Verstimmung. »Ich finde, du bist ganz unverändert, Käthe.«

»Gewiss bin ich. Und warum sollt' ich auch verändert sein? Ich bin ja nicht nach Schlangenbad geschickt worden, um mich zu verändern, wenigstens nicht in meinem Charakter und meiner Unterhaltung. Und ob ich mich sonst verändert habe? Nun, cher ami, nous verrons.«

cher ami, nous verrons (frz.) lieber Freund, wir werden sehen

»Matrone?«

Sie hielt ihm den Finger auf den Mund und schlug den Reiseschleier wieder zurück, der ihr halb über das Gesicht gefallen war, gleich danach aber passierten sie den Potsdamer Bahnviadukt, über dessen Eisengebälk eben ein Kurierzug hinbrauste. Das gab ein Zittern und Donnern zugleich, und als sie die Brücke hinter sich hatten, sagte sie: »Mir ist es immer unangenehm, gerade drunter zu sein.«

Potsdamer Bahnviadukt Eisenbahnbrücke über den Landwehrkanal

Kurierzug Schnellzug; die Bezeichnung wurde 1889 abgeschafft.

»Aber die drüber haben es nicht besser.«

»Vielleicht nicht. Aber es liegt in der Vorstellung. Vorstellungen sind überhaupt so mächtig. Meinst du nicht auch?« Und sie seufzte, wie wenn sich ihr plötzlich etwas Schreckliches und tief in ihr Leben Eingreifendes vor die Seele gestellt hätte. Dann aber fuhr sie fort: »In England, so sagte mir Mr. Armstrong, eine Badebekanntschaft, von der ich dir noch ausführlicher erzählen muss, übrigens mit einer Alvensleben verheiratet, in England, sagte er, würden die Toten fünfzehn Fuß tief begraben. Nun, fünfzehn Fuß tief ist nicht schlimmer als fünf, aber ich fühlte ordentlich, während er mir's erzählte, wie sich mir der clay, das ist nämlich das richtige englische Wort, zentnerschwer auf die Brust legte. Denn in England haben sie schweren Lehmboden.«

Badebekanntschaft Bekanntschaft von einem Urlaub an der See oder, wie hier, von einem Kuraufenthalt her

clay (engl.) Erde, Lehm, Lehmboden

»Armstrong sagtest du . . . Bei den badischen Dragonern war ein Armstrong.«

»Ein Vetter von dem. Sie sind alle Vettern, ganz wie bei uns. Ich freue mich schon, dir ihn in all seinen kleinen Eigenheiten schildern zu können. Ein vollkommener Kavalier mit aufgesetztem Schnurrbart, worin er freilich etwas zu weit ging. Es sah sehr komisch aus, diese gewribbelte Spitze, dran er immer noch weiter wribbelte.«

wribbelte (plattdeutsch) zwischen den Fingern rieb und drehte

Zehn Minuten später hielt ihr Wagen vor ihrer Wohnung, und Botho, während er ihr den Arm reichte, führte sie hinauf. Eine Girlande zog sich um die große Korridortür, und eine Tafel mit dem Inschriftsworte Willkommen, in dem leider ein ›l‹ fehlte, hing etwas schief an der Girlande. Käthe sah hinauf und las und lachte.

»Willkommen! Aber bloß mit einem ›l‹, will sagen nur halb. Ei, ei. Und ›L‹ ist noch dazu der Liebesbuchstabe. Nun, du sollst auch alles nur halb haben.«

Und so trat sie durch die Tür in den Korridor ein, wo Köchin und Hausmädchen bereits standen und ihr die Hand küssten.

Minette Koseform von Wilhelmine oder Hermine

»Guten Tag, Berta; guten Tag, Minette. Ja, Kinder, da bin ich wieder. Nun, wie findet ihr mich? Hab' ich mich erholt?« Und eh die Mädchen antworten konnten, worauf auch gar nicht gerechnet war, fuhr sie fort: »Aber *ihr* habt euch erholt. Namentlich du, Minette, du bist ja ordentlich stark geworden.«

stark füllig

Minette sah verlegen vor sich hin, weshalb Käthe gutmütig hinzusetzte: »Ich meine nur hier so um Kinn und Hals.«

Indem In diesem Moment

Orth (althochdeutsch) Schwert, Schwertspitze; hier vermutlich Kurzform von Orthold

Indem kam auch der Bursche. »Nun, Orth, ich war schon in Sorge um Sie. Gott sei Dank, ohne Not; ganz unverfallen, bloß ein bisschen blässlich. Aber das macht die Hitze. Und immer noch dieselben Sommersprossen.«

»Ja, gnädige Frau, *die* sitzen.«

»Nun das ist recht. Immer echt in der Farbe.« Unter solchem Gespräche war sie bis in ihr Schlafzimmer gegangen, wohin Botho und Minette ihr folgten, während die beiden andern sich in ihre Küchenregion zurückzogen.

»Nun, Minette, hilf mir. Erst den Mantel. Und nun nimm den Hut. Aber sei vorsichtig, wir wissen uns sonst vor Staub nicht zu retten. Und nun sage Orth, dass er den Tisch deckt vorn auf dem Balkon, ich habe den ganzen Tag keinen Bissen genossen, weil ich wollte, dass es mir recht gut bei euch schmecken solle. Und nun geh, liebe Seele; geh, Minette.«

Minette beeilte sich und ging, während Käthe vor dem hohen Stehspiegel stehen blieb und sich das in Unordnung geratene Haar arrangierte. Zugleich sah sie im Spiegel auf Botho, der neben ihr stand und die schöne junge Frau musterte.

»Nun, Botho«, sagte sie schelmisch und kokett und ohne sich nach ihm umzusehen.

Und ihre liebenswürdige Koketterie war klug genug berechnet, und er umarmte sie, wobei sie sich seinen Liebkosungen überließ. Und nun umspannte er ihre Taille und hob sie hoch in die Höh'. »Käthe, Puppe, liebe Puppe.«

»Käthe, Puppe, liebe Puppe.« → Seite 230

»Puppe, liebe Puppe, das sollt' ich eigentlich übel nehmen, Botho. Denn mit Puppen spielt man. Aber ich nehm' es nicht übel, im Gegenteil. Puppen werden am meisten geliebt und am besten behandelt. Und darauf kommt es mir an.«

Fünfundzwanzigstes Kapitel

Es war ein herrlicher Morgen, der Himmel halb bewölkt, und in dem leisen Westwinde, der ging, saß das junge Paar auf dem Balkon und sah, während Minette den Kaffeetisch abräumte, nach dem Zoologischen und seinen Elefantenhäusern hinüber, deren bunte Kuppeln im Morgendämmer lagen.

»Ich weiß eigentlich noch nichts«, sagte Botho, »du bist ja gleich eingeschlafen, und der Schlaf ist mir heilig. Aber nun will ich auch alles wissen. Erzähle.«

»Ja, erzählen; was soll ich erzählen? Ich habe dir ja so viele Briefe geschrieben, und Anna Grävenitz und Frau Salinger musst du ja so gut kennen wie ich oder eigentlich noch besser, denn ich habe mitunter mehr geschrieben, als ich wusste.«

»Wohl. Aber ebenso oft hieß es, ›davon mündlich‹. Und dieser Moment ist nun da, sonst denk' ich, du willst mir etwas verschweigen. Von deinen Ausflügen weiß ich eigentlich gar nichts, und du warst doch in Wiesbaden. Es heißt zwar, dass es in Wiesbaden nur Obersten und alte Generale gäbe, aber es sind doch auch Engländer da. Und bei Engländern fällt mir wieder dein Schotte ein, von dem du mir erzählen wolltest. Wie hieß er doch?«

»Armstrong; Mr. Armstrong. Ja, das war ein entzückender Mann, und ich begriff seine Frau nicht, eine Alvensleben, wie ich dir, glaub' ich, schon sagte, die beständig in Verlegenheit kam, wenn er sprach. Und er war doch ein vollkommener Gentleman, der sehr auf sich hielt, auch dann noch, wenn er sich gehen ließ und eine gewisse Nonchalance zeigte. Gentlemen bewähren sich in solchen Momenten immer am besten. Meinst du nicht auch? Er trug einen blauen Schlips und einen gelben Sommeranzug und sah aus, als ob er darin eingenäht wäre, weshalb Anna Grävenitz immer sagte: ›Da kommt das Pennal.‹ Und immer ging er mit einem großen aufgespannten Sonnenschirm, was er sich in Indien angewöhnt hatte. Denn er war Offizier in einem schottischen Regiment, das lange in Madras oder Bombay gestanden, oder vielleicht war es auch Delhi. Das ist aber am Ende gleich. Was *der* alles erlebt hatte! Seine Konversation war reizend, wenn man auch mitunter nicht wusste, wie man's nehmen sollte.«

Wiesbaden Nach dem Deutschen Krieg wurde 1867 ein preußischer Regierungsbezirk Wiesbaden gebildet und die Stadt erlebte als Kur- und Kongressstadt eine neue Blüte. Viele gutsituierte Menschen wählten Wiesbaden als Alterssitz.

auf sich hielt um eine gepflegte äußere Erscheinung und gute Umgangsformen bemüht war

Nonchalance (frz.) Unbekümmertheit

Pennal (lat.) Büchse oder Kasten für die Schreibfeder

Madras ... Bombay ... Delhi Städte in Indien, damals Teil des britischen Kolonialreichs

»Also zudringlich? Insolent?«

»Ich bitte dich, Botho, wie du nur sprichst. Ein Mann wie der; Kavalier comme il faut. Nun, ich will dir ein Beispiel von seiner Art zu sprechen geben. Uns gegenüber saß die alte Generalin von Wedell, und Anna Grävenitz fragte sie (ich glaube, es war gerade der Jahrestag von Königgrätz), ob es wahr sei, dass dreiunddreißig Wedells im Siebenjährigen Kriege gefallen seien, was die alte Generalin bejahte, hinzusetzend, es wären eigentlich noch einige mehr gewesen. Alle, die zunächst saßen, waren über die große Zahl erstaunt, nur Mr. Armstrong nicht, und als ich ihn wegen seiner Gleichgiltigkeit scherzhaft zur Rede stellte, sagte er, dass er sich über so kleine Zahlen nicht aufregen könne. ›Kleine Zahlen‹, unterbrach ich ihn, aber er setzte lachend, und um mich zu widerlegen, hinzu: Von den Armstrongs seien einhundertdreiunddreißig in den verschiedenen Kriegsfehden seines Clans umgekommen. Und als die alte Generalin dies anfangs nicht glauben wollte, schließlich aber (als Mr. A. dabei beharrte) neugierig frug: ob denn alle hundertdreiunddreißig auch wirklich ›gefallen‹ seien?, sagte er: ›Nein, meine Gnädigste, nicht gerade gefallen, die meisten sind wegen Pferdediebstahl von den Engländern, unseren damaligen Feinden, gehenkt worden.‹ Und als sich alles über dies unstandesgemäße, ja, man kann wohl sagen, etwas genierliche Gehenktwerden entsetzte, schwor er, ›wir täten Unrecht, Anstoß daran zu nehmen, die Zeiten und Anschauungen änderten sich, und was seine doch zunächst beteiligte Familie betreffe, so sähe dieselbe mit Stolz auf diese Heldenvorfahren zurück. Die schottische Kriegsführung habe dreihundert Jahre lang aus Viehraub und Pferdediebstahl bestanden, ländlich sittlich, und er könne nicht finden, dass ein großer Unterschied sei zwischen Länderraub und Viehraub.‹«

Insolent Ungebührlich, frech

Kavalier comme il faut vollkommener Kavalier

Jahrestag von Königgrätz → Seite 230

im Siebenjährigen Kriege → Seite 230

zunächst in der Nähe

Clan (engl. bzw. schottisch) Sippe, Stamm

dabei darauf

frug fragte

zunächst in erster Linie

Verkappter Welfe vgl. Seite 227 (Erläuterung zu ›aus welfischem Antagonismus‹)

Loch Ness … Loch Lochy benachbarte Süßwasserseen in Schottland

mausre er sich wechsle er sein Federkleid, verändere er sich zum Vorteil

schülbrige (norddeutsch) brüchige, abblätternde (vgl. auch Seite 80)

egaler ebenmäßiger

Teint Hauttönung, Gesichtshaut

Attachement (frz.) Anhänglichkeit

»Verkappter Welfe«, sagte Botho. »Aber es hat manches für sich.«

»Gewiss. Und ich stand immer auf seiner Seite, wenn er sich in solchen Sätzen erging. Ach, er war zum Totlachen. Er sagte, man müsse nichts feierlich nehmen, es verlohne sich nicht, und nur das Angeln sei eine ernste Beschäftigung. Er angle mitunter vierzehn Tage lang im Loch Ness oder im Loch Lochy, denke dir, solche komische Namen gibt es in Schottland, und schliefe dann im Boot und mit Sonnenaufgang stünd' er wieder da, und wenn dann die vierzehn Tage um wären, dann mausre er sich, dann ginge die ganze schülbrige Haut ab, und dann hab' er eine Haut wie ein Baby. Und er täte das alles aus Eitelkeit, denn ein glatter egaler Teint sei doch eigentlich das Beste, was man haben könne. Und dabei sah er mich so an, dass ich nicht gleich eine Antwort finden konnte. Ach, ihr Männer! Aber das ist doch wahr, ich hatte von Anfang an ein rechtes Attachement für ihn und nahm nicht Anstoß an seiner Redeweise, die sich mitunter in langen Ausführungen, aber doch viel, viel lieber noch in einem beständigen Hin und Her erging. Einer seiner Lieblingssätze war: ›Ich kann es nicht leiden, wenn ein einziges Gericht eine Stunde lang auf dem Tische steht; nur nicht immer dasselbe, mir ist es angenehmer, wenn die Gänge rasch wechseln.‹ Und so sprang er immer vom Hundertsten ins Tausendste.«

»Nun, da müsst ihr euch freilich gefunden haben«, lachte Botho.

»Haben wir auch. Und wir wollen uns Briefe schreiben, ganz in dem Stil, wie wir miteinander gesprochen; das haben wir beim Abschied gleich ausgemacht. Unsere Herren, auch deine Freunde, sind immer so gründlich. Und du bist der Gründlichste, was mich mitunter recht bedrückt und ungeduldig macht. Und du musst mir versprechen, auch so zu sein wie Mr. Armstrong, und ein bisschen mehr einfach und harmlos plaudern zu wollen, und ein bisschen rascher und nicht immer dasselbe Thema.«

Botho versprach Besserung, und als Käthe, die die Superlative liebte, nach Vorführung eines phänomenal reichen Amerikaners, eines absolut kakerlakigen Schweden mit Kaninchenaugen, und einer faszinierend schönen Spanierin – mit einem Nachmittagsausfluge nach Limburg, Oranienstein und Nassau geschlossen und ihrem Gatten abwechselnd die Krypt, die Kadettenanstalt und die Wasserheilanstalt beschrieben hatte, zeigte sie plötzlich auf die Schlosskuppel nach Charlottenburg und sagte: »Weißt du, Botho, da müssen wir heute noch hin oder nach Westend oder nach Halensee. Die Berliner Luft ist doch etwas stickig und hat nichts von dem Atem Gottes, der draußen weht und den die Dichter mit Recht so preisen. Und wenn man aus der Natur kommt, so wie ich, so hat man das, was ich die Reinheit und Unschuld nennen möchte, wieder lieb gewonnen. Ach, Botho, welcher Schatz ist doch ein unschuldiges Herz. Ich habe mir fest vorgenommen, mir ein reines Herz zu bewahren. Und du musst mir darin helfen. Ja, das musst du, versprich es mir. Nein, nicht so; du musst mir dreimal einen Kuss auf die Stirn geben, bräutlich, ich will keine Zärtlichkeit, ich will einen Weihekuss . . . Und wenn wir uns mit einem Lunch begnügen, natürlich ein warmes Gericht, so können wir um drei draußen sein.«

Und wirklich, sie fuhren hinaus, und wiewohl die Charlottenburger Luft noch mehr hinter dem »Atem Gottes« zurückblieb als die Berliner, so war Käthe doch fest entschlossen, im Schlosspark zu bleiben und Halensee fallen zu lassen. Westend sei so langweilig und Halensee sei noch wieder eine halbe Reise, fast wie nach Schlangenbad,

Kakerlake Küchenschabe

Limburg … Nassau Städte an der Lahn, die 1866 von Preußen annektiert worden waren

Oranienstein Schloss aus dem 17. Jh. in Diez an der Lahn

Krypt Krypta, unterirdischer Kirchenraum, Grabstätte von Würdenträgern und Aufbewahrungsort für Reliquien

Kadettenanstalt → Seite 230

Wasserheilanstalt die Kaltwasserheilanstalt in Nassau

Westend seinerzeit neu entstehendes Stadtviertel bei Wilmersdorf

Halensee im Südosten an Wilmersdorf angrenzend, 1880 nach dem zur damaligen Kolonie Grunewald gehörenden See benannt

Lunch (engl.) leichtere Mahlzeit am Mittag

Schlosspark … Mausoleum → Seite 230

Karpfenbrücke → Seite 230

Mooskarpfen alter, mit Moos bewachsener Karpfen

Kringeln und Oblaten süßem Backwerk

Belvedère → Seite 230

General von Bischofswerder → Seite 231

König Friedrich Wilhelm II. … aus den Händen seiner Geliebten → Seite 231

Königin Luise Luise und ihr Mann Friedrich Wilhelm III. führten eine mustergültige, von Liebe und Respekt geprägte Ehe.

im Schlosspark aber könne man das Mausoleum sehen, wo die blaue Beleuchtung einen immer so sonderbar berühre, ja, sie möchte sagen, wie wenn einem ein Stück Himmel in die Seele falle. Das stimme dann andächtig und zu frommer Betrachtung. Und wenn auch das Mausoleum nicht wäre, so wäre doch die Karpfenbrücke da, mit der Klingel dran, und wenn dann ein großer Mooskarpfen käme, so wär' es ihr immer, als käm' ein Krokodil. Und vielleicht wär' auch eine Frau mit Kringeln und Oblaten da, von der man etwas kaufen und dadurch im Kleinen ein gutes Werk tun könne, sie sage mit Absicht ein »gutes Werk« und vermeide das Wort christlich, denn Frau Salinger habe auch immer gegeben.

Und alles verlief programmmäßig, und als die Karpfen gefüttert waren, gingen beide weiter in den Park hinein, bis sie dicht an das Belvedère kamen mit seinen Rokokofiguren und seinen historischen Erinnerungen. Von diesen Erinnerungen wusste Käthe nichts, und Botho nahm deshalb Veranlassung, ihr von den Geistern abgeschiedener Kaiser und Kurfürsten zu erzählen, die der General von Bischofswerder an eben dieser Stelle habe erscheinen lassen, um den König Friedrich Wilhelm II. aus seinen lethargischen Zuständen oder, was dasselbe gewesen, aus den Händen seiner Geliebten zu befreien und ihn auf den Pfad der Tugend zurückzuführen.

»Und hat es geholfen?«, fragte Käthe.

»Nein.«

»Schade. Dergleichen berührt mich immer tief schmerzlich. Und wenn ich mir dann denke, dass der unglückliche Fürst (denn unglücklich muss er gewesen sein) der Schwiegervater der Königin Luise war, so blutet mir das Herz. Wie muss sie gelitten haben! Ich kann mir immer in unserem Preußen solche Dinge gar nicht recht denken. Und Bischofswerder, sagtest du, hieß der General, der die Geister erscheinen ließ?«

»Ja. Bei Hofe hieß er der Laubfrosch.«

»Weil er das Wetter machte?«

»Nein, weil er einen grünen Rock trug.«

»Ach, das ist zu komisch ... Der Laubfrosch.«

Rock Uniformrock (vgl. auch Seite 44)

Sechsundzwanzigstes Kapitel

Bei Sonnenuntergang waren beide wieder daheim, und Käthe, nachdem sie Hut und Mantel an Minette gegeben und den Tee beordert hatte, folgte Botho in sein Zimmer, weil es sie nach dem Bewusstsein und der Genugtuung verlangte, den ersten Tag nach der Reise ganz und gar an seiner Seite zugebracht zu haben.

Botho war es zufrieden, und weil sie fröstelte, schob er ihr ein Kissen unter die Füße, während er sie zugleich mit einem Plaid zudeckte. Bald danach aber wurd' er abgerufen, um Dienstliches, das der Erledigung bedurfte, rasch abzumachen.

Plaid (engl.) warme, wollene Reisedecke, Umhang (vgl. auch Seite 73)

Minuten vergingen, und da Kissen und Plaid nicht recht helfen und die gewünschte Wärme nicht geben wollten, so zog Käthe die Klingel und sagte dem eintretenden Diener, dass er ein paar Stücke Holz bringen solle; sie friere so.

Zugleich erhob sie sich, um den Kaminschirm beiseite zu schieben, und sah, als dies geschehen war, das Häuflein Asche, das noch auf der Eisenplatte lag.

Im selben Momente trat Botho wieder ein und erschrak bei dem Anblick, der sich ihm bot. Aber er beruhigte sich sogleich wieder, als Käthe mit dem Zeigefinger auf die Asche wies und in ihrem scherzhaftesten Tone sagte: »Was bedeutet das, Botho? Sieh, da hab' ich dich mal wieder ertappt. Nun bekenne. Liebesbriefe? Ja oder nein?«

»Du wirst doch glauben, was du willst?«

»Ja oder nein?«

»Gut denn; ja.«

»*Das* war recht. Nun kann ich mich beruhigen. Liebesbriefe, zu komisch. Aber wir wollen sie doch lieber zweimal verbrennen: erst zu Asche und dann zu Rauch. Vielleicht glückt es.«

Und sie legte die Holzstücke, die der Diener mittlerweile gebracht hatte, geschickt zusammen und versuchte, sie mit ein paar Zündhölzchen anzuzünden. Und es gelang auch. Im Nu brannte das Feuer hell auf, und während sie den Fauteuil an die Flamme schob und die Füße bequem und, um sie zu wärmen, bis an die Eisenstäbe vorstreckte, sagte sie: »Und nun will ich dir auch die Geschichte von der Russin auserzählen, die natürlich gar keine Russin war. Aber eine sehr kluge Person. Sie hatte Mandelaugen, alle diese Personen haben Mandelaugen, und gab vor, dass sie zur Kur in Schlangenbad sei. Nun, das kennt man. Einen Arzt hatte sie nicht, wenigstens keinen ordentlichen, aber jeden Tag war sie drüben in Frankfurt oder in Wiesbaden oder auch in Darmstadt und immer in Begleitung. Und einige sagen sogar, es sei nicht mal derselbe gewesen. Und nun hättest du sehen sollen, welche Toilette und welche Suffisance! Kaum, dass sie grüßte, wenn sie mit ihrer Ehrendame zur Table d'hôte kam. Denn eine Ehrendame hatte sie, das ist immer das Erste bei solchen Damen. Und wir nannten sie ›die Pompadour‹, ich meine die Russin, und sie wusst' es auch, dass wir sie so nannten. Und die alte Generalin Wedell, die ganz auf unsrer Seite stand und sich über die zweifelhafte Person ärgerte (denn eine Person war es, darüber war kein Zweifel), die alte Wedell, sag' ich, sagte ganz laut über den Tisch hin: ›Ja, meine Damen, die Mode wechselt in allem, auch in den Taschen und Täschchen, und sogar in den Beuteln und Beutelchen.

Fauteuil (frz.) Lehnsessel

Suffisance (frz.) Süffisanz; ironische Herablassung, Dünkel

Ehrendame eigentlich Angehörige des Hofstaats einer Fürstin

Table d'hôte gemeinschaftliche lange Essenstafel für die Hotelgäste

›die Pompadour‹ → Seite 231

zweifelhafte in sittlicher Hinsicht nicht einwandfreie

eine Person keine wirkliche Dame (vgl. auch Seite 6)

Als ich noch jung war, gab es noch Pompadours, aber heute gibt es keine Pompadours mehr. Nicht wahr? Es gibt keine Pompadours mehr.‹ Und dabei lachten wir und sahen alle die Pompadour an. Aber die schreckliche Person gewann trotzdem einen Sieg über uns und sagte mit scharfer und lauter Stimme, denn die alte Wedell hörte schlecht: ›Ja, Frau Generalin, es ist so, wie Sie sagen. Nur sonderbar, als die Pompadours abgelöst wurden, kamen die Reticules an die Reihe, die man dann später Ridicules nannte. Und solche Ridicules gibt es noch.‹ Und dabei sah sie die gute alte Wedell an, die, weil sie nicht antworten konnte, vom Tische aufstand und den Saal verließ. Und nun frag ich dich, was sagst du dazu? Was sagst du zu solcher Impertinenz? . . . Aber Botho, du sprichst ja nicht, du hörst ja gar nicht . . . «

»Doch, doch, Käthe . . . «

Reticules … Ridicules frz. ›reticules‹ sind beutelförmige Handtäschchen; frz. ›ridicules‹ bedeutet: ›Lächerliche‹

Impertinenz Unverschämtheit, Frechheit

Drei Wochen später war eine Trauung in der Jakobikirche, deren kreuzgangartiger Vorhof auch heute von einer dichten und neugierigen Menschenmenge, meist Arbeiterfrauen, einige mit ihren Kindern auf dem Arm, besetzt war. Aber auch Schul- und Straßenjugend hatte sich eingefunden. Allerlei Kutschen fuhren vor, und gleich aus einer der ersten stieg ein Paar, das, solang es im Gesichtskreise der Anwesenden verblieb, mit Lachen und Getuschel begleitet wurde.

Jakobikirche in der Oranienstraße, erbaut in den Jahren 1844/45

»*Die* Taille«, sagte eine der zunächststehenden Frauen.

»Taille?«

»Na denn Hüfte.«

»Schon mehr Walfischrippe.«

»*Das* stimmt.«

Und kein Zweifel, dass sich dies Gespräch noch fortgesetzt hätte, wenn nicht in eben diesem Augenblicke die Brautkutsche vorgefahren wäre. Der vom Bock herabsprin-

Walfischrippe wohl eine Anspielung auf Frau Dörrs Korsett; Korsette wurden aus Fischbein gefertigt.

gende Diener eilte, den Kutschenschlag zu öffnen, aber der Bräutigam selbst, ein hagerer Herr mit hohem Hut und spitzen Vatermördern, war ihm bereits zuvorgekommen und reichte seiner Braut die Hand, einem sehr hübschen Mädchen, das übrigens, wie gewöhnlich bei Bräuten, weniger um seines hübschen Aussehens als um seines weißen Atlaskleides willen bewundert wurde. Dann stiegen beide die mit einem etwas abgetretenen Teppich belegte, nur wenig Stufen zählende Steintreppe hinauf, um zunächst in den Kreuzgang und gleich danach in das Kirchenportal einzutreten. Aller Blicke folgten ihnen.

Atlas schweres, hochglänzendes Seidengewebe; Satin

»Un kein Kranz nich?«, sagte dieselbe Frau, vor deren kritischem Auge kurz vorher die Taille der Frau Dörr so schlecht bestanden hatte.

»Kranz? . . . Kranz? . . . Wissen Sie denn nich? . . . Haben Sie denn nichts munkeln hören?«

»Ach so. Freilich hab' ich. Aber, liebe Kornatzki, wenn es nach's Munkeln ginge, gäb' es gar keine Kränze mehr un Schmidt in der Friedrichstraße könnte man gleich zumachen.«

Schmidt in der Friedrichstraße → Seite 231

»Ja, ja«, lachte jetzt die Kornatzki, »das könnt' er. Un am Ende für so 'nen Alten! Fuffzig jute hat er doch woll auf'n Puckel un sah eigentlich aus, als ob er seine silberne gleich mitfeiern wollte.«

silberne die sogenannte Silberne Hochzeit nach 25 Ehejahren

»Woll. So sah er aus. Un haben Sie denn seine Vatermörder gesehn? So was lebt nich.«

»Damit kann er sie gleich dod machen, wenn's wieder munkelt.«

»Ja, das kann er.«

Und so ging es noch eine Weile weiter, während aus der Kirche schon das Präludium der Orgel hörbar wurde.

Präludium (lat.) (meist frei improvisiertes) Vorspiel

Den andern Morgen saßen Rienäcker und Käthe beim Frühstück, diesmal in Bothos Arbeitszimmer, dessen beide Fenster, um Luft und Licht einzulassen, weit offen standen. Rings um den Hof her nistende Schwalben flogen zwitschernd vorüber, und Botho, der ihnen allmorgendlich einige Krumen hinzustreuen pflegte, griff eben wieder zu gleichem Zweck nach dem Frühstückskorb, als ihm das ausgelassene Lachen seiner seit fünf Minuten schon in ihre Lieblingszeitung vertieften jungen Frau Veranlassung gab, den Korb wieder hinzustellen. »Nun, Käthe, was ist? Du scheinst ja was ganz besonders Nettes gefunden zu haben.«

»Hab' ich auch . . . Es ist doch zu komisch, was es für Namen gibt! Und immer gerade bei Heirats- und Verlobungsanzeigen. Höre doch nur.«

»Ich bin ganz Ohr.«

». . . Ihre heute vollzogene eheliche Verbindung zeigen ergebenst an: Gideon Franke, Fabrikmeister, Magdalene Franke, geb. Nimptsch . . ., Nimptsch. Kannst du dir was Komischeres denken? Und dann Gideon!«

Botho nahm das Blatt, aber freilich nur, weil er seine Verlegenheit dahinter verbergen wollte. Dann gab er es ihr zurück und sagte mit so viel Leichtigkeit im Ton, als er aufbringen konnte: »Was hast du nur gegen Gideon, Käthe? Gideon ist besser als Botho.«

Zur Textgestalt

»Irrungen, Wirrungen« entstand zwischen 1882 und Sommer 1887. Dieser relativ lange Zeitraum erklärt sich durch Fontanes Gewohnheit, an mehreren Erzählwerken gleichzeitig zu arbeiten. Oft schrieb er relativ zügig eine erste Fassung nieder, ließ sie dann längere Zeit liegen und machte sich zu einem späteren Zeitpunkt daran, der Erzählung in einem sorgfältigen Überarbeitungsprozess ihren Feinschliff, ihren motivischen Zusammenhang zu verleihen. Manchmal entstanden aber auch nur einzelne Teile eines neuen Werkes, woraufhin er sich anderen Arbeiten zuwandte, um dann wieder zu dem angefangenen Manuskript zurückzukehren.

Bei »Irrungen, Wirrungen« ist, den spärlichen Tagebuch- und Briefzeugnissen zur Entstehung dieses Berliner Romans zufolge, beides der Fall: Im Winter 1882 auf 1883 entstanden offenbar die ersten vier Kapitel. Dann trat eine Arbeitspause ein. Im Frühjahr 1884 nahm Fontane das Manuskript wieder vor, schrieb etwa vier Wochen weiter an dem Roman, brach dann, weil er sich unwohl fühlte, erneut ab, unternahm einige Ausflüge in die Umgegend von Berlin, hauptsächlich »im Interesse meiner Novelle« (Tagebucheintrag, vgl. auch S. 218), so zur Jungfernheide (vgl. S. 217), zum Rollkrug (vgl. S. 226f.) und zum neuen Jacobi-Kirchhof (vgl. S. 226), und quartierte sich anschließend vom 12. bis zum 26. Mai mit dem befreundeten Ehepaar Zöllner in ›Hankels Ablage‹ (vgl. S. 210) ein, wo er acht weitere Kapitel schrieb. Damit war der Roman »im ersten Entwurf zum Abschluss« gebracht, wie im Tagebuch vermerkt ist.

Erst zwei Jahre später, 1886, machte sich Fontane an die Überarbeitung des Texts. In der Zwischenzeit waren der Roman »Cécile« und Teile des kurzen Romans »Stine« entstanden. Mit einer ersten »Korrektur«, wie Fontane die Phase des Feinschliffs nannte, war er bis Ende des Jahres beschäftigt. Von März bis Anfang Juli 1887 nahm er das Manuskript dann noch einmal für eine zweite Überarbeitungsphase vor. Erst dann schickte er das fertige Werk an Friedrich Stephany (1830–1912), den Chefredakteur der politisch liberalen, angesehenen »Vossischen Zeitung«, in der der Roman zwischen dem 24. Juli und dem 23. August 1887 als Vorabdruck erschien.

Die Buchausgabe kam 1888 im Verlag von F. W. Steffens in Leipzig heraus. Sie unterscheidet sich nur in einigen wenigen stilistischen Änderungen, die wohl auf Fontane selbst zurückgehen, von dem Zeitungsvorabdruck. Diese erste Buchausgabe bildet die Textgrundlage der vorliegenden Ausgabe.

Die Rechtschreibung ist an den heutigen Stand angepasst. Zeichensetzung und Lautstand blieben jedoch unangetastet, wie es mittlerweile bei Neuausgaben älterer Werke üblich ist. So sind Formen wie »frug«, »Bankrutt«, »Sprüchwort«, »behülflich«, »gleichgiltig« (oder »Gleichgiltigkeit«), »darnach«, »teilnahmvoll« oder »hilfebereiten« unverändert aus der Vorlage übernommen. Solche Abweichungen vom heute Üblichen kommen aber in Fontanes Text ohnehin nur selten vor.

An einigen Stellen des Romans erscheint indirekte Rede in Anführungszeichen (vgl. etwa S. 141, 147, 148 oder 169). Diese heute ungewohnte Kennzeichnung findet sich auch bei anderen Erzählern des 19. Jahrhunderts, so gleich zu Beginn des Jahrhunderts bei Kleist. Sie wurde ebenfalls unverändert in die vorliegende Ausgabe übernommen. Das Gleiche gilt für die Hervorhebung einzelner Wörter, die hier durch kursive Schrift gekennzeichnet sind.

Erläuterungen

S. 5 An dem Schnittpunkte von Kurfürstendamm und Kurfürstenstraße Als Fontane 1882 »Irrungen, Wirrungen« zu konzipieren begann, existierte an dieser Stelle – Kurfürstendamm 119 – nach den Angaben des »Berliner Adreßkalender[s] für die Königlichen Haupt und Residenzstädte Berlin und Potsdam auf das Jahr 1882« eine Gärtnerei Blümner, die aber noch vor Erscheinen des Romans (1888) im Zuge des Ausbaus des Kurfürstendamms zu einer breiten modernen Prachtstraße nach dem Vorbild der Pariser Boulevards hatte schließen und weichen müssen.

schräg gegenüber dem »Zoologischen« Der Zoologische Garten Berlins war am 1. August 1844 als erster Zoo Deutschlands und neunter Zoo Europas eröffnet worden. König Friedrich Wilhelm IV. von Preußen hatte für das Projekt einen Teil des Geländes seiner Fasanerie (weitläufiges Gehege, in dem Fasanen gehalten wurden) am Berliner Tiergarten zur Verfügung gestellt. (Der Tiergarten war das ehemalige städtische Jagdrevier der Fürstenfamilie, das Mitte des 18. Jahrhunderts auf Befehl Friedrich des Großen zu einem Lustpark für die allgemeine Bevölkerung umgestaltet worden war.)

S. 6 Frau Nimptsch Die Namenswahl ist vielleicht als Huldigung an den Lieblingsdichter des jungen Fontane gedacht, den Österreicher Nikolaus Lenau (1802–1850), der eigentlich Nikolaus Niembsch Edler von Strehlenau geheißen hatte.

Lene Lene ist die Kurzform von Magdalene. Sicherlich wählte Fontane den Namen der Heldin seines Romans mit Blick auf die biblische Maria Magdalena (Maria aus Magdala am See Genezareth). Sie ist Augenzeugin der Kreuzigung Jesu. Am Ostermorgen hat sie eine Begegnung mit dem auferstandenen Heiland. In der späteren Bibelauslegung wurde sie meist mit der im Bibeltext nicht namentlich genannten »Sünderin« gleichgesetzt, die die Füße Jesu mit Salböl salbt (vgl. Lukas 7, 36–50). Noch später begann man,

»Sünderin« mit ›Prostituierte‹ gleichzusetzen. Als ›geläuterte Sünderin‹, als ›gefallenes Mädchen mit reinem Herzen‹ wurde Maria Magdalena – die Verführerische, aber im Herzen Keusche – zu einem Lieblingsthema der christlichen Malerei.

S. 7 Matthäikirche die Fontanes eigener Wohnung in der Potsdamerstraße benachbarte Sankt Matthäuskirche, 1844–1846 von Friedrich August Stüler (1800–1865) erbaut; sie befindet sich heute zwischen der Neuen Nationalgalerie und der Philharmonie.

bei Büchseln Der orthodoxe Theologe Carl Albert Ludwig von Büchsel (1803–1886) amtierte ab 1846 als erster Pfarrer der Matthäikirche. Er blieb drei Jahrzehnte in dieser Position, auch wenn er zwischenzeitlich zusätzlich hohe kirchliche Ämter (vor allem als Superintendent: landeskirchlicher Oberaufseher) übernahm, und war ein bekannter Prediger. Fontane kannte seine 1863 erschienenen »Erinnerungen aus dem Leben eines Landgeistlichen« genau und schätzte sie sehr. In seinem autobiografischen Bericht »Von Zwanzig bis Dreißig« beschrieb Fontane Büchsels Kopf als »eine Mischung von Neufundländer und Fuchs« und charakterisierte den Kirchenmann als »die personifizierte deutsche Lebensklugheit, mit einem starken Stich ins Schlaue« (7. Kapitel).

S. 10 Majoran ursprünglich im Mittelmeerraum heimische Pflanze mit kleinen weißen Blüten, deren getrocknete Blätter als Gewürz verwendet werden

Wurstkräuter Wurstkraut ist eine andere (volkstümliche) Bezeichnung für Majoran. Fontane stellt in seinen Romanen recht oft bedeutungsgleiche Wörter nebeneinander.

S. 15 Gensdarmenmarkt Der in der Nähe der Friedrichstraße gelegene Gendarmenmarkt war nach dem seit 1691 existierenden berühmten Regiment Gensdarmes benannt. Flankiert von Französischem und Deutschem Dom und dem Schauspielhaus, war er einer der schönsten Plätze Berlins. Bis 1886 gab es hier einen Wochenmarkt.

S. 23 berühmten Dichter … Gedicht auf seine alte Waschfrau Adelbert von Chamissos (1781–1838) Gedicht »Die alte Waschfrau«

aus dem Jahre 1833 schließt mit den Versen: »Und ich, an meinem Abend, wollte, / Ich hätte, diesem Weibe gleich, / Erfüllt, was ich erfüllen sollte / In meinen Grenzen und Bereich; / Ich wollt, ich hätte so gewusst, / Am Kelch des Lebens mich zu laben, / Und könnt am Ende gleiche Lust / An meinem Sterbehemde haben.«

S. 26 Flora 1874 nach dem Vorbild des Frankfurter Palmengartens – eines noch heute bestehenden, 1871 eröffneten Bürgergartens im Frankfurter Stadtteil Westend – eingerichtetes Gelände mit Vergnügungs- und Konzertlokal in der Berliner Straße (heute Otto-Suhr-Allee), nahe am Charlottenburger Schloss

Sächsische Schweiz beliebtes Touristenziel innerhalb des zwischen Erzgebirge und Oberlausitz gelegenen Sandsteingebirges

Königstein mächtige, lange als uneinnehmbar geltende Festung südöstlich von Dresden in der Sächsischen Schweiz

Bastei 200 Meter über dem Flusslauf der Elbe gelegener Aussichtspunkt in der Sächsischen Schweiz

S. 27 Großen Garten Der Große Garten im Südosten der Altstadt Dresdens war ab 1676 zunächst als kurfürstliches Fasanengehege angelegt worden, wurde während der Napoleonischen Kriege teilweise zerstört und anschließend 1814 für das allgemeine Publikum geöffnet.

Zwinger 1711 bis 1722 unter dem Baumeister Matthäus Pöppelmann errichtete Platzanlage für Festlichkeiten des Dresdner Hofs; Teil der beabsichtigten Erweiterung des Schlosses bis ans Elbufer; in Pavillons waren reichhaltige Kunst- sowie naturwissenschaftliche Sammlungen untergebracht; als zusätzlicher Bau entstand zwischen 1847 und 1855 unter Gottfried Semper das Neue Museum als neue Heimstätte der berühmten Dresdner Gemäldegalerie.

Grünes Gewölbe die Schatzkammer des Hauses Wettin (der sächsischen Fürstenfamilie) im Dresdner Schloss mit Meisterwerken der Goldschmiede-, Glas-, Porzellan- und Elfenbeinkunst

die Kanne mit den Törichten Jungfrauen kunsthandwerkliche Kuriosität unter den Exponaten des Grünen Gewölbes

Kirschkern, auf dem das ganze Vaterunser steht Einer der Publikumsmagneten der Sammlungen im Grünen Gewölbe ist ein Kirschkern, in den 185 Köpfe bzw. Gesichter eingeschnitzt sind (entstanden vor 1589). Vielleicht liegt hier eine Verwechslung Fontanes vor.

S. 28 Schlösschen Tegel Schloss der Familie Humboldt; Wilhelm von Humboldt (1767–1835) ließ das Schloss zwischen 1820 und 1824 von Karl Friedrich Schinkel (1781–1841) im klassizistischen Stil umbauen.

Saatwinkel in Fontanes Büchern häufig vorkommender Ausflugsort am Tegler See

Valentinswerder Insel im südlichen Tegler See

die Panke Nebenfluss der Spree, der angesichts des rasanten Wachstums der Metropole Berlin in den letzten Jahrzehnten des 19. Jahrhunderts immer mehr zu einem Abwasserkanal verkam

Graditzer Rappstute Rappstute aus dem ursprünglich kursächsischen, seit 1815 staatlich-preußischen Hauptgestüt Graditz bei Torgau

Pitt Name mehrerer bekannter englischer Staatsmänner und Soldaten; hier ist wahrscheinlich William Pitt (1. Earl of Chatham, 1708–1778) oder sein Sohn William Pitt der Jüngere (1759–1806) gemeint, die beide Premierminister von England waren.

Kronprinz Friedrich Wilhelm von Preußen (1831–1888), der 1888, nach dem Tod seines Vaters Wilhelm I., als Friedrich III. preußischer König und Kaiser des Deutschen Reichs wurde, aber schon nach 99 Tagen im Amt an Kehlkopfkrebs starb

Vicky … Viktoria Der preußische Kronprinz war seit 1858 mit Victoria (1840–1901), der ältesten Tochter der englischen Königin Victoria (1819–1901), verheiratet.

S. 37 Bellevuestraße seinerzeit eine vornehme Wohnstraße zwischen Potsdamer Platz und Südrand des Tiergartens

Hertelsche Stillleben Albert Hertel (1843–1912) war ein Berliner Landschaftsmaler; Fontane erwähnt seine Landschaftsbilder auch lobend in einem Bericht für die »Vossische Zeitung« über die Ber-

Andreas Achenbach (1815–1910): »Ein Seesturm an der norwegischen Küste« (1837)

liner Kunstausstellung von 1874. Stillleben sind Darstellungen von thematisch zusammengehörenden Gegenständen – Blumen, Früchten, Musikinstrumenten, erlegten Tieren, Attributen des Todes und so fort – in künstlerischer Anordnung.

Bärenhatz, wertvolle Kopie nach Rubens Dieses Gemälde des flämischen Barockmalers Peter Paul Rubens (1577–1640) wird auch in Fontanes Erstlingsroman »Vor dem Sturm« erwähnt.

Andreas Achenbachscher Seesturm Den in Kassel geborenen und der Düsseldorfer Malerschule zuzurechnenden Andreas Achenbach (1815–1910) hatte Fontane bereits 1862 in einem Artikel für das »Biographische Lexikon der Gegenwart« »Männer der Zeit« als »einen der ausgezeichnetsten Landschaftsmaler unserer Zeit« bezeichnet. Achenbach war besonders für seine Meeresbilder bekannt, in denen er eindrucksvolle koloristische Wirkungen erzielte.

S. 39 Renz Name des 1846 von Ernst Jakob Renz (1815–1892) gegründeten Zirkus, der ab 1879 in der Friedrichstadt ein eigenes Gebäude für seine Vorstellungen hatte (1918/19 entstand an dieser Stelle das Große Schauspielhaus).

Kroll Der ›Kroll'sche Wintergarten‹ bzw. ›Krolls Etablissement‹ lag in Nachbarschaft des Brandenburger Tors und diente ab 1844 als Vergnügungslokal und Varietébühne. 1851 durch einen Brand zerstört, wurde das Gebäude wiederaufgebaut und in der Folge als Schauspiel- und ab 1894 auch als Opernhaus (›Krolloper‹) genutzt; im Frühjahr 1933, nach dem Reichstagsbrand, wurde es von den Nationalsozialisten zum Parlamentsgebäude umfunktioniert.

das eine tun ... nicht lassen Redewendung nach Matthäus 23, 23: »Doch dies sollte man tun und jenes nicht lassen.«

Hotel Brandenburg Hotel am Gendarmenmarkt, Charlottenstraße 71, Ecke Mohrenstraße

Hiller in Fontanes Romanen oft erwähntes, gehobenes und seinerzeit sehr beliebtes Weinlokal auf der Prachtstraße Unter den Linden

Borchardt ebenfalls ein vornehmes Weinlokal, das zugleich ein Delikatessengeschäft war, in der Französischen Straße

S. 41 Stiehl ... Schulrat Ferdinand Stiehl (1812–1878) war Geheimer Regierungsrat im preußischen Kultusministerium und Verfasser der »Regulative« (unterrichtlichen Leitlinien) für die Volksschulen.

S. 42 Camera obscura-Glase der Mattscheibe der Camera obscura, auf der ein umgekehrtes Bild erscheint

eine der besten Welten Anspielung auf das berühmteste Zitat aus den Schriften des Philosophen Gottfried Wilhelm Leibniz (1646 bis 1716), der in seiner »Theodizee« (1710) erklärt, unsere Welt sei »die beste aller möglichen Welten«; der französische Aufklärer Voltaire (1694–1778) machte sich 1759 mit seinem satirischen Roman »Candide ou l'optimisme« über diese These lustig.

Bei Lepke Kunsthandlung, Unter den Linden, Ecke Wilhelmstraße

ein paar Oswald Achenbachs Der Maler Oswald Achenbach (1827 bis 1905) war ein jüngerer Bruder – und Schüler – Andreas Achenbachs. Wie sein Bruder tat er sich besonders im Genre der Landschaftsmalerei hervor, wobei er italienische Motive bevorzugte.

palermitanische Straße Straße in Palermo, der Hauptstadt Siziliens

S. 43 Pariser Platz der Platz vor dem Brandenburger Tor, der in der Regierungszeit Friedrich Wilhelms I. (1688–1740), des »Soldatenkönigs«, angelegt worden war; seinen Namen erhielt er 1815 nach dem Sieg über Napoleon zum Gedenken an die Einnahme von Paris.

Tiergartenallee Allee an der Südseite des Tiergartens

Wolfschen Löwengruppe die 1876 im Tiergarten aufgestellte Bronzegruppe »Sterbende Löwin« des Bildhauers Friedrich Wilhelm Wolff (1816–1887)

Redernschen Palais das von Karl Friedrich Schinkel erbaute Palais am Pariser Platz des Grafen Friedrich Wilhelm von Redern (1802 bis 1883), der zwischen 1828 und 1842 Generalintendant der königlichen Bühnen gewesen war; nach dem Abriss des Palais im Jahre 1906 entstand dort das Hotel Adlon.

Bentsch, Rentsch, Stentsch Bentschen, Rentschen und Stentsch sind östlich der Oder gelegene Orte in der Neumark.

S. 44 Pallasch Als Premierleutnant im Kaiser-Kürassier-Regiment trägt Botho den Pallasch, eine lange, säbelartige Hiebwaffe mit gerader oder nur leicht gekrümmter Klinge. Dragoner wie Wedell führten dagegen den Säbel.

Hundstagshitze Die Hundstage (mittelhochdeutsch ›hundetac‹, Lehnübersetzung von spätlateinisch ›dies caniculares‹) sind die heißesten Tage im europäischen Hochsommer (24. Juli bis 23. August). Der Name leitet sich vom Hundsstern im Sternbild des Großen Hundes her, bei dem die Sonne in dieser Zeit steht.

S. 45 Dobeneck der preußische Generalleutnant Ferdinand Freiherr von Dobeneck (1791–1867)

S. 46 Rittmeister Chef einer Schwadron (einer kleinen Kavallerieeinheit) im Rang eines Hauptmanns

Manteuffel der preußische Generalfeldmarschall Edwin Hans Karl Freiherr von Manteuffel (1809–1885)

Kürassier Soldat der schweren Reiterei (vgl. hierzu die Erläuterung zu ›Schwerenkavallerie-Ehre‹ auf Seite 225), der einen Kürass (Brustharnisch) trägt
ein gewisser Kürassieroffizier … mit schwefelgelbem Kragen Anspielung auf Reichskanzler Otto von Bismarck (1815–1898), der sich häufig in der Uniform der Halberstädter Kürassiere zeigte.
St. Privat … Sedan Schauplätze wichtiger Schlachten im Deutsch-Französischen Krieg. Bei Gravelotte-St. Privat errangen die I. und die II. Armee der Preußen am 18. August 1870 nach verlustreichem Kampf einen ersten wichtigen Sieg. In der Schlacht bei Sedan am 1. und 2. September geriet Kaiser Napoléon III. mit 100 000 seiner Soldaten in Gefangenschaft. Der endgültige Sieg der Deutschen war von nun an nur noch eine Frage der Zeit.
den großen Zirkel gezogen Anspielung auf die Einkreisung der französischen Streitkräfte in der Schlacht bei Sedan
Referendar (hier: juristischer) Anwärter auf die höhere Beamtenlaufbahn nach der ersten Staatsprüfung; Teilnehmer am praktischen Vorbereitungsdienst auf die künftige Tätigkeit
unter dem alten Meding der damalige Oberpräsident der brandenburgischen Provinzialverwaltung August Friedrich Wilhelm Freiherr von Meding (1792–1871), unter dem Bismarck 1837/38 seine Referendarszeit absolvierte
nichts gelernt als Depeschen schreiben Anspielung auf die berühmte ›Emser Depesche‹, die den letzten Anstoß zum Deutsch-Französischen Krieg gab; die eigentliche Depesche war ein Telegramm vom 13. Juli 1870, in dem Bismarcks enger Mitarbeiter Heinrich Abeken seinen Dienstherrn vom Kurort Bad Ems aus, wo sich Wilhelm I. aufhielt, über den Inhalt eines Gesprächs zwischen dem Kaiser und dem französischen Botschafter Vincent Benedetti informierte. Dabei ging es in kontroverser Form um die Forderung Frankreichs, das Haus Hohenzollern (also das preußische Herrscherhaus) möge seine Ansprüche auf die spanische Thronfolge aufgeben. (Frankreich fürchtete sich vor einer ›Einkreisung‹.) Bis-

marck kürzte die Depesche und verschärfte ihren Ton, sodass der Eindruck vermittelt wurde, der Kaiser habe den Botschafter brüsk in seine Schranken verwiesen. Diese redigierte Fassung ließ Bismarck am 13. Juli in der regierungsnahen »Norddeutschen Allgemeinen Zeitung« erscheinen. Wie von ihm kalkuliert, führte die Veröffentlichung zunächst zu scharfen Protesten Frankreichs und am 19. Juli zur französischen Kriegserklärung.

S. 47 Fehrbellin Ort im Kreis Neuruppin und am 18. Juni 1675 Schauplatz eines wichtigen Sieges des »großen Kurfürsten« Friedrich Wilhelm von Brandenburg (1620–1688) über die schwedische Armee.

Leuthen Ort westlich von Breslau in Niederschlesien und ein weiterer Schauplatz einer bedeutenden Schlacht der brandenburgisch-preußischen Geschichte. Friedrich II. (»der Große«) schlug dort während des Siebenjährigen Krieges (1756–1763) am 5. Dezember 1757 die Österreicher.

Blücher der preußische Generalfeldmarschall Gebhardt Leberecht von Blücher, Fürst von Wahlstatt (1742–1819), im Volksmund »der alte Blücher«, der populärste preußische Feldherr der Befreiungskriege und Sieger über Napoleon in der Schlacht bei Belle-Alliance (Waterloo) am 18. Juni 1815

York der spätere preußische Feldmarschall (seit 1821) Johann David Ludwig Graf York von Wartenburg (1759–1830), der 1812 das preußische Hilfskorps führte, das als Teil des 10. Armeekorps der »Grande Armée« Napoleons Russlandfeldzug unterstützen musste. Als sich Napoleon mit den Resten seiner im russischen Winter dramatisch dezimierten Armee zurückzog, unterzeichnete York am 30. Dezember 1813 gegen den Willen des preußischen Königs die sogenannte Konvention von Tauroggen, die auf ein Waffenstillstandsabkommen mit Russland hinauslief. York hatte damit die Seiten gewechselt und der Sache nach Hochverrat begangen. Seine Entscheidung gab dann aber letztlich den Anstoß zum Bündniswechsel Preußens und zu den Befreiungskriegen.

Kreuzzeitung die »Neue preußische Zeitung«, die wegen des Kreuzes in ihrem Titelkopf allgemein »Kreuzzeitung« genannt wurde; sie war im April 1848, also unmittelbar nach der Märzrevolution, ausdrücklich als »Kampfblatt gegen Revolution und Demokratie« gegründet worden und in der Folge auf Jahrzehnte hinaus das publizistische Organ der konversativen Kräfte sowie der preußischen Regierung. Fontane, der sich 1848 noch aktiv für die Revolution eingesetzt hatte, war zwischen 1860 und 1870 fester Mitarbeiter der Kreuzzeitung.
Landarmenhaus Im 19. Jahrhundert, als es im Zuge von Bevölkerungswachstum, Frühindustrialisierung und gesellschaftlicher Modernisierung zu einer Verelendung von Teilen der Bevölkerung kam, wurden sogenannte Landarmenhäuser eingerichtet, in denen nichtsesshafte Menschen zwangsinterniert wurden, um sie wieder zu ›nützlichen Mitgliedern der Gesellschaft‹ zu machen.
Solchen Mann … aus unsrer besten Familie Gemeint ist Graf Harry von Arnim (1824–1881), der 1872 Botschafter in Paris wurde, dann aber mit Bismarck in Konflikt geriet, von seinem Posten abberufen und wegen angeblicher Unterschlagung von Regierungsdokumenten gar zu einer Haftstrafe verurteilt wurde. Dieser Haftstrafe entzog er sich durch Flucht ins Ausland, von wo er Bismarck über die Presse angriff. Daraufhin wurde er 1876 in Abwesenheit wegen Landesverrats zu fünf Jahren Zuchthaus verurteilt.
Hohenzollerntum Die preußischen Könige gehörten dem Fürstenhaus der Hohenzollern an.
Leibkompanie ehemals erste Kompanie eines Regiments; hier wohl in der Bedeutung: persönliche Schutztruppe oder Leibgarde
der Boitzenburger wohl der Oberpräsident der Provinz Schlesien und politische Führer der Konservativen Friedrich Adolf Graf von Arnim-Boitzenburg (1832–1887), 1880/81 Präsident des Reichstags
S. 48 meinem Pastor In den auf dem Lande herrschenden patriarchalischen Verhältnissen zählte die Gemeindepfarrei zu einem gewissen Grade zum Herrschaftsbereich des Gutsbesitzers.

S. 49 noch Hauslehrer Theologiestudenten waren oft als Hauslehrer in adligen Häusern tätig, bevor sie sich erfolgreich auf eine Pfarrstelle bewerben konnten.

Reifen spielen Sportlich-gymnastische Übungen mit (meist aus Holz gefertigten) großen schmalen Reifen sind seit der Antike bekannt. Aus der späten Neuzeit und frühen Moderne gibt es viele Zeugnisse für die Beliebtheit von Reifenspielen. Heute kennt man ähnliche Reifen vor allem aus dem Sportunterricht und als ›Hula-Hoop-Reifen‹.

Sellenthin Im Jahr 1884 gab es im Landwehr-Regiment Nr. 51, das im schlesischen Nimptsch stationiert war, einen Offizier names Sellenthin.

Norderney Norderney, die zweitgrößte ostfriesische Insel, hat eine lange Tradition als Seebad und Urlaubsziel. Der Bäderbetrieb wurde hier bereits 1797 aufgenommen. Fontane hat selbst mehrmals auf Norderney Urlaub gemacht.

Kluckhuhn In Fontanes Erstlingsroman »Vor dem Sturm« und in seinem Alterswerk »Der Stechlin« kommt der Name ebenfalls vor; in »Vor dem Sturm« gibt es einen Schulzen (Gemeindevorsteher) Kluckhuhn, im »Stechlin« einen Pastor Kluckhuhn.

S. 50 seiner Sandbüchse freundschaftlich neckende Bezeichnung für einem Gutsbesitz mit unfruchtbarem Boden; die Rede vom ›märkischen Sand‹ war seinerzeit sehr geläufig.

Kiefernschonung Eine Schonung ist ein eingezäuntes Waldgebiet mit jungem Baumbestand.

Muränensee Muränen sind Fische aus der Familie der Aale, die vor allem in den tropischen und subtropischen Meeren beheimatet sind; Fontane verwechselt sie vielleicht mit Maränen (Felchen), die in der Ostsee und in Seen Ost- und Nordeuropas leben.

Morgen altes Feldmaß (so viel Land, wie ein Mann mit einem Gespann an einem Morgen pflügen kann)

Bruchacker Acker auf Sumpfland (von mittelhochdeutsch ›bruoch‹: ›Sumpf‹, ›Moor‹)

Jeseritz nicht genau zu lokalisieren; allein in Pommern gab es mehrere Ortschaften dieses Namens.

Liebden veraltete höfliche Anrede für Angehörige des Adels (›Euer Liebden‹)

bei den Kaiserkürassieren Im traditionsreichen Brandenburgischen Kürassier-Regiment Nr. 6 »Kaiser Nikolaus I. von Russland« dienten vornehmlich Offiziere aus alten preußischen Familien.

S. 51 Heidsieck berühmte, von Florenz-Ludwig Heidsieck (geboren 1749 in der Nähe von Gütersloh, gestorben 1828 in Reims / Frankreich, wo sich auch der Sitz der Firma befindet) begründete Champagnermarke

Gardes du Corps (frz.) Leibgarden; Name des vornehmsten Kürassier-Regiments der preußischen Armee, dessen nomineller Kommandant der preußische König war

von den Pasewalkern vom in Pasewalk in Pommern stationierten Kürassier-Regiment Nr. 2

Damast des Tisches einfarbiges, feines (Seiden-)Gewebe mit eingewebtem Muster; gemeint ist die Tischdecke.

Quart Eine Quarte ist eine Reihe von vier aufeinanderfolgenden Blättern derselben Farbe.

Sie kann dann nicht mehr durch den Reifen springen. Sie kann dann nicht mehr herumtoben, sondern muss sich würdig und gesetzt benehmen (zum Reifenspiel vgl. die Erläuterung auf Seite 49 bzw. 204).

S. 52 Gichtelianer Anhänger des Mystikers Johann Georg Gichtel (1638–1710), die keine Ehen eingingen und sich (nach Matthäus 22, 30) Engelsbrüder nannten. Gichtel hatte wegen seiner Angriffe gegen die Kirche als Institution ins Ausland gehen müssen.

Ulanen mit Lanzen bewaffnete Reiter, seit 1807 Truppenteil der preußischen Kavallerie. Die Ulanen wurden wie die Kürassiere zur schweren Reiterei gezählt. Auffällig war ihre Uniform, insbesondere die Mütze mit viereckigem Deckel (Czapka) und der Uniformrock mit kurzen Schößen und zwei Knopfreihen (Ulanka).

Moltke der Chef des preußischen Generalstabs (seit 1858) und Generalfeldmarschall der preußischen Armee (seit 1871) Helmuth Graf von Moltke (1800–1891); im Preußisch-Österreichischen Krieg von 1866 und im Deutsch-Französischen Krieg von 1870 fungierte er als Oberbefehlshaber des Heeres.

Humboldt Gemeint ist Alexander von Humboldt (1769–1859), der jüngere Bruder des Privatgelehrten sowie preußischen Diplomaten und Bildungsreformers Wilhelm von Humboldt (1767–1835). Alexander von Humboldt war Naturwissenschaftler und einer der wichtigsten Forschungsreisenden seiner Zeit. Seine zwischen 1799 und 1804 auf einer Expedition durch Südamerika gewonnenen Daten und Einsichten machten ihn weltberühmt. Sein fünfbändiges Hauptwerk »Kosmos – Entwurf einer physischen Weltbeschreibung« (1845–1862) gehörte lange Zeit zu den erfolgreichsten Büchern deutscher Sprache.

Ranke Leopold von Ranke (1795–1886) lehrte an der Berliner Universität. Er war der wohl einflussreichste deutsche Historiker des 19. Jahrhunderts und als Verfechter der Quellenkritik ein wichtiger Wegbereiter der modernen Geschichtsforschung. In seinen Werken dominiert die politische Staatengeschichte. Mit seinen »Neun Bücher[n] preussischer Geschichte« (1847–1848) – später erweitert zu »Zwölf Bücher preussischer Geschichte« (1878–1879) – prägte er die Sicht der Zeitgenossen auf Preußen.

Quint Eine Quinte beim Piquet-Spiel ist eine Reihe von vier aufeinanderfolgenden Blättern derselben Farbe.

Whist englisches Kartenspiel für vier Personen, Vorläufer des Bridge

Domino Anlegespiel mit rechteckigen Spielsteinen

S. 53 großen Bann Ausschluss aus der (Kirchen-)Gemeinschaft; bis 1869 wurde zwischen großem und kleinem Bann unterschieden.

Remontoir-Uhr damals moderne Taschenuhr, bei der sich das Uhrwerk mithilfe eines gezahnten Rädchens aufziehen ließ (Kronenaufzug); bei älteren Uhren war dazu ein Schlüssel notwendig.

Auch die Einstellung der Uhrzeit erfolgte mithilfe des Kronenaufzugs. Die erste Remontoiruhr war 1842 in Genf gefertigt worden.

S. 54 Fürst Pückler der populäre und auch vom jungen Fontane gelesene Reiseschriftsteller Hermann Ludwig Heinrich Fürst von Pückler-Muskau (1785–1871), ein exzentrischer, zeitlebens unternehmenslustiger Preuße, der als junger Mann auch eine beachtliche militärische Karriere gemacht hatte und sich später unter anderem als Landschaftsarchitekt hervortat

Bolzenschießen Scheibenschießen mit Bolzen, wie es seinerzeit bei Schützenwettbewerben üblich war

Er hat 9000 jährlich und gibt 12 000 aus zum Vergleich: Nach August Bebels »Die Frau und der Sozialismus« (Zürich 1879) verdiente eine Näherin wie Lene zwischen fünf und zehn Mark in der Woche.

S. 55 bei der Zülow in Pension Auch Fontanes einzige Tochter Martha (1860–1917) hatte diese Privatschule besucht. Dem »Berliner Adreßkalender« von 1857 zufolge leitete ein »Fräulein M. von Zülow« in der Kochstraße 73 eine »Pensions- und Erziehungsanstalt für Töchter«.

Wocken Holzstock, von dem der Flachs, der auf das Spinnrad läuft, abgewickelt wird; darüber hinaus auch Bezeichnung für den aufgewickelten Flachs selbst

S. 56 Balafré (frz.) Schmiss, Hiebwunde; Spitzname, der wohl auf eine Kriegsverletzung anspielt; Maria Stuarts Cousin Herzog Heinrich von Guise (1550–1588), der mächtige Führer der Katholiken im Frankreich der Religionskriege, wurde auch »Le Balafré« (›der Benarbte‹) genannt.

zur weißen Dame Anspielung auf François-Adrien Boieldieus (1775 bis 1834) komische Oper »Die weiße Dame« (1825). Das von Romanen (vor allem »The Monastry«) Walter Scotts (1771–1832) inspirierte Libretto stammt von Eugène Scribe (1791–1861).

Schloss Avendel Boieldieus Oper spielt auf einem herrenlosen Schloss in Schottland. Die Hauptfigur ist ein englischer Offizier, der die Tochter des Schlossverwalters heiratet, nachdem diese zuvor in der Spukgestalt der »Weißen Dame« das Schloss für ihn gerettet und ihn zudem darüber aufgeklärt hat, dass er der Sohn des letzten Grafen von Avendel und damit der rechtmäßige Erbe des Schlosses ist.

S. 57 Nesseln Brennnesseln, die seit der Antike auch als Heilmittel (etwa bei rheumatischen Erkrankungen) eingesetzt werden und dem Volksglauben zufolge in der Johannisnacht (24. Juni) vor bösen Geistern schützen

S. 58 Amor Liebesgott in der römischen Mythologie, der meist als halbwüchsiger Knabe dargestellt wird

S. 59 Adebar, du Guter, bringt mir … seinerzeit allgemein bekannter Neckreim: »Adebar du Guter, / bring mir einen Bruder, / Adebar du Bester, / bring mir eine Schwester.« ›Adebar‹ ist eine poetische Bezeichnung für ›Storch‹.

Spree durch Berlin führender linksseitiger Nebenfluss der Havel

Havel rechtsseitiger Nebenfluss der Elbe im Nordosten Deutschlands

S. 60 Kegelbahn-Tabagie Das französische Wort ›tabagie‹ bedeutet: ›verrauchte Gaststätte‹; ursprünglich also eine Bezeichnung für ein Lokal, in dem man rauchen durfte (bis 1848 herrschte in der Öffentlichkeit Rauchverbot); hier eine Wirtschaft mit einer Kegelbahn

S. 61 Vielliebchen Brauch, dessen deutscher Name wohl von dem litauischen Wort ›filibas‹ abgeleitet ist, welches zwei Haselnusskerne in einem Gehäuse (›Pärchen‹) bezeichnet. In der von Johann Georg Krünitz (1728–1796) begründeten »Oeconomische[n] Encyclopädie« (1773–1858) heißt es dazu: »Etwa 1820 kam die Gewohnheit auf, bei lustigen Mahlen, an denen Männer und Frauen teilnahmen, wenn man beim Dessert unter den Krachmandeln eine Doppelmandel in *einer* Schale fand, diese gegenseitig zu essen, wo dann derjenige von beiden, welcher nach Aufhebung des Mahles, oder vom anderen Tage an, den anderen zuerst mit: ›Guten Morgen, Vielliebchen!‹ anredete, von dem anderen ein kleines Geschenk zu erhalten hatte.« Meistens handelte es sich bei dem Geschenk um einen Kuss. In Fontanes letztem Roman »Der Stechlin« isst eine Stiftsdame zusammen mit einem Hauptmann ein Vielliebchen aus zwei »zusammengewachsenen Pflaumen«.

S. 62 Morgenrot Anspielung auf Wilhelm Hauffs (1802–1827) populäres Gedicht »Reiters Morgengesang« (in: »Kriegs- und Volkslieder« Stuttgart 1824), das mit den Versen »Morgenrot, Morgenrot, / leuchtest mir zum frühen Tod?« beginnt und folgendermaßen endet: »Gestern noch auf stolzen Rossen, / heute durch die Brust geschossen / Morgen in das kühle Grab.«

›Übers Jahr, übers Jahr‹ Anfang der dritten Strophe des Volkslieds »Muss i denn, muss i denn zum Städtele hinaus«

›Denkst du daran‹ Duett (»Denkst du daran, mein tapfrer Lagienka«) aus dem Singspiel »Der alte Feldherr« von Karl von Holtei (1798–1880), das 1826 im Berliner Königstädtischen Theater uraufgeführt worden war und den von dem polnischen Nationalhelden Tadeusz Kościuszko (1746–1817) angeführten Freiheitskampf Polens gegen Russland und Preußen im Jahr 1794 verherrlichte.

S. 65 »Was zu wissen nottut« In seinem autobiografischen Bericht »Kriegsgefangen« (1871) über seine Inhaftierung in Frankreich als vermeintlicher deutscher Spion während des Deutsch-Französischen Krieges erwähnt Fontane ein englisches »Schul- und Kinderbuch, das den Titel führt: ›Peter Parley's Reise um die Welt, oder was zu wissen not tut‹.« Peter Parley war das Pseudonym des amerikanischen Schriftstellers, Verlegers und Pädagogen Samuel Griswold Goodrich (1793–1860), der etwa 200 Bücher veröffentlichte, die sich zumeist an ein jugendliches Publikum wandten.

S. 66 Serge Der russische Vorname Sergej geht auf den Heiligen Sergius zurück, den Märtyrer von Cäsera (um 304 n. Chr.); bei den »russische[n] Großfürsten« könnte Fontane besonders an Großfürst Sergej Alexandrowitsch (1857–1905) gedacht haben.

›Der Mann mit der eisernen Maske‹ wohl eine Anspielung auf Heinrich Zschokkes (1771–1848) Trauerspiel »Die eiserne Larve«

(1804), das von dem legendenumwobenen Staatsgefangenen Ludwigs XIV. handelt, der stets eine Maske tragen musste und 1703 in der Bastille starb. Unter anderem wurde behauptet, der Gefangene sei ein Zwillingsbruder des ›Sonnenkönigs‹ gewesen. Alexandre Dumas der Ältere (1802–1870) behandelte den Stoff in seinem Roman »Le Vicomte de Bragelonne« (1845/46). Im 20. Jahrhundert ist die Geschichte – meist auf der Grundlage des Romans von Dumas – sieben Mal verfilmt worden, und zwar meist unter dem Titel »Der Mann mit der eisernen Maske«. In der jüngsten Verfilmung (1998), bei der Randall Wallace Regie führte, spielt Leonardo DeCaprio die Titelrolle.

Immortellen ›Unsterbliche‹, ›Unvergängliche‹; zur Gattung der Korbblütler gehörende Pflanze mit strohartig trockenen, lange haltbaren und oft auffällig bunten Blättern, im Deutschen auch unter den Namen ›Strohblume‹ und ›Katzenpfötchen‹ bekannt; wegen ihres symbolischen Gehalts (Einsamkeit, Tod) kommen Immortellen bei Fontane häufig vor, etwa im sechsten Kapitel von »Effi Briest«.

S. 67 Aber der Mensch denkt un Gott lenkt vgl. Altes Testament, Sprüche Salomos 16, 9: »Des Menschen Herz erdenkt sich seinen Weg; aber der Herr allein lenkt seinen Schritt.«

S. 69 Landpartie Landpartien spielen in Fontanes Romanen eine große Rolle, etwa in »L'Adultera« (8. Kapitel), »Frau Jenny Treibel« (10. Kapitel) und »Der Stechlin« (11. Kapitel). Sie bieten dort oft Gelegenheit zu entscheidenden Wendungen der Handlung. Als die Städte im Zuge der fortschreitenden Industrialisierung im letzten Drittel des 19. Jahrhunderts immer schneller wuchsen und die Natur in vielen Quartieren immer weiter zurückgedrängt wurde, zog es immer mehr Menschen an Wochenenden oder Feiertagen »ins Grüne«.

Erkner und Kranichberge, Schwilow und Baumgartenbrück Ausflugsziele in der näheren Umgebung Berlins. Erkner – wo in der zweiten Hälfte der 1880er-Jahre vier Jahre lang der frisch verheira-

Historische Postkarte: »Gruss aus dem Seglerschloss Hankels Ablage«

tete Gerhart Hauptmann (1862–1946) wohnte, weil er in Berlin unter Lungenbeschwerden litt – liegt östlich des Großen Müggelsees; noch etwas weiter östlich liegen die Kranichberge. Der Schwielowsee befindet sich südöstlich von Potsdam; Baumgartenbrück liegt am Nordufer des Sees.

»Hankels Ablage« Fontane quartierte sich selbst im Mai 1884 in ›Hankels Ablage‹, in der ›Villa Käppel‹, ein und schrieb dort acht Kapitel seines Romans. Als ›Ablagen‹ wurden Umschlagplätze für Holz und andere Güter an Flussufern bezeichnet. ›Hankels Ablage‹, ein Ausflugsort am Westufer des Zeuthener Sees, verdankte ihren Namen der dort seit dem 18. Jahrhundert ansässigen Fischerfamilie Hankel. 1789 war an dieser Stelle auf Staatskosten ein Fischerhaus mit Ausschank errichtet und dem Amtsfischer Friedrich Hankel in Erbpacht übergeben worden. Dessen Nachfahren, besonders Fontanes Zeitgenosse August Hankel (1827–1906), wurden durch den Ankauf der umliegenden Landstücke wohlhabende und angesehene Leute. Als dann im letzten Drittel des 19. Jahrhunderts der Güterverkehr sich mehr und mehr auf die Schiene verlagerte, verkaufte Hankel nach und nach Teile seines Grundbesitzes an begüterte Bürger, die sich hier ›im Grünen‹ ansiedelten.

S. 71 ein bloßes Fischerhaus Das ehemalige Fischerhaus war zu Beginn der Achtzigerjahre abgebrannt. Fontane kannte es noch aus eigener Anschauung.

S. 72 Müggelberge Hügelkette in Köpenick. Der Große Müggelberg ist mit 115 Metern Berlins höchste natürliche Erhebung. In Fontanes Gedicht »Auf der Kuppe der Müggelberge« stellt sich das lyrische Ich vor, wie es von dort oben dem Treiben der Menschen zusieht, die vor vielen Jahrhunderten diese Gegend bewohnten.

Schwalben fuhren hin und her Als Zugvögel kündigen Schwalben traditionellerweise den Frühling an. (»Eine Schwalbe macht noch keinen Sommer.«) Die Schwalbe ist aber auch Attribut der Liebesgöttin Venus. Dem Volksglauben zufolge schützen am Haus nistende Schwalben überdies vor Blitzschlag und vor Streit.

S. 74 Ranunkel von lat. ›ranunculus‹, der Verkleinerungsform von ›rana‹, ›Frosch‹; zur Gattung ›Hahnenfuß‹ gehörende und meist in einer leuchtenden Farbe blühende Pflanze

Mäuseohr aus dem Griechischen und Neulateinischen (›myosotis‹, ›Mäuseohr‹) abgeleiteter Name für das Vergissmeinnicht, eine besonders an feuchten Standorten wachsende Pflanze mit schmalen behaarten Blättern und kleinen hellblauen (manchmal auch weißen oder rosa) Blüten

Vergissmeinnicht Früher galt das Vergissmeinnicht als Liebesorakel oder wurde als Liebeszauber verwendet. 1588 dichtete der Pfarrer Conrad Roßbach in seinem »Paradeißgärtlein«: »Diss Kräutlein Art u. Eigenschafft / Nicht viel man findt, sol geben Krafft – / Den Bulen und sie machen werth / Den Weibern, also gar verkehrt / Sindt abergläubisch Leut fürwar / Und hilfft doch oftmals nit ein Haar.« Im Kanton St. Gallen trugen junge Männer Blüten des Vergissmeinnicht in ihren Hosentaschen, weil sie dann angeblich den

Mädchen besser gefielen. Aus Frankreich ist überliefert, dass Mädchen während der Menstruation über die Blumen schritten; fiel ein Blutstropfen auf die Blumen, glaubten sie sicher sein zu können, von ihrem Verehrer aufrichtig geliebt zu werden. Ebenfalls in Frankreich stellten Mädchen die Blumen als Liebesorakel ins Wasser; verwelkten diese, wurden sie nicht geliebt, blieben sie frisch, konnten sie sich der Liebe ihrer Verehrer sicher sein. – Nach: Hanns Bächtold-Stäubli (Hrsg.): Handwörterbuch des deutschen Aberglaubens. Band 8 (1937). 3. Auflage: Berlin und New York 2000, Spalten 1568 f.

S. 75 Ehrenpreis zur Gattung der Rachenblütler gehörende Pflanze mit kleinen blauen, in Trauben wachsenden Blüten, die zur Wundbehandlung verwendet wurde

Teufelsabbiss auf Wiesen und in der Heide vorkommendes Kardengewächs mit blauen Blütenköpfen und kurzem Wurzelstock, der wie abgebissen aussieht. Dem Volksglauben zufolge hat der Teufel die Wurzel am Johannistag (24. Juni) um Mitternacht abgebissen. Der Pflanze wurden magische Kräfte zugeschrieben und sie wurde beispielsweise als schweißtreibendes Mittel eingesetzt.

S. 77 Melissentee traditionelles Mittel gegen Erkältungskrankheiten und Magenbeschwerden; oder um nach Aufregungen innerlich zur Ruhe zu kommen

S. 79 Soldatenkönige geläufige Bezeichnung für Friedrich Wilhelm I. (1688–1740), den Vater Friedrichs des Großen, dessen Hauptleidenschaft dem Aufbau eines stehenden Heeres galt

Herrschaft Wusterhausen ursprünglich Wendisch Wusterhausen, das in Königs Wusterhausen umbenannt wurde, nachdem König Friedrich Wilhelm I. in dem dort 1717/1718 neu erbauten Jagdschloss seine berühmten »Tabakskollegien« abgehalten hatte – gesellige Zusammenkünfte, in deren Zentrum der Genuss des Tabaks stand, von dem der König glaubte, dass er »gegen alle böse Luft gut« sei. Theodor Fontane hatte das »verzauberte Schloss«, wie er es nannte, bereits in den Sechzigerjahren im Zuge seiner

Recherchereisen für die »Wanderungen durch die Mark Brandenburg« besucht.

Reiher-Forst ... ein rechter Jagdgrund Der Wusterhausener Forst war ein bevorzugtes Jagdgebiet Friedrich Wilhelms I.

Schnepfen in Wäldern und Sumpfgebieten lebende größere Vogel mit langen Beinen und langem, geradem Schnabel

S. 80 Oculi, da kommen sie ›Oculi‹ ist die Bezeichnung für den dritten Fastensonntag im katholischen Kirchenjahr. Der hier zitierte Merkspruch entstammt der Jägersprache und bezieht sich auf die Schnepfen, die zu dieser Jahreszeit zurückkehren. Der Wirt überträgt sie auf die Ausflügler aus Berlin.

Diphtheritis umgangssprachl. für Diphtherie, eine Infektionskrankheit im Hals- und Rachenraum mit Bildung von Schleimhautbelegen

Boccia italienisches Spiel mit großen und einer kleinen Kugel, die das Ziel bildet (in Frankreich: Boule)

S. 81 Heidelberger Fass Sehenswürdigkeit im Keller des Heidelberger Schlosses: ein 1751 entstandenes Riesenfass von zehn Metern Länge und einem Durchmesser von knapp sieben Metern sowie einem Fassungsvermögen von beinahe 222 000 Litern

S. 82 Schwedter Dragoner das 1. Brandenburgische Dragoner-Regiment Nr. 2. Die Dragoner gehörten wie die Husaren zur leichten (leichter bewaffneten und berittenen) Kavallerie.

Fürstenwalder Ulanen das Regiment »Kaiser Alexander II. von Russland Nr. 3«

Potsdamer Husaren das Leibgarde-Husaren-Regiment. Ursprünglich waren Husaren ungarische oder kroatische Reitersoldaten. Später wurden ähnliche bewegliche Trupps leichter Kavallerie auch in anderen Armeen – in Preußen erstmals 1721 – unter der Bezeichnung ›Husaren‹ eingeführt.

S. 84 »Washington Crossing the Delaware« Dieses 1851 entstandene Gemälde (vgl. die Abbildung auf Seite 214) machte den amerikanischen Historienmaler deutscher Abstammung Emanuel Leutze (1816–1868) berühmt. Es zeigt den Übergang George Washingtons

Emanuel Leutze (1816–1868): »Washington Crossing the Delaware«. Öl auf Leinwand

über den Delaware in der Nacht vom 25. auf den 26. Dezember 1776 während des Amerikanischen Unabhängigkeitskrieges. Dieses erfolgreiche Manöver ermöglichte den wichtigen Sieg über drei hessische Regimenter in der Schlacht bei Trenton (New Jersey) am folgenden Tag. 1859 erhielt Leutze den ehrenvollen Auftrag, die Sitzungssäle von Senat und Kongress im Kapitol von Washington mit Wandgemälden zu Ereignissen der amerikanischen Geschichte auszuschmücken. Sein Gemälde »Washington Crossing the Delaware« fand im 19. Jahrhundert als preisgünstige Lithografie (Farbdruck) eine massenhafte Verbreitung.

»The Last Hour at Trafalgar« Vermutlich meint Fontane das Gemälde »The Battle of Trafalgar« des englischen Malers Clarkson Frederick Stanfield (1793–1867). In dieser Seeschlacht am 21. Oktober 1805 gegen Franzosen und Spanier fand der britische Oberbefehlshaber Admiral Nelson den Tod. 1875 hatte Fontane über eine Ausstellung in Manchester geschrieben: »Ein Achenbachsches Seestück ist voll Stimmung und Poesie, eine Stanfieldsche Arbeit ist ein Galerie- oder Zimmerprachtstück und weiter nichts.«

Clarkson Frederick Stanfield (1793–1867): »The Battle of Trafalgar«. Öl auf Leinwand

Rokokotisch zierliches Tischchen im verspielten Rokokostil, wie er Mitte des 18. Jahrhunderts in Europa kultiviert wurde

»Si jeunesse savait« ›Wenn die Jugend wüsste‹. Die Fontane-Forschung geht davon aus, dass es sich bei dieser offenbar satirischen und freizügigen Darstellung um eine Lithografie nach einem Werk des französischen Zeichners und Karikaturisten Paul Gavarni (1804–1866) oder des französischen Malers und Fotografen Julien Vallou de Villeneuve (1795–1866) handelt.

S. 89 »Ah les beaux esprits se rencontrent« (frz.) »Ah, die Schöngeister begegnen sich.«

Königin Isabeau, Fräulein Johanna, Fräulein Margot Die Decknamen der weiblichen Begleiterinnen von Bothos Kameraden entstammen Schillers romantischer Tragödie »Die Jungfrau von Orleans« (1801): Königin Isabeau ist die Mutter des französischen Königs Karl VII., Fräulein Johanna ist Johanna von Orleans (Jeanne d'Arc) und Fräulein Margot Johannas Schwester.

Mademoiselle Agnes Sorel Agnes Sorel (1410 oder 1422–1450) war die Geliebte Karls VII. Die meisten Gemälde zeigen sie mit entblößter linker Brust, eine Mode, die sie am französischen Hof eingeführt hatte.

Thibaut d'Arcs Thibaut d'Arc ist der Vater von Johanna (Jeanne) und ihrer Schwester Margot.

S. 91 Ja, Königin, das Leben ist doch schön Fontane legt seiner Figur Balafré hier ein ungenau erinnertes Schiller-Zitat in den Mund: »Königin! / – O Gott, das Leben ist doch schön«, ruft Marquis Posa in »Don Karlos« (1787) aus (am Ende von IV, 21), als er – *»in der heftigsten Bewegung«* sich vor ihr niederwerfend – von Königin Elisabeth Abschied nimmt.

S. 92 Köllnischen Fischmarkt Bis Mitte der 1880er-Jahre fanden auf zahlreichen Plätzen der Berliner Innenstadt regelmäßig Wochenmärkte statt, bei denen es nicht sonderlich hygienisch zuging. Cölln lag, Alt-Berlin gegenüber, an der Spree.

S. 93 Moët oder Mumm berühmte Champagnermarken; sowohl die Firma Moët-Chandon wie auch die von zwei Deutschen begründete Firma Mumm waren in Reims im Nordosten Frankreichs ansässig.

S. 94 den in der Oranienstraße In der Oranienstraße lag der Friedhof des Jakobs-Hospitals; nebenan befand sich das bekannte Tanzlokal Orpheum.

S. 95 Chaussee nach Tegel ... Artillerie Der Schießplatz der Artillerie befand sich südlich von Tegel (vgl. auch Seite 217).

S. 96 Kladderadatsch umgangssprachlich für: großen Krach, Skandal; zugleich der Titel einer politisch-satirischen Wochenzeitschrift, die seit 1844 erschien

S. 101 29. Juni kirchlicher Feiertag Peter und Paul; im volkstümlichen Aberglauben wird der Tag mancherorts auch als Unglückstag betrachtet.

S. 103 nach Art der Sibyllinischen Bücher Einer römischen Sage zufolge bot Sibylle von Cumae – die im 6. Jahrhundert v. Chr. die Hauptweissagerin des Orakels von Cumae in der Nähe von Neapel war – dem römischen König Tarquinius Superbus (gestorben um 495 v. Chr.) neun Bücher mit Prophezeiungen, die sogenannten Sibyllinischen Bücher, zum Kauf an. Als dieser wegen des ihm zu hoch erscheinenden Preises ablehnte, verbrannte sie drei der Bücher und bot ihm anschließend die restlichen sechs Bücher wiederum zum selben Preis an. Erneut verweigerte der König den Kauf, woraufhin sie erneut drei Bücher verbrannte, um dann die verbliebenen drei zum selben Preis anzubieten. Nun lenkte Tarquinius ein und erwarb die drei restlichen Bücher zum ursprünglich geforderten Preis. Er brachte sie im Jupitertempel auf dem Kapitol unter, wo sie im Jahre 83 v. Chr. bei einem Brand zerstört worden sein sollen.

S. 104 Fremdenlegion Die bekannteste Fremdenlegion ist die – noch heute bestehende – »Légion étrangère« der französischen Armee. Sie wurde 1831 als militärischer Großverband von Freiwilligen aus dem Ausland gegründet.

Tochter des Regiments Anspielung auf die komische Oper »La Fille du Régiment« (1840) von Gaëtano Donizetti (1797–1848). Die Heldin Marie ist ein Findelkind und von Soldaten eines französischen Regiments aufgezogen worden, mit dem sie nun als Marketenderin (fahrende Händlerin) umherzieht. Später stellt sich heraus, dass sie die uneheliche Tochter einer Marquise ist.

Moabiter Brücke Spreebrücke nördlich des Englischen Gartens, der Teil des Tiergartens ist

Jungfernheide sandige Heide im Norden Berlins (südlich des Tegeler Sees), die damals als Truppenübungsplatz und als Schießplatz der Artillerie diente; heute befindet sich hier der Flughafen Tegel.

S. 105 Tegler Schießplatz vgl. die Erläuterung zu ›Jungfernheide‹; der Schießplatz existierte seit 1828.

Donquichotterien durch weltfremden Idealismus von vornherein zum Scheitern verurteilte Unternehmungen; vgl. die Titelfigur des Romans »Don Quijote« von Miguel de Cervantes (1547–1616)

S. 106 Ludwig v. Hinckeldey Karl Ludwig Friedrich von Hinckeldey (1805–1856) wurde im November 1848 Polizeipräsident von Berlin. Er trieb die Modernisierung der Berliner Infrastruktur energisch voran (Straßenreinigung, Wasserversorgung, Berufsfeuerwehr) und erhöhte die Sicherheit in der Stadt, allerdings mithilfe drastischer Überwachungs- und Abschiebungsmaßnahmen. Mehrfach geriet er in Konflikt mit der regierungsnahen, konservativen »Kreuzzeitung« und untersagte das Erscheinen einzelner Ausgaben. Nachdem er einen adligen Spielklub im Hôtel du Nord hatte ausheben lassen, wurde er von einem Mitglied des Klubs, Hans von Rochow-Plessow, in amtlichen Eingaben als Lügner bezeichnet. Hinckeldey sandte Rochow daraufhin eine Forderung, die dieser annahm. In einem Pistolenduell am 10. März 1856 in der Jungfernheide wurde Hinckeldey von seinem Gegner tödlich verwundet. Rochow wurde vom König begnadigt und von seinen Standesgenossen öffentlich belobigt. – Als Mitglied des ›Literarischen Cabinets‹ (das zum Presseapparat der Regierung gehörte) hatte Fontane Hinckeldey zu Beginn von dessen Amtszeit wiederholt scharf in Artikeln angegriffen, die in der »Dresdner Zeitung« erschienen waren. 1884 notierte er in sein Tagebuch (Eintrag für den Zeitraum 28. April bis 9. Mai): »[...] beginne große Partien [Ausflüge] in die Umgebung von Berlin, zum Teil Ausflüge im Interesse meiner Novelle [gemeint ist der Roman; Fontane bezeichnete viele seiner Romane, während er an ihnen arbeitete, zunächst als Novellen]. Montag, den 5. Mai, Ausflug nach der Jungfernheide, um das Hinkeldey-Kreuz aufzusuchen [...]«.

Rat amtliche Rangbezeichnung im öffentlichen Dienst (heute noch gegenwärtig in Titeln wie ›Regierungsrat‹ oder ›Studienrat‹)

Nörner Staatsanwalt, der auf Befehl des Königs im Streit zwischen Hinckeldey und Rochow zu vermitteln versuchte

die mächtiger war als alle Vernunft vgl. die entsprechende Stelle im Brief des Apostels Paulus an die Philipper (4, 7): »Und der Friede Gottes, der höher ist als alle Vernunft, bewahre eure Herzen und Sinne in Christus Jesus.«

S. 107 dass das Herkommen unser Tun bestimmt Herkommen: die Herkunft und allgemeiner die gesellschaftliche Tradition, in der man großgezogen wurde; vgl. auch die für Fontanes Romanschaffen insgesamt bedeutsame Passage in einem Brief an den Journalisten Friedrich Stephany (1830–1912): »Ja, Sie haben es vorzüglich getroffen ›Die Sitte gilt und muss gelten‹, aber dass sie's muss, ist mitunter hart. [...] Wer dieses Stück Erb- und Lebensweisheit missachtet – von Moral spreche ich nicht gern [...] –, der hat einen Knacks fürs Leben weg.«

ein großes Etablissement (frz.) hier: Unternehmen, Betrieb, Niederlassung. Gemeint ist ›Borsigs Maschinen-Anstalt‹ in Moabit an der Spree. Der Unternehmer August Borsig (1829–1878) beschäftigte hier fast 5 000 Arbeiter.

S. 108 an den ... Zelten vorüber »Die Zelte« beziehungsweise »Die Zelten«, wie die Berliner sagten, waren ein Gartenlokal am Tiergartenufer der Spree. Im 18. Jahrhundert waren hier in Zelten aus Leinwand Erfrischungen an Ausflügler verkauft worden – daher der Name, der auch später bestehen blieb.

Wrangelbrunnen nach dem preußischen Generalfeldmarschall Friedrich Heinrich Ernst Graf von Wangel (1784–1877) benannter Brunnen auf dem Kemperplatz im Tiergarten, am südlichen Ende der Siegesallee

S. 109 das Mädchen, das an den Ziehbrunnen lief wohl eine Anspielung auf das ›bürgerliche Trauerspiel‹ »Maria Magdalena« (1844) von Friedrich Hebbel (1813–1863), in dem die Hauptfigur Klara, die von einem elenden, ungeliebten Menschen ein Kind erwartet und durch Vater, Mutter und Bruder überdies großem Druck ausgesetzt ist, sich aus Verzweiflung in einem Brunnen zu Tode stürzt

S. 111 Stieglitz Der Stieglitz bzw. Distelfink symbolisiert im Volksglauben Ausdauer und Fruchtbarkeit sowie Schutz vor Krankheit, wird innerhalb der christlichen Tradition mit Leid und Schmerz (Disteln, Dornen) assoziiert und steht entsprechend für Christus oder für die menschliche Seele, die zu Christus findet.

S. 114 Kuppel der Frauenkirche Die zwischen 1726 und 1745 entstandene Frauenkirche auf dem Neumarkt in Dresden ist ein Barockbau mit hoher Kuppel; sie wurde während der Luftangriffe auf Dresden in der Nacht vom 13. auf den 14. Februar 1945 zerstört und zwischen 1994 und 2005 wiederaufgebaut.

Holbeinscher Madonna »Die Madonna des Baseler Bürgermeisters Jakob Meyers zum Hasen«, Gemälde von Hans Holbein dem Jüngeren. In der Dresdner Gemäldegalerie hängt eine Kopie von Bartholomäus Sarburgh (ca. 1590–1637), die 1743 als angebliches Original in die Sammlung eingegliedert wurde. Das Originalgemälde befindet sich in Darmstadt.

Hans Holbein der Jüngere (1497–1543): »Die Madonna des Baseler Bürgermeisters Jakob Meyers zum Hasen«, auch »Darmstädter Madonna« (um 1528 bis 1530). 146,5 mal 102 cm

Konditorei am Altmarkt und der Scheffelgassen-Ecke entweder das Café Central oder die Konditorei Kreutzkamm, die beide am Altmarkt lagen

S. 115 **›Monsieur Herkules‹** beim Publikum sehr beliebte Verwechslungskomödie von Georg Belly (1836–1875)

Knaak der aus Wien stammende Komiker Wilhelm Knaack (1829 bis 1894), der als Artist ›Cäsar‹ in »Monsieur Belly« besonders erfolgreich war; Thomas Mann (1875–1955), in dessen frühen Werken der Einfluss Fontanes in zahlreichen Details greifbar ist, gab einem affektierten Tanzlehrer in seiner Novelle »Tonio Kröger« (1903) den Namen Knaak.

den Tannhäusermarsch Musik zum Einzug der Gäste auf der Wartburg in Richard Wagners (1813–1883) ›romantischer Oper‹ »Tannhäuser und der Sängerkrieg auf Wartburg« (uraufgeführt 1845 in Dresden)

›Bacchus auf dem Ziegenbock‹ im Grünen Gewölbe und der ›sich kratzende Hund‹ von Peter Vischer Der »Junge[r] Bacchusknabe auf einem Ziegenbock« wurde François Duquesnoy (genannt Fiamingo, 1594–1642) zugeschrieben, ist aber wohl eine französische Arbeit aus der zweiten Hälfte des 17. Jahrhunderts. Peter Vischer der Ältere (1455–1529) war ein Erzgießer aus Nürnberg und Zeitgenosse Dürers. Die beiden genannten Werke zählen zu den kunsthandwerklichen Kuriositäten des Grünen Gewölbes (vgl. S. 195).

Kötzschenbroda seinerzeit ein ländlicher Ort an der Elbe, heute ein Ortsteil von Radebeul

S. 116 **Landgrafenstraße** elegante Straße im Tiergartenviertel, zwischen Lützowufer und Kurfürstenstraße, in der viele Angehörige des Adels wohnten

des Grunewalds Berliner Forst, der zur Zeit der Romanhandlung vom preußischen Staat teilweise an ein Bankenkonsortium veräußert wurde, das dort ab 1889 ein nobles Villenviertel errichten ließ

Schindelturm der rot und grün gestrichene Holzturm des von der Familie Dörr bewohnten ›Schlosses‹

S. 117 Goldstein Der jüdische Name weist auf die führende Rolle jüdischer Fabrikanten und Kaufleute in der Berliner Textilindustrie im ausgehenden 19. Jahrhundert hin.

Waldeckschen Prinzessin eine Tochter des Fürsten Georg Viktor von Waldeck und Pyrmont (1831–1893), einem Infanteriegeneral der preußischen Armee

Demuth Das Berliner Adressbuch von 1890 nennt das Geschäft mit exklusiver Adresse (Unter den Linden 3 a) einen »Bazar de Voyage«. Auch im dritten Kapitel von »Effi Briest« (1896) wird der »Demuthsche Laden« erwähnt; Effi und ihre Mutter kaufen hier einen Teil der Aussteuer für Effis bevorstehende Hochzeit.

Alten Jakobstraße Fontane kannte die Straße genau; er hatte hier ab Oktober 1862 ein Jahr lang (im Haus Nr. 171) gewohnt.

Potsdamer Straße In der Potsdamer Straße 134 c wohnte Fontane vom Oktober 1872 bis zu seinem Tod im September 1898.

Spittelmarkt Platz im heutigen Stadtteil Berlin Mitte am westlichen Ufer des Spreekanals

Kurfürsten- … Lützowstraße … Magdeburger Platz Die Kurfürstenstraße und die Lützowstraße verlaufen fast parallel; an der Südseite der Letzteren liegt der Magdeburger Platz.

S. 118 Zwölf-Apostelkirche in der Kurfürstenstraße

S. 119 nach dem Kanal hin abzweigende Querstraße die Dörnbergerstraße zwischen Lützowstraße und Lützow-Ufer

S. 120 die große Schleuse die Charlottenburger Schleuse; Lene ist demnach zu weit gelaufen.

Goldlack Gartenpflanze mit gelben bis rotbraunen Blüten, der harntreibende und herzstärkende Wirkung zugeschrieben wurde

S. 121 Kampfer aromatische Verbindung aus dem Holz des südostasiatischen Kampferbaumes, Heilmittel, etwa bei Bronchitis und rheumatischen Beschwerden

Hoffmannstropfen Mittel aus Alkohol und Äther, zur Belebung der Sinne bei Schwächezuständen, benannt nach dem Arzt Friedrich Hoffmann (1660–1742)

Motten kleine Schmetterlingarten mit dicht behaartem Körper, deren Raupen besonders Wollstoffe, Pelze und Ähnliches zerfressen

S. 123 Graf Alten der Kommandant der 1. Garde-Kavallerie-Brigade Karl Graf von Alten (1833–1901)

Pfarr- und Stolgebühren Gebühren für kirchliche Handlungen wie Taufe, Trauung oder Beerdigung. In der evangelischen Kirche wurden diese Abgaben 1892 abgeschafft.

Straußscher Walzer entweder Johann Strauß Vater (1804–1849) oder Johann Strauß Sohn (1825–1899), die mit ihren Kompositionen den Wiener Walzer maßgeblich prägten; Johann Strauß Sohn, der noch berühmter und produktiver als sein Vater war, erwarb sich den Beinamen »Walzerkönig«.

S. 124 tausend und drei Anspielung auf die sogenannte Registerarie in Wolfgang Amadeus Mozarts Oper »Don Giovanni« (1787), in der Don Giovannis Diener Leporello davon berichtet, mit wie vielen Frauen sein Herr bereits geschlafen hat (allein in Spanien mit »mille e tre«)

S. 126 zum Kattolschwerden zum Katholischwerden, was hier so viel bedeutet wie: zum Verrücktwerden; Redensart, die auf die starken Animositäten zwischen Protestanten und Katholiken in der zweiten Hälfte des 19. Jahrhunderts zurückgeht; die unfreiwillige Angliederung des katholisch geprägten Rheinlands an das dezidiert protestantische Preußen in der Folge des Wiener Kongresses (1815) und Bismarcks ›Kulturkampf‹-Politik in den 1870er- und 1880er-Jahren spielten hierbei jeweils eine wichtige Rolle.

Luisenufer westliches Ufer des zwischen 1848 und 1852 gebauten Luisenstädtischen Kanals, der Landwehrkanal und Spree miteinander verband

S. 127 Michaelskirche 1853 bis 1856 erbaute und 1861 geweihte Kirche am sogenannten Engel-Becken des Luisenstädtischen Kanals; erste katholische Garnisonskirche und erst zweite katholische Kirche in Berlin; Fontane betrachtete den am oberitalienischen Renaissancestil orientierten Kuppelbau als schönste Kirche des Stadt.

S. 129 Mennoniten im 16. Jahrhundert entstandene, nach ihrem Stifter Menno Simons (1496–1561) benannte protestantische Sekte, deren Anhänger Kriegsdienst, Glücksspiel, Ehescheidung und Kindstaufe ablehnten

Irvingianern nach ihrem Begründer, dem schottischen Erweckungsprediger Edward Irving (1792–1834), benannte Sekte, die in Preußen auch unter Offizieren Anhänger fand; Irving verkündete, das Weltende stehe unmittelbar bevor.

S. 130 die so viele Frauen haben Gemeint ist die 1830 von dem Amerikaner Joseph Smith (1805–1844) gegründete Religionsgemeinschaft der Mormonen, deren auffälligstes Merkmal (in der Wahrnehmung Außenstehender) bis heute ist, dass sie die Mehrehe praktizieren.

Fabrik hier in der Köpnicker Straße Die Köpenicker Straße verläuft nördlich der Michaelkirche parallel zur Spree. Hier gab es eine Reihe kleinerer Fabriken.

S. 131 Schlangenbader Kur … Schwalbach Sowohl Schlangenbad als auch Schwalbach sind Kurorte im Taunus, die sich auf Frauenkrankheiten spezialisiert hatten.

Viper an der Brust Anspielung auf den Selbstmord Kleopatras durch einen Schlangenbiss

S. 132 24. Juni, Johannistag Fest der Geburt Johannes des Täufers am 24. Juni. Vielerorts wird am Johannistag die kurz zuvor (zwischen dem 20. und 22. Juni) stattgefundene Sommersonnenwende gefeiert. Die existenziellen Grunderfahrungen von Werden und Vergehen, Liebe, Tod und Erneuerung werden am Johannistag in einem breiten Spektrum von Bräuchen beschworen.

bei Mars-la-Tour Während des Deutsch-Französischen Kriegs wurde der französischen Armee am 16. August 1870 bei Mars-la-Tour und Vionville durch die deutschen Streitkräfte (unter maßgeblicher Beteiligung der preußischen Kavallerie) der Rückzugsweg nach Sedan abgeschnitten. Die Schlacht kostete etwa 16 000 Soldaten das Leben.

S. 133 ein Buch über künstliche Fischzucht Gemeint ist wohl eine Schrift von Friedrich Felix von Behr-Schmoldow (1821–1892), einem engagierten Förderer der Fischzucht.

Neumark Die land- und forstwirtschaftlich geprägte Neumark war zwischen 1815 und 1945 Teil der preußischen Provinz Brandenburg. Sie bestand aus den Landkreisen Königsberg/Nm., Soldin, Arnswalde, Friedeberg, Landsberg an der Warthe, Weststernberg, Oststernberg, Züllichau-Schwiebus, Guben, Crossen, Cottbus und Sorau.

Berneuchen Stadt im Kreis Landsberg in der Neumark

S. 134 Winterfeld Adelsfamilie, deren berühmtestes Mitglied Hans Karl von Wintersfeld (1707–1757) General unter Friedrich dem Großen gewesen war

für Industrielle hab' ich von Jugend an eine Passion gehabt Das gilt auch für Fontane selbst, der am 18. April 1884 an seine Tochter Martha schrieb: »Wirklicher Reichtum imponiert mir und erfreut mich wenigstens, seine Erscheinungsformen sind mir in hohem Maße sympathisch und ich lebe gern inmitten von Menschen, die 5000 Grubenarbeiter beschäftigen, Fabrikstädte gründen und Expeditionen aussenden zur Kolonisierung von Mittel-Afrika. [...] ich will nichts von ihnen, aber sie schaffen und wirken zu sehn, tut mir wohl, alles Große hat von Jugend auf einen Zauber für mich gehabt, ich unterwerfe mich neidlos.«

S. 135 unterseeische Telegrafen Seit 1858 waren Europa und Amerika durch eine unter Wasser geführte Telegrafenleitung miteinander verbunden.

Frankfurter oder Mainzer Kavaliere Angehörige des 1. Hessischen (blauen) Husaren-Regiments Nr. 13, das in Frankfurt am Main und Mainz stationiert war

Husaren, gleichviel ob rot oder blau Anspielung auf die unterschiedlichen Uniformen der preußischen Husaren-Regimenter. Durchgehend rot waren die Uniformen des in Potsdam stationierten Leib-Garde-Husaren-Regiments und des 3. Brandenburgischen

Husaren-Regiments »von Zieten« (stationiert in Rathenow), das auch in »Effi Briest« eine Rolle spielt. Blaue Uniformen trugen beispielsweise die in Bonn, Paderborn, Torgau, Diedenhofen, Kassel, Wandsbeck, Grimma und Straßburg stationierten Regimenter.

Gardedragoner verdoppelt Beide Regimenter der Gardedragoner standen in Berlin, die Leibgardehusaren dagegen in Potsdam.

in seiner Schwerenkavallerie-Ehre Die schwere Kavallerie, zu der Botho als Kaiser-Kürassier gehört, unterschied sich von der leichten (Husaren, Cheveaulegers) und mittleren (Ulanen, Dragoner) Kavallerie durch die Bewaffnung, den robusteren (schwereren) Harnisch, die Größe der Pferde und die Körpergröße der Reiter und war besonders hoch angesehen.

S. 136 Rembrandthut Hut mit breiter Krempe, wie er seinerzeit modern war; so benannt nach dem holländischen Maler Rembrandt van Rijn (1606–1669), der auf manchen seiner Selbstporträts solche Hüte trägt.

S. 137 Lützowplatzbrücke Brücke am Lützowplatz (im Stadtteil Tiergarten), der nach dem Führer des berühmtesten Freikorps während der Befreiungskriege gegen Napoleon, Adolf Freiherr von Lützow (1782–1834), benannt ist; heute Herkulesbrücke

She is rather a little silly. Sie ist im Grunde ein bisschen dumm (oder: albern).

S. 140 das Porstsche damals weit verbreitetes, zuerst 1708 erschienenes Gesangbuch des Pfarrers Johann Porst (1668–1728)

S. 141 Fingerhut hohe Staude mit großen, in Trauben wachsenden, einem Fingerhut ähnlichen Blüten; Digitalis; Digitalispräparate kommen bei Herzschwäche zum Einsatz; überdosiert können sie tödliche Wirkung haben.

S. 142 auf'n neuen Jacobikirchhof Friedhof, der 1851 in Rixdof, dem heutigen Neukölln, angelegt worden war

Rollkrug Der Rollkrug war ein beliebtes Ausflugslokal mit langer Tradition. Er lag, unmittelbar neben dem später hinzugekommenen Jacobikirchhof, am Fuße der Rollberge, zwischen Hasenheide-

Chaussee und Berliner Straße. Im 19. Jahrhundert machten in der Nachbarschaft zwei weitere Lokale auf, darunter das Café Spreewald, das zu einem Treffpunkt von Künstlern und Intellektuellen wurde und in dem auch Fontane oft verkehrte.

S. 144 wahrscheinlich Nikolaus In Brandenburg war ein nach dem russischen Zaren Nikolaus I. (1796–1855) benanntes Kürassier-Regiment stationiert.

Füsiliere (franz.) von ›fusil‹, ›Feuerstrahl‹, einfache Soldaten der leichten Infanterie

Fünfunddreißiger das Brandenburgische Füsilier-Regiment Nr. 35

S. 145 erst unter unserer Herrschaft Seit dem Ende des Deutsch-Österreichischen Krieges von 1866 gehörte das Königreich Hannover zu Preußen.

aus welfischem Antagonismus Die Anhänger der welfischen Dynastie kämpften bis 1884 für die Ansprüche der ehemaligen Herrscherfamilie auf den Königsthron von Hannover. Die Welfen waren von Preußen zum Thronverzicht gezwungen worden. Im Ausland hatte sich eine sogenannte Welfenlegion gesammelt, um im Falle eines Krieges zwischen Frankreich und Preußen gegen Preußen zu kämpfen. – ›Antagonismus‹ bedeutet ›Widerstreit‹.

Scanzoni der berühmte Gynäkologe Professor Friedrich Wilhelm Scanzoni von Lichtenfels (1821–1891), der zunächst in Prag, später (1850–1888) in Würzburg wirkte

S. 148 Gideon hebräischer Vorname mit der Bedeutung ›Zerstörer‹ und ›Held‹; im Alten Testament ein Feldherr, der über die Midianiter siegt

S. 150 Treptower Liebesinsel an der Ostseite der Stralauer Halbinsel

S. 152 das sechste … falsch Zeugnis redet vgl. 2. Mose 20, 14–16. Das sechste Gebot lautet: »Du sollst nicht ehebrechen.« Das siebte: »Du sollst nicht stehlen.« Das achte: »Du sollst nicht falsch Zeugnis reden wider deinen Nächsten.«

Proppertät … Honnettität … Reellität etwa: Sauberkeit … Anständigkeit … Ehrlichkeit. Auch Frau Dörr (vgl. S. 8, Z. 16 f.) und Botho (vgl. S. 105, Z. 11–18, sowie S. 123, Z. 1 f.) äußern sich in ähnlicher Weise über Lenes Tugenden.

S. 155 Van-der-Heydt-Brücke Brücke, die als nördliche Verlängerung der Magdeburger Straße über den Landwehrkanal führte

S. 156 Kirchhofsgegend Im Berliner Südosten lagen bei der Hasenheide die Friedhöfe mehrerer Berliner Gemeinden.

Pionierstraße die heutige Blücherstraße, die vom Blücherplatz in südlicher Richtung bis zur Hasenheide führt

Sie sind wohl ein Schlesier? Viele Kutscher, die in Berlin arbeiteten, kamen vom Lande, aus Mecklenburg oder aus Schlesien.

S. 157 vom Kreuzberg her Südlich des Kreuzberges, am Tempelhofer Feld, das seinerzeit noch als Exerzierplatz diente, lagen zahlreiche Kasernen.

ein Infanteriebataillon mit voller Musik mit großem Spielmannszug; an Emil Schiff schrieb Fontane am 15. Februar 1888 über diese Stelle des Romans, Angehörige des Militärs würden sich vermutlich wundern, »dass ich ein Gardebataillon mit voller Musik vo[m] Exerzierplatz kommen lasse«.

Belle-Alliance-Brücke die heutige Mehringbrücke, die am Halleschen Tor über den Landwehrkanal führt

etwas ridikül Parzenhaftes Die Parzen sind die drei Schicksalsgöttinnen der römischen Mythologie; Atropos (die Unabwendbare) durchschneidet den Lebensfaden, den ihre beiden Schwestern, Klotho und Lachesis, gewoben und gemessen haben.

S. 159 Figaro Hauptfigur in zwei Theaterstücken von Pierre de Beaumarchais (1732–1799) und den auf ihnen beruhenden Opern »Le nozze di Figaro« (1786) von Mozart und »Il barbiere di Siviglia« (1816) von Gioachino Rossini; daran anknüpfend wird ›Figaro‹ auch als Synonym für ›Barbier‹, ›Friseur‹ verwendet.

Hasenheide Die Hasenheide, die Teil des Tempelhofer Feldes war, hatte einst als kurfürstliches Hasengehege gedient und wurde später als Schießübungsplatz der Berliner Garnison genutzt. 1811 hatte Friedrich Ludwig Jahn (der »Turnvater Jahn«) hier den ersten öffentlichen Turnplatz eingerichtet. Am nördlichen Ende des Areals entstand seinerzeit ein Vergnügungsviertel.

Blondin der Seiltänzer Charles Blondin, eigentlich Jean François Gravelet (1824–1897), der in allen Metropolen Europas gastiert hatte; sein spektakulärster Auftritt fällt ins Jahr 1855, als er auf einem 50 Meter über dem Wasser gespannten Seil die Niagarafälle überquerte.

S. 160 Max Zippel Im Berliner Adressbuch von 1884 findet sich folgender Eintrag: »Max Zippel, Handelsm., Rixdorf, Hermannstraße 14«.

S. 166 Minerva mit Schild und Speer Minerva war die römische Göttin der Weisheit und der Künste und auch Schutzherrin der handwerklichen Fertigkeiten, besonders des Webens und Spinnens. Ab dem zweiten Jahrhundert vor Christus wurde sie mit der griechischen Kriegsgöttin Athena (die aus dem Kopf des Göttervaters Zeus entsprungen ist) gleichgesetzt und fortan mit deren Attributen abgebildet.

S. 167 die Rolle des donnernden Zeus Zeus ist der höchste Gott in der griechischen Mythologie. Donner und Blitz sind die Zeichen seiner Macht.

S. 168 den Moniteur 1789 gegründete, in Paris erscheinende Zeitung, zwischen 1800 und 1869 das amtliche Mitteilungsblatt der französischen Regierung

das »Fremdenblatt« Das 1862 gegründete »Berliner Fremden- und Anzeigenblatt« berichtete (seit 1876 unter dem verkürzten Titel »Berliner Fremdenblatt«) aus dem gesellschaftlichen Leben der Stadt und vermeldete die in den großen Hotels abgestiegenen Gäste.

S. 169 Luisenstraße … neben dem Kanal … auf Plötzensee Botho folgt zunächst der Luisenstraße in nördlicher Richtung und wendet sich dann nach Westen, um am Berlin-Spandauer Schifffahrtskanal entlang zur Jungfernheide zu gelangen.

S. 176 das alte Weißbierlokal mit dem komischen und etwas unanständigen Namen Am Tempelhofer Ufer 19 gab es eine Wirtschaft, die nach dem ersten Wirt ›Buberitz‹ hieß, woraus die Berliner ›Puperitz‹ machten.

S. 179 »Käthe, Puppe, liebe Puppe« Anspielung auf das Frauenemanzipationsstück »Nora oder Ein Puppenheim« (1879) des norwegischen Dramatikers Henrik Ibsen (1828–1906), der zwischen 1868 und 1891 vorwiegend in Deutschland lebte und dort besondere Bekanntheit genoss

S. 181 Jahrestag von Königgrätz Die Schlacht bei Königgrätz am 3. Juli 1866 besiegelte die Niederlage Österreichs (und Sachsens) gegen Preußen im Deutschen Krieg von 1866. Die Erinnerung an diesen Sieg wurde in Preußen mit anhaltender Genugtuung gepflegt.

im siebenjährigen Kriege 1756–1763; der dritte, längste und verlustreichste der drei schlesischen Kriege, in denen Preußen unter Friedrich II. zur europäischen Großmacht aufstieg

S. 183 Kadettenanstalt internatsähnliche Einrichtung, deren Zöglinge auf eine Karriere als Berufsoffizier vorbereitet werden. Gemeint ist hier die Kadettenanstalt Schloss Oranienstein, ein ehemaliges Benediktinerkloster in Diez an der Lahn im damaligen preußischen Regierungsbezirk Wiesbaden. Fontanes Sohn George hatte dort zeitweise als Erzieher Dienst getan.

S. 184 Schlosspark ... Mausoleum Im Park des Charlottenburger Schlosses, der Anfang des 19. Jahrhunderts in einen Landschaftsgarten nach englischer (naturnaher) Manier umgestaltet worden war, wurde 1810 ein kleiner Tempel mit dorischer Säulenfront als Mausoleum (Grabstätte) für die populäre, jung verstorbene Königin Luise errichtet.

Karpfenbrücke Brücke über den Karpfenteich des Schlossparks

Belvedère ›Schöne Aussicht‹; 1788 erbautes Teehaus im nördlichen Teil des Schlossparks. Bei den erwähnten Rokokofiguren handelt es sich um eine von dem deutsch-amerikanischen Bildhauer Johannes Eckstein (1735–1817) geschaffene Gruppe von drei Putten (kleinen nackten Knabenfiguren), die über ihren Köpfen einen Korb mit Blumen tragen.

General von Bischofswerder der Generaladjutant, einflussreiche politische Ratgeber und spätere Minister des Königs Friedrich Wilhelm II. (1744–1797) Johann Rudolf von Bischoffwerder (1741 bis 1803). Als Anhänger des Illuminatenordens – einer 1776 in Ingolstadt gegründeten Geheimgesellschaft, die sich ausdrücklich dem Wohl der Menschheit verschrieb, nichtsdestotrotz aber schon bald im Verdacht stand, weitläufige Verschwörungen anzuzetteln – förderte er die okkultistischen Neigungen des Königs und trug so mit zum Ende der rationalistisch-aufklärerischen Epoche bei, die unter Friedrich II. ihren Höhepunkt erreicht hatte.

König Friedrich Wilhelm II. ... aus den Händen seiner Geliebten Wilhelmine Enke (oder Encke, 1753–1820), die Mätresse des Königs, die aus einfachen Verhältnissen stammte (ihr Vater war Hornist an der Königlichen Oper in Berlin). Sie gebar ihm sechs Kinder. Als Friedrich Wilhelm II. 1782 das intime Verhältnis beendete, heiratete sie seinen Kammerdiener Johann Friedrich Rietz. Sie blieb aber eine enge Vertraute und Beraterin des Königs, der sie kurz vor seinem Tod zur Gräfin von Lichtenau erhob.

S. 186 ›die Pompadour‹ Jeanne-Antoinette Poisson, Marquise de Pompadour (1721–1764), war die langjährige Mätresse des französischen Königs Ludwig XV.; nach ihr wurde der sogenannte Pompadour benannt, ein beutelförmiges Handtäschchen aus Stoff mit Zugbändern, die den Beutel verschließen und zugleich als ›Henkel‹ dienen.

S. 188 Schmidt in der Friedrichstraße Blumengeschäft, die seinerzeit bekannte »Kunst- und Handelsgärtnerei G. Schmidt« in der Friedrichstraße 177

Leben und Werk im Überblick

Neuruppin, Swinemünde, Berlin 1819–1840

Henri Théodore (Theodor) Fontane kommt am 30. Dezember **1819** im etwa 50 Kilometer nordwestlich von Berlin gelegenen Städtchen Neuruppin zur Welt.

Der Vater Louis Henri Fontane (1796–1867) ist Apotheker. Er entstammt ebenso wie die Mutter Emilie (geb. Labry, 1797–1869) einer hugenottischen Familie mit Wurzeln in Südfrankreich. 1821, 1823, 1826 und 1838 werden die vier jüngeren Geschwister Carl Johann Rudolph, Jenny Eveline, Gustav Friedrich Maximilian und Elise geboren.

Im Juni **1827** übernimmt der Vater die Apotheke in Swinemünde an der Ostsee. Die fünf Jahre, die die Familie dort verbringt, hat Fontane im Alter sehr lebendig in »Meine Kinderjahre« (1894) geschildert.

1832 kehrt die Familie nach Neuruppin zurück. Fontane besucht ein Jahr das dortige Gymnasium und wechselt anschließend im Oktober **1833** auf eine Gewerbeschule in Berlin über. Er lebt bei seinem lebenslustigen Onkel August Fontane, einem Halbbruder des Vaters, und lernt seine spätere Frau kennen, die in der Nachbarschaft wohnende, außerehelich geborene Georgine Emilie Caroline Rouanet (1824–1902), die als »damals ziemlich verwilderte[s] Kind« (Fontane in »Von Zwanzig bis Dreißig«) im Hause ihres Adoptivvaters aufwächst.

1836 beendet Fontane die Schule und beginnt eine Apothekerlehre, die er **1840** in der Roseschen Apotheke in Berlin vorzeitig abschließt. Er liest viel – vor allem englische Literatur, aber auch ausgiebig Zeitschriften und Zeitungen – und lernt im Königlichen Schauspielhaus die Dramen Shakespeares kennen. Ab **1839** unternimmt er dichterische Versuche in unterschiedlichsten literarischen Gattungen. Eine Novelle »Geschwisterliebe« erscheint 1839 im »Berliner Figaro«.

Burg, Leipzig, Dresden, Letschin, Berlin 1840–1849

1840 bis 1843 arbeitet Fontane als Apothekergehilfe in verschiedenen Apotheken in Burg (bei Magdeburg), Leipzig, Dresden und Letschin (dort in der väterlichen Apotheke). Nebenher widmet er sich weiter dem Schreiben. **1840** entstehen ein Roman und ein Epos mit historischem Stoff, die beide nicht überliefert sind. Gedichte werden in verschiedenen Zeitschriften gedruckt. **1844** wird Fontane in einen Berliner Literaturzirkel aufgenommen, den »Tunnel über der Spree«. Dort knüpft er viele Kontakte, auch zu einflussreichen Leuten, die in langjährige Freundschaften übergehen. **1844/45** absolviert er als Einjährig-Freiwilliger seine Militärzeit in Berlin. Anschließend ist er wieder als Apothekergehilfe tätig, zunächst in Letschin, dann in Berlin. **1845** verlobt er sich mit Emilie. **1847** legt er das Staatsexamen als Apotheker erster Klasse ab. Die Eltern trennen sich, lassen sich aber nicht scheiden.

1848 nimmt Fontane als Barrikadenkämpfer und Wahlmann für die preußischen Landtagswahlen an der Märzrevolution teil. Seine revolutionären Erfahrungen verarbeitet er im Dramenfragment »Karl Stuart«. Ab September arbeitet er ein Jahr lang als pharmazeutischer Ausbilder im Diakonissen-Krankenhaus Bethanien in Berlin-Kreuzberg.

Berlin, London, 1849–1858

Ende **1849** kehrt Fontane dem Apothekerberuf den Rücken, um als freier Schriftsteller zu leben. Er veröffentlicht zwei Gedichtbände – »Von der schönen Rosamunde, Männer und Helden« (1850) und »Gedichte« (1851) –, die aber nicht viel einbringen.

Im Oktober **1850** heiratet er Emilie. Um eine Familie ernähren zu können, muss er regelmäßige Einnahmen haben. Aus Mangel an anderen Aussichten nimmt er vor der Heirat eine Stelle im Presseapparat der Regierung an. Er gehört dem »Literarischen Cabinet« an, das die Provinzpresse im Sinne der Regierungspolitik beeinflussen soll. Diese Tätigkeit empfindet er selbst als Verrat an seinen demokratischen Überzeugungen, die er allerdings später im Rückblick herunterspielen wird und die sich im Laufe der Jahre auch tatsächlich wandeln: in eine teils weiterhin kritische, teils aber auch loyale, patriotische Haltung gegenüber dem preußischen Staat.

Fast ein Jahrzehnt bleibt Fontane im Dienst der Regierung. Er hat jedoch das Glück, einen Teil dieser Zeit (April bis September **1852** sowie September **1855 bis** Januar **1859**) als Korrespondent in London verbringen zu dürfen. Dort verfasst er nicht nur politische Berichte, sondern auch Reisereportagen, die sich als Fingerübungen für die späteren »Wanderungen durch die Mark Brandenburg« (vier Bände, 1862–1888) erweisen.

1853 schreibt Fontane den Aufsatz »Unsere lyrische und epische Poesie seit 1848«, in dem er ein Programm des literarischen Realismus entwirft.

Emilie bringt im August **1851** und im November **1856** die Söhne George Emile und Theodor zur Welt (George stirbt 1887 an den Folgen eines Blinddarmdurchbruchs) und zieht mit den Kindern **1857** zu ihrem Mann nach London. **Ende 1858** bittet Fontane um die Auflösung seines Vertrags. Er begründet den Schritt mit seiner Loyalität zum kürzlich entlassenen Ministerpräsidenten Freiherr von Manteuffel und erhält eine großzügige Abfindung.

Berlin, 1859–1870

Zurück in Berlin, nimmt Fontane einen neuen Anlauf, sich als Schriftsteller zu etablieren. Die beiden Reisebücher »Aus England« und »Jenseits des Tweed« erscheinen **1860, 1861** folgt der Band »Balladen«. Obwohl besonders die Erzählgedichte nach historischen Stoffen seinen Namen bekannt machen, bleibt die finanzielle Situation der Familie schwierig, zumal im März **1860** ein weiteres Kind, die Tochter Martha (»Mete«), hinzukommt. Daher übernimmt Fontane ab **Sommer 1860** den englischen Artikel der erzkonservativen »Neuen Preußischen Zeitung«, der sogenannten »Kreuzzeitung«, den er **bis 1870** betreut. Im Februar **1864** wird das letzte Kind, der dritte Sohn Friedrich, geboren. (Drei weitere Kinder sterben bereits im Säuglingsalter.) 1867 und 1869 sterben Fontanes Vater und seine Mutter.

Der schriftstellerische Ertrag des Jahrzehnts sind zahlreiche kulturhistorische Aufsätze über die Mark Brandenburg, die zunächst in Zeitschriften und dann gebündelt in den »Wanderungen« erscheinen, sowie die beiden großen militärischen Darstellungen »Der Schleswig-Holsteinische Krieg im Jahre 1864« (1866) und »Der deutsche Krieg von 1866« (2 Bände, 1870 und 1871). Diese werden – wie auch das dritte Kriegsbuch über den Deutsch-Französischen Krieg – nicht die erhofften Erfolge, weil Fontane zu akribisch arbeitet und zu unparteiisch urteilt; daher kommen seine Darstellungen jeweils ein wenig zu spät und enttäuschen die Erwartungen der meisten Leser durch ihren Mangel an Siegestrunkenheit.

Berlin, 1870–1878

Im April **1870** kündigt Fontane, nach einer Auseinandersetzung mit dem Chefredakteur, bei der »Kreuzzeitung« und übernimmt kurz darauf die eben frei gewordene Position des Theaterkritikers des Königlichen Schauspielhauses bei der traditionsreichen liberalen »Vossischen Zeitung«. Obwohl es ihm als Theaterkritiker an jeder Vorerfahrung fehlt, wird er in kurzer Zeit zu einer Institution des Berliner Theaterlebens. Fast 20 Jahre lang, **bis 1889**, bleibt er dieser Tätigkeit treu, die seine Zeit nicht zu sehr beansprucht, allerdings auch nur eine (immerhin regelmäßige) Nebeneinkunft darstellt.

Ende September **1870** bricht er nach Frankreich auf, um für ein weiteres Kriegsbuch die Schauplätze des seit gut zwei Monaten geführten Deutsch-Französischen Kriegs in Augenschein zu nehmen. Am 5. Oktober wird er in Domrémy verhaftet, anschließend in Langres (6. bis 11.) und Besançon (12. bis 29.) festgehalten und Anfang November auf die Atlantikinsel Oléron geschafft, wo er weitere Wochen in Gefangenschaft verbringt. Anfangs in wirklicher Gefahr, als Spion erschossen zu werden, ist er spätestens auf Oléron nicht mehr unmittelbar bedroht. Doch erst Ende November kommt er, auch auf unmittelbaren Druck Bismarcks hin, frei. Über seine Erlebnisse berichtet er kurz nach seiner Heimkehr in dem teilweise schon während der Haft entstandenen Bericht »Kriegsgefangen« (1871). Im April und Mai **1871** unternimmt er eine zweite Reise zu den Stätten des am 10. Mai zu Ende gehenden Krieges, die er in dem Buch »Aus den Tagen der Okkupation« (1872) schildert. Die umfassende Darstellung »Der Krieg gegen Frankreich 1870–1871« erscheint 1873 und 1875/76 in zwei Bänden.

Anfang **1876** lässt sich Fontane dazu bereden, sich um die vakante Stelle des Sekretärs der Preußischen Akademie der Künste zu bewerben, die er auch erhält. Nach fünf Monaten im Amt reicht er Ende Juli, angewidert von der Zänkerei und Wichtigtuerei in der Akademie, seine Kündigung ein. Dieser Schritt löst eine ernsthafte Ehekrise aus. Fontane reagiert, indem er die Arbeit an einem 1862/63 begonnenen und dann lange liegen gelassenen historischen Roman über die Zeit der Befreiungskriege gegen Napoleon wiederaufnimmt.

Berlin, 1878–1898

Im Herbst **1878** erscheint in vier Bänden »Vor dem Sturm«, der erste und umfangreichste Roman des zu dieser Zeit 59-jährigen Fontane. Das Echo bleibt gering.

Doch Fontane lässt sich nicht beirren. In den zwanzig Jahren bis zu seinem Tod schreibt er sechzehn weitere Romane (einige der kürzeren betrachtete er selbst als Novellen), eine Biografie, ein letztes kulturhistorisches Werk und zwei autobiografische Bücher: »Grete Minde« (1880), »Ellernklipp« (1881), »L'Adultera« (1882), »Schach von Wuthenow« (1883), »Graf Petöfy« (1884), »Christian Friedrich Scherenberg und das litterarische Berlin von 1840 bis 1860« (1885), »Unterm Birnbaum« (1885), »Cécile« (1887), »Irrungen, Wirrungen« (1888), »Fünf Schlösser« (1889), »Stine« (1890), »Quitt« (1891), »Unwiederbringlich« (1892), »Frau Jenny Treibel« (1893), »Meine Kinderjahre« (1894), »Effi Briest« (1895), »Die Poggenpuhls« (1896),

»Der Stechlin« (1898), »Von Zwanzig bis Dreißig« (1898) und »Mathilde Möhring« (aus dem Nachlass, 1906).

Die in der Gegenwart spielenden sogenannten Berliner Romane (etwa »Irrungen, Wirrungen«, »Stine« und »Frau Jenny Treibel«) vermitteln ein unvergleichlich genaues und lebendiges Bild vom Leben in der Metropole des wilhelminischen Kaiserreichs. – Viele Romane Fontanes schildern den vergeblichen, oft auch nur halbherzigen Versuch durchschnittlich veranlagter Menschen, sich gegen die lebensfeindlichen Normen der Gesellschaft ihr privates Glück zu erkämpfen, und enden tragisch, mit dem Tod der Hauptfigur. Leidenschaftlich oder spannungsreich sind sie trotz solcher existenzieller Konflikte nicht. In dieser Beziehung sind sie typische Alterswerke. Sie leben wesentlich von Fontanes – bereits von seinen Zeitgenossen erkannter und gerühmter – Kunst des Dialogs. Charakteristisch ist auch das breite Spektrum der nach sozialen Schichten fein abgestuften Sprechweisen von Fontanes Figuren. Fontane kommen hierbei eine Beobachtungs- und eine Konversationsgabe zugute, welche auch den sorgfältig ausgearbeiteten Plauderton seiner privaten Briefwechsel prägen, die im Grunde ein wesentlicher Teil des schriftstellerischen Werks sind.

Geld verdient Fontane in erster Linie durch die Vorabdrucke seiner Romane in renommierten Zeitschriften oder Zeitungen. Wirklich erfolgreich ist zu seinen Lebzeiten nur der Roman »Effi Briest«. Gleichwohl ist Fontane am Ende seines Lebens ein anerkannter und geehrter Schriftsteller. Die Philosophische Fakultät der Universität Berlin verleiht ihm **1894** den Ehrendoktortitel. Seine letzten Bücher erscheinen in dem 1888 gegründeten Verlag seines jüngsten Sohns Friedrich.

Am 20. September **1898** stirbt Fontane im Alter von 78 Jahren in Berlin. Er wird auf dem Friedhof der Französischen Reformierten Gemeinde begraben.

Druck A 1 / Jahr 2015

Alle Drucke der Serie A sind im Unterricht parallel verwendbar.

Bildnachweis: S. 2 (Porträtfotografie Fontanes): akg-images;
S. 197 (Andreas Achenbach): wikimedia / Foto: Martin Kraft;
S. 210 (Postkarte »Hankels Ablage«), S. 214 (Emanuel Leutze),
S. 215 (Clarkson Frederick Stanfield) und S. 220 (Hans Holbein der Jüngere): alle wikimedia.commons

Redaktion, Satz, Erläuterungen und ›Leben und Werk im Überblick‹: Dr. Hans-Georg Schede, Freiburg

Layout: Yvonne Behnke, Berlin

Druck: westermann druck GmbH, Braunschweig

ISBN 978-3-507-69989-2